哈尔滨工程大学
人文社科文库
HARBIN ENGINEERING UNIVERSITY LIBRARY OF
HUMANITIES AND SOCIAL SCIENCES

哈尔滨工程大学出版社
Harbin Engineering University Press

国家社会科学基金项目"东欧新马克思主义伦理思想及其现实启示研究"［项目编号:21BZX109］

哈尔滨工程大学
人文社科文库
HARBIN ENGINEERING UNIVERSITY LIBRARY OF
HUMANITIES AND SOCIAL SCIENCES

特邀总策划　衣俊卿

主　　编　郑　莉　张笑夷

东欧新马克思主义伦理思想研究丛书

道德哲学

A Philosophy of Morals

［匈］阿格妮丝·赫勒
Agnes Heller
著

王秀敏
译

哈尔滨工程大学出版社
Harbin Engineering University Press

黑版贸登字 08-2022-053 号

Published by agreement with Gyorgy Feher through the Chinese Connection
Agency, a division of Beijing XinGuangCanLan ShuKan Distribution Company
Ltd., a. k. a. Sino Star.

图书在版编目(CIP)数据

道德哲学 /(匈)阿格妮丝·赫勒(Agnes Heller)
著；王秀敏译. — 哈尔滨：哈尔滨工程大学出版社，
2022.12
（东欧新马克思主义伦理思想研究丛书）
ISBN 978-7-5661-2838-6

Ⅰ.①道… Ⅱ.①阿… ②王… Ⅲ.①伦理学-研究
Ⅳ.①B82

中国版本图书馆 CIP 数据核字(2020)第 221847 号

选题策划　邹德萍
责任编辑　邹德萍
封面设计　李海波

出版发行　哈尔滨工程大学出版社
社　　址　哈尔滨市南岗区南通大街 145 号
邮政编码　150001
发行电话　0451-82519328
传　　真　0451-82519699
经　　销　新华书店
印　　刷　哈尔滨市石桥印务有限公司
开　　本　787 mm×960 mm　1/16
印　　张　19
字　　数　310 千字
版　　次　2022 年 12 月第 1 版
印　　次　2022 年 12 月第 1 次印刷
定　　价　98.00 元
http://www.hrbeupress.com
E-mail:heupress@ hrbeu.edu.cn

作为马克思学说重要维度的
伦理思想

衣俊卿

马克思主义与伦理学的关系问题，也即马克思主义伦理学的合法性问题或者马克思主义伦理学是否可能的问题，在 20 世纪的马克思主义演进中成为始终没有中断的重大理论课题和争议话题。这一问题如此重要，以至于有的学者把它视作建构马克思主义伦理学的"初始问题"①。第二国际理论家、苏联马克思主义理论家、西方马克思主义理论家、各种新马克思主义理论家，以及政治哲学领域和伦理学领域的许多理论家，都对马克思主义与伦理学的关系问题产生了浓厚的兴趣，他们不仅着眼于伦理学的发展，而且从更加全面、更加深刻地理解马克思学说和马克思主义理论的视角展开关于这一问题的探讨与争论。

不同时期的马克思主义理论家关于马克思主义与伦理学关系的争论，与各个时期的革命实践或社会实践对理论的需求毫无疑问地有着密切的关联。与此同时，这一争论也有着深刻的理论渊源和理论背景，并且与人们对马克思主义，特别是历史唯物主义的理解有着密切的关系。众所周知，亚里士多德曾经对理论知识、实践知识和创制知识进行了划分。对于这一基本的划分本身，人们并没有太多的质疑。但是，这一划分带来了后人对于伦理学的学科定位问题的不同理解。按照亚里士多德的知识分类或理性分类，第一哲学或形而上学属于理论知识系列，而伦

---

① 参见李义天：《道德之争与语境主义——马克思主义伦理学的初始问题与凯·尼尔森的回答》，载《马克思主义与现实》2014 年第 2 期；李义天：《再论马克思主义伦理学的初始问题》，载《道德与文明》2022 年第 5 期。

理学属于实践知识系列，二者不是同一个系列。从这样的区分入手，后来的不同研究者对伦理学的学科定位就有很大的分歧，其中一种观点就认为，伦理学属于经验学科，因而与第一哲学或形而上学没有关系，在这种意义上伦理学甚至不属于哲学；而另一种观点则认为，哲学本身就包含着理论知识和实践知识的维度，其中形而上学代表着理论哲学，而伦理学或道德哲学属于实践哲学。例如，文德尔班（Windelband）在其著名的《哲学史教程》中就认为，"哲学"一词的理论意义主要指向理性逻辑、真理和知识体系，主要表现为形而上学和认识论，但是他强调，这并不是"哲学"一词唯一的理论意义。实际上，从古希腊起，哲学还有另外一种含义，即实践意义，后者主要指向关于人的天职和使命问题，关于正当的生活行为的教导等问题，主要表现为伦理学或道德哲学、社会哲学、美学、宗教哲学等。① 不仅如此，除了上述两种不同的见解外，还有更为极端的解释，例如，伊曼努尔·列维纳斯（Emmanuel Levinas）不仅肯定伦理学属于哲学，而且强调"伦理学是第一哲学"。

从这样的理论传统和理论背景来审视，我们可以发现，马克思主义演进过程中关于马克思主义和伦理学关系的争论实际上都与对哲学的本性和伦理学的学科定位的理解密切相关。特别是 20 世纪上半叶关于马克思主义和伦理学关系的争论在深层次上都与人们对马克思主义哲学，特别是历史唯物主义的基本理解密切相关。关于这一问题的最早争论是 20 世纪初以爱德华·伯恩施坦（Eduard Bernstein）和卡尔·考茨基（Karl Kautsky）为代表的第二国际理论家关于"马克思主义是否缺少伦理学"问题的争论。在某种意义上，大多数第二国际理论家把马克思、恩格斯的唯物史观理解为以一整套科学原则表达的经济决定论。在这种理解的基础上，伯恩施坦主张"回到康德"，用伊曼努尔·康德（Immanuel Kant）的道德哲学补充马克思主义本身所缺少的伦理学内涵，因为在他看来，人类行为是由道德理想和道德力量促进的，社会主义不是一种科学，而是人类的理想价值追求，所以他主张"伦理社会主义"。考茨基则强调社会发展规律的必然性，坚持科学社会主义，主张社会主

---

① 参见文德尔班：《哲学史教程》上卷，罗达仁译，商务印书馆 1987 年版，第 31—32 页。

义的实现是社会客观规律作用的结果。考茨基虽然对伦理道德的作用也进行了阐述，但是他坚持唯物史观的科学性质与伦理观念对于经济发展规律及阶级关系的依赖和从属地位。20世纪二三十年代，以格奥尔格·卢卡奇（Georg Lukács）、卡尔·科尔施（Karl Korsch）和安东尼奥·葛兰西（Antonio Gramsci）等为代表的西方马克思主义兴起，他们批判苏联正统马克思主义的实证主义和科学化倾向。他们认为，马克思主义不是科学，而是哲学，马克思的社会历史理论，即唯物主义历史观并不是一种经济决定论，马克思强调的不是经济必然性，而是把社会历史理解为以人的实践为基础的主客体相互作用的生成过程。正是在这种意义上，他们强调道德文化价值具有展现人的能动性、主体性和批判性的重要作用。

第二次世界大战之后，马克思主义内部关于马克思主义与伦理学的争论仍延续着。20世纪四五十年代人道主义的马克思主义与科学主义的马克思主义之间的争论，在某种意义上是西方马克思主义和正统马克思主义之间争论的继续。这个时期关于马克思主义与伦理学关系的争论主要集中于关于马克思是否是一种人道主义的争论。科学主义的马克思主义依旧坚持马克思主义的科学性，以作为科学的"理论实践的理论"来摆脱一切意识形态特征。而人道主义的马克思主义则强调，马克思学说的核心是关于对人本身及人的实践活动的理解，是对人的自由和解放的不懈追求。因此，人道主义的马克思主义以马克思的异化理论和人道主义精神为基础，极大地彰显了马克思主义的伦理批判和文化批判思想。此外，关于马克思主义伦理学的争论还在不同的地区和国度中展开。例如，20世纪50年代民主德国的理论界，围绕着"道德进步与社会进步的关系""道德评价标准"等问题，展开了一场"关于马克思主义伦理学的大讨论"；20世纪70年代在英美马克思主义伦理学研究中，开展关于"马克思与正义"的争论，以及关于"马克思主义的道德论"和"马克思主义的非道德论"等问题的广泛争论。在中国学术界，马克思主义伦理学学科已经得到承认和确立，并且出版了一些奠基性的成果，如罗国杰的《马克思主义伦理学》（1982）、宋惠昌的《马克思恩格斯的伦理学》（1986）、章海山的《马克思主义伦理思想发展的历程》（1991）等。但是，即便在这种背景下，关于马克思主义与伦理学的关系问题、关于马克思主义伦理学的知识合法性问题依旧是学术界讨论的热点话题，学者们广泛探讨马克思主义伦理学的初始问题和前置问题；马克思主义的伦理学或者道德哲学"何以可能"的问题；马克思主义与伦理学之间各种可能的关系，如"相互排斥""相互补充"或"相互包含"的关系；本体论和伦理学的关系问题；等等。①

从上述简要概括中不难看出，尽管前后经历了一个多世纪大大小小的各种理论讨论和争论，马克思主义与伦理学的关系问题依旧是一个开放的、悬而未决的问题，也将继续成为今后马克思主义理论研究的重要课题之一。应当指出，虽然国内外学术界没有就马克思主义和伦理学的关系问题达成某种共识或一致的结论，但这并非消极的事情，这种状况恰好从一个方面折射了理论发展与思想创新的开放性、反思性和创造性的本质特征。不仅如此，这些并没有定论的理论争论极大地拓宽与加深了人们对于马克思主义和伦理学关系的理解，而且也从一个独特的视角丰富了人们对于伦理学理论和马克思主义理论的理解。因此，我们应当非常珍视，并善于挖掘与总结一个多世纪以来国内外学术界关于马克思主义和伦理学关系的理论争论所形成的丰富的理论资源。必须看到，这方面还有许多研究工作需要加强。其中特别需要指出的是，迄今为止，学术界关于东欧新马克思主义理论家的独特的伦理批判思想的研究还十分薄弱，缺少系统的和全面的研究。鉴于东欧新马克思主义是20世纪各种新马克思主义流派中非常少有的既体验着全面的现代性危机，又亲历了社会主义实践和改革探索的，富有创造性的理论家共同体，挖掘他们关于马克思主义和伦理学关系的思想理论资源，就具有十分特殊的价值。

可以肯定地说，具有鲜明的人道主义特征的伦理批判思想是东欧新

---

① 参见李义天：《马克思主义伦理学的前置问题》，载《中国社会科学评价》2021年第4期；王南湜：《马克思主义道德哲学何以可能？》，载《天津社会科学》2015年第1期；林进平：《历史镜像中的马克思主义伦理学建构》，载《伦理学研究》2021年第1期；等等。

马克思主义理论的重要组成部分。东欧新马克思主义理论家对于马克思学说的伦理思想内涵的高度重视，从理论上源自他们对马克思的实践哲学和异化理论的高度重视，而从实践上则源自他们对现代性的全面危机，特别是现代性与大屠杀的内在关联，以及社会主义实践的艰难曲折等重大现实问题的思考。还要特别指出的是，卢卡奇对马克思学说的独特理解对东欧新马克思主义理论家产生了最直接的影响和引领作用。卢卡奇不仅是西方马克思主义的创始人，也是东欧新马克思主义的奠基者。在东欧新马克思主义的主要理论阵营中，布达佩斯学派主要由卢卡奇的学生组成，而南斯拉夫实践派、波兰新马克思主义和捷克斯洛伐克新马克思主义理论家们也都深受卢卡奇的主客体统一的辩证法与人道主义的文化批判精神的影响。而从伦理思想的维度来看，卢卡奇也对东欧新马克思主义理论家产生了直接的影响。卢卡奇一生经历了前马克思主义的浪漫主义阶段、接受马克思主义后的革命理论阶段，以及晚年的文化批判和民主政治探索阶段。无论在哪个阶段，卢卡奇都高度重视伦理，他自己承认，正是出于对伦理的考量，他选择了马克思主义和共产主义。卢卡奇认为，无产阶级的阶级意识就是无产阶级的伦理学，它有助于无产阶级打破经济决定论和物化的统治，实现主客体的统一和理论与实践的统一。卢卡奇不仅探讨了革命伦理和阶级伦理问题，还专门探讨了作为个体伦理的"第二伦理"与作为政治伦理或社会伦理的"第一伦理"之间的张力和复杂关系。这些理论思考都对东欧新马克思主义的伦理思想产生了重要的影响。

东欧新马克思主义的理论中包含着丰富的伦理思想，几乎每一个流派都有致力于阐发马克思学说的人道主义伦理批判思想的代表人物。在这方面，最为突出的是布达佩斯学派的主要代表人物阿格妮丝·赫勒（Ágnes Heller）。作为卢卡奇的亲传弟子，赫勒非常重视伦理问题，从其早期的日常生活人道化理论，直到后期的历史理论、政治哲学研究等，都包含着丰富的伦理思想。在这方面，赫勒最为集中的研究成果是被称为"道德理论三部曲"的《一般伦理学》《道德哲学》《个性伦理学》。与青年卢卡奇主要关注政治伦理（或者阶级伦理）的定位有所不同，赫勒伦理思想的聚焦点是个体的道德选择，是身处现代性深重危机之中的现代个体如何通过自觉的道德选择成为好人，她由此提出了著名的个体伦理学思想。同时，她还研究了哲学领域、政治活动领域的道德准则和公民伦理等问题。在实践派哲学家中，米哈伊洛·马尔科维奇（Mihailo Marković）、米兰·坎格尔加（Milan Kangrga）、斯维多扎尔·斯托扬诺维奇（Svetozar Stojanović）对于马克思主义的人道主义伦理批判思想做了比较多的阐发。他们专门挖掘马克思学说的伦理思想资源，依据马克思的实践哲学和异化理论来思考马克思主义伦理学的可能性问题；他们主张人道主义的伦理批判思想，特别是关于现代性文化危机的伦理批判思想；他们还对社会主义条件下的伦理问题进行了思考，他们认为，马克思的伦理思想强调现实变革，强调对资本主义社会及其道德的人道主义的批判和变革，并且把人设想成完全有道德义务去实现社会主义的人。波兰新马克思主义重要代表人物莱泽克·科拉科夫斯基（Leszak Kołakowski）和齐格蒙特·鲍曼（Zygmunt Bauman）从不同侧面阐述了深刻的伦理批判思想。科拉科夫斯基作为哲学家，是从现代性反思的角度来提出自己的伦理学思想的。在他看来，现代性危机表现为"禁忌的消失"，进而表现为人类道德纽带的消解。尽管在现代性危机的条件下通过恢复道德力量来推动现代文明的自我防卫、自我调整和自我治愈是很难的，但他仍没有放弃寄托于作为价值源泉的道德个体身上的希望。他认为，掌握着行动权的理性的道德个体应该对自己的行为担负起全部责任。鲍曼作为社会学家也是围绕着现代性危机来建构自己的伦理学的。鲍曼发表了《现代性与大屠杀》《后现代伦理学》《生活在碎片之中——论后现代道德》等多部具有重大影响的伦理学专著，深刻揭示了现代性逻辑作为普遍化的和抽象的理性机制对个体道德能力的限制及对社会文化的破坏。在此基础上，他试图发展一种道德现象学，致力于唤醒后现代个体的道德良知，挖掘每一个体的道德潜能，推动道德的重新个人化。捷克斯洛伐克新马克思主义理论家卡莱尔·科西克（Karel Kosík）在著名的《具体的辩证法——关于人与世界问题的研究》及《现代性的危机——来自1968时代的评论与观察》等著作中，依据马克思学说提出了"具体总体的辩证法"，对现代社会的异化和物化做了深刻的批判。他基于"革命性的实践"，将辩证法与道德联系起来，他认为，真正的辩证法是革命的、批判的、实践的、具体总体的辩证法，因此道德问题可以被转化为物化的操控与合乎人性的实践之间的关系问题。科西克由此恢复马克思主义辩证法的革命内核，将道德问题变成了一个基于人的实践活动的辩证法问题，因而在一定程度上恢复了道德的辩证维度或革命维度。

　　同 20 世纪其他马克思主义理论家与新马克思主义理论家关于马克思主义和伦理学关系问题的理解相比较，东欧新马克思主义伦理思想研究具有自己的独特性。从基本定位来看，东欧新马克思主义理论家的关注重点并非一般地探讨伦理学作为一门知识和一个学科与马克思主义理论的关系，也不是要建构一种关于人的正当行为规范体系的实证性的伦理学体系，而是要从马克思学说的本质规定性和内在理论逻辑来生发出马克思主义的独特的伦理思想维度，并且通过这种自觉的伦理维度反过来更加全面地理解马克思的学说，特别是马克思关于人的存在和社会发展的学说。因此，我们认为，东欧新马克思主义理论家致力于揭示和发展一种"作为马克思学说重要维度的伦理思想"。我们可以从马克思学说的理论逻辑、现实关切和价值追求等基本要点来理解这一理论定位。

　　首先，这种人道主义伦理思想以马克思的实践哲学思想为理论基础，它作为马克思主义理论的内在组成部分，可以有效地把亚里士多德所区分的理论哲学和实践哲学有机结合起来，而在马克思主义的语境中，则是有效地把以生产力和生产关系辩证运动所代表的客观必然性与人的实践所具有的主体性及创造性有机地结合起来，从而既避免陷入经济决定论的困境，也避免出现唯意志论的偏差。显而易见，这样理解的伦理思想维度不仅对于伦理学的发展具有重要的价值，而且对于我们更加全面地理解马克思的学说，也具有重要的意义。

　　其次，这种人道主义伦理思想以马克思的异化理论为重要理论依据，在新的历史条件下，具体说来，在现代性全面危机的背景下，行之有效地彰显了马克思学说的批判精神。东欧新马克思主义理论家对于当代社会的全方位的批判，无论是政治经济批判，还是文化批判，无论是非道德的批判，还是道德的批判，都极大地彰显了马克思学说的当代价值和生命力。在某种意义上，这样的伦理批判思想作为马克思主义的现实批判维度，可以成为有机地连接马克思学说和当代人类境况的重要纽带。

最后，这种人道主义伦理思想坚持马克思关于人的全面发展和自由人的联合体的思想，在新的历史条件下坚持和具体化了马克思学说的基本价值追求。正如很多东欧新马克思主义理论家所分析的那样，生活在普遍异化和物化之中的现代个体，缺少人类道德纽带的维系，处于道德冷漠和道德盲视的深刻文化危机之中。针对这种现实境遇，东欧新马克思主义理论家探讨如何唤醒每一个体的道德良知，使道德个体成为文化价值的载体；进而研究，在一个道德规范多样化和文化价值冲突的时代，如何使个体通过自觉的存在选择和道德选择，自觉地承载道德责任，自觉地选择成为好人。这样的理论分析和价值追求对于现代人反抗普遍的物化与异化，对于我们防止马克思关于人的全面发展和人的自由的设想在现代性危机的背景下沦为一种理论抽象与空想，显然具有重要的理论价值。

正是基于这样的考量，我们在这套"东欧新马克思主义伦理思想研究丛书"中，拟采取翻译与研究相结合、整体研究与个案研究相结合的思路，尽可能全面地展示东欧新马克思主义的伦理批判思想。我们将该丛书粗略地分为三个板块：首先是关于东欧新马克思主义伦理批判思想的整体展示和总体研究，主要有衣俊卿、张笑夷合著的《东欧新马克思主义伦理思想研究》和衣俊卿、马建青编译的《东欧新马克思主义伦理思想文选》；其次是对东欧新马克思主义伦理批判思想最具影响力的代表性著作的翻译，其中包括阿格妮丝·赫勒的"道德理论三部曲"《一般伦理学》《道德哲学》《个性伦理学》和齐格蒙特·鲍曼的《后现代

伦理学》《消费世界的伦理学是否可能?》;① 最后是关于东欧新马克思
主义伦理思想的个案研究成果，其中包括澳大利亚学者约翰·格里姆雷
(John Grumley) 著的《阿格妮丝·赫勒：历史旋涡中的道德主义者》、
丹麦学者迈克尔·哈维德·雅各布森 (Michael Harvey Jacobsen) 主编的
《超越鲍曼——批判性探索与创造性阐释》、郑莉和李天朗合著的《齐格
蒙特·鲍曼伦理思想研究》、关斯玥著的《阿格妮丝·赫勒伦理思想研
究》和王思楠著的《卢卡奇与布达佩斯学派政治伦理思想研究》。

我们希望以这些翻译和研究成果来奠定东欧新马克思主义伦理思想
研究的基本文献基础与初步研究格局。这些只是初步的、起始性的工作
成果，我们期望更多有才华的学者加入这一领域的研究，期待更加丰富
的高水平成果不断涌现。

2022 年 11 月 11 日于北京

---

① 我们原计划在丛书中收入鲍曼的代表作《现代性与大屠杀》，但由于该书的中文版权
目前已经被其他出版社获得而未果。读者可参阅该书已有的中译本——鲍曼：《现代性与大屠
杀》，杨渝东、史建华译，译林出版社 2002 年版。

中译者序言

现代社会中好人的嬗变历程

——双重偶然性存在的现代人应该做什么？

马克思在《共产党宣言》中曾经指出："一切等级的和固定的东西都烟消云散了，一切神圣的东西都被亵渎了。人们终于不得不用冷静的眼光来看他们的生活地位、他们的相互关系。"① 通过这段经典的话语，马克思和恩格斯将现代社会的变动性特征形象地描绘出来，而以此为基础，美国学者马歇尔·伯曼把论述现代性体验一书的名字称为《一切坚固的东西都烟消云散了：现代性体验》。如果说伯曼更注重前一句，即注重现代性变动特征的话，那么赫勒则更注重后一句，她更加关注现代人如何看待生活中的困境、如何应对偶然性的存在处境。无疑，当现代人开始直面其真实生活时便面临着一系列的问题：我将成为一个什么样的人？脱离了束缚的我能否为所欲为？我的行为和行动将以什么为标准？面临着具有同等价值的事情时，我将做何选择？我如何拥有传统人生来就有的确定性和安全感？……所有这一系列与现代人生存意义息息相关的问题其实是将人们引向在现代社会中正逐渐边缘化但却极其重要的道德问题，同时也将人们引向已经被人遗忘但却不可或缺的"好人"这一关键词汇上来，对"好人"的关注则是赫勒整个道德理论的核心要素。

综观赫勒所有的著作和文章，对伦理学的关注无疑是其关注的中心内容。尽管直到 20 世纪 80 年代末之后她才集中对伦理道德本身进行阐述，首先完成了伦理学三部曲中的第一部《一般伦理学》，但是这之前她就一直关注着道德问题。之前她曾经写下的论文《走向马克思主义的

---

① 《马克思恩格斯选集》第 1 卷，人民出版社 1995 年版，第 275 页。

价值理论》《个人与集体》《民主政治的道德格言》《今天的马克思主义伦理学的遗产》以及著作《羞愧的力量》《超越正义》中都贯穿着道德思想，这为她今后系统论述道德理论奠定了良好的基础。而赫勒在 1988 年发表了伦理学三部曲中的第一部著作《一般伦理学》之后，更是关注道德这一问题，1990 年发表了伦理学三部曲中的第二部著作《道德哲学》，1996 年又发表了第三部著作《个性伦理学》。从对赫勒道德作品简短的介绍中，可以看到她对道德理论的重视。她在其道德理论中将"好人存在"（Good persons exist）这一命题作为既定的前提，并假设这一前提是真的，她并不关心什么是好人这一本体论问题，而是将理论重点放在了"好人何以可能？"（how are they possible？）这个问题上。因此，赫勒的伦理学三部曲从三个不同的角度同时指向了这一问题。

本书是赫勒伦理学三部曲中的第二部，从内容上来看，本书并非起承上启下的作用，而是从参与者的角度主要运用规范的方式回答了现代社会中，立足于双重偶然性存在的现代人总会问到的一个问题，即"做什么事情对我来说是正确的？"或者"我应该做什么？"，从而与其他两部著作一起指向道德理论中的这个基本问题："好人存在，但他们何以可能？"客观地说，本书是其著作中非常重要的一部，这不仅因为它在赫勒的伦理学三部曲中从参与者的角度来解析好人何以可能的问题，而且因为它直面文化衰落时代中道德失范的现象，并自觉地站在后现代角度告诉现代人应该做什么。这也意味着赫勒并没有只是批判现代社会中道德失范现象，而是参与建构了现代社会中具有指引作用的道德规范；她并没有从静态的角度来进行道德说教，而是从动态的角度跟随着现实生活中好人的足迹，观察和记录着好人的正派的生活方式；她并没有向道德相对主义和虚无主义妥协，而是建构了自己的道德哲学和道德乌托邦，这一切都赋予了道德哲学全新的内容和意义，也赋予了本书重要的学术地位和理论内涵。

一、文化衰落时代中令人深思的镜头

电影《末日危途》（The Road）讲述了一个美好时光不再、人类文

明正在经历着末日劫难的故事。面对寒冷、饥饿等基本生活需要得不到
满足的现实境况时，不同的人进行了不同的选择。非常恐怖的是，很多
人为了能够存活下去而选择吃人这条路径，而影片中的父子俩以及少数
的人却选择了即便挨饿也不吃人的道路，他们所坚守的这一信念主要通
过三组对话的镜头加以体现。在父子俩的三组对话中，父亲向儿子传达
的一个信念就是：无论我们怎么挨饿，无论发生什么，永远都不要吃
人，因为我们是**好人**，而且我们心中燃烧着希望之火。正是因为儿子接
受了父亲所传达的信条，所以在影片的最后，当父亲死去、另一个人希
望孩子跟随他时，他首先就要判断对方是否是好人，而判断的标准则是
"你有孩子吗？""你吃人吗？""你心中有希望之火吗？"之类的具体问
题，当对方一一回答之后，他选择了跟随对方，之后他看到了对方的妻
子、孩子以及狗。孩子的观察使他得出了对方是好人这一结论，因为人
们在极度饥饿时，如果对方能让狗存活下来的话，就更不会吃人了。尽
管影片中父子之间以及他们与其他人之间的对话朴实无华，但却表达着
文化衰落、道德衰败时，仍然存在着坚守底线的好人这一主线。影片中
好人与坏人最根本的区别就是当基本的生活需要都得不到满足、当食物
极度缺乏时，人们是否会吃掉他人。好人永远不会这样做，当然他们也
要防止被他人吃掉，而坏人则在防止被别人吃掉的情况下，如果可能就
吃掉别人以让自己存活下来。

　　仔细品味这几组镜头，虽然朴素简单，但足以值得处于文化衰落以
及道德规则巨变中的现代人深思。卢梭、尼采、斯宾格勒以及霍克海默
等很多思想家都涉及过文化衰落的论题，那么到底怎样才算是文化衰落
呢？对此，雅克·巴尔赞曾明确指出："当人们把无益的和荒谬的东西
当作正常的东西来接受时，一个文化就衰落了。"[1]这正如影片中有些人
将吃人这一荒谬的行为当作正常的，现实中纳粹德国曾将屠杀犹太人当
作正常的一样，都表现着文化的衰落。同时，巴尔赞也将文化衰落理解
成我们时代出现的各种僵局，即在民族主义、个人主义、高等艺术、严

---

　　① 雅克·巴尔赞：《从黎明到衰落——西方文化生活五百年》，林华译，世界知识出版社
2002年版，第10页。

格的道德和宗教信仰这些问题上都存在着支持和反对这两种截然相反的立场。①实质上，支持和反对这两种立场的出现正表明了近代以来个人主义发展和个体自我意识的觉醒。这一趋势固然赋予现代人更多的自由，但同时也蕴含着相对主义和虚无主义的危险。对此，敏锐的哲学家和思想家都已经表达了这一危险，例如，尼采的"上帝已死"以悲怆的语调宣告了虚无主义的来临，陀思妥耶夫斯基在其多部作品中通过对人物言行以及内心的描述也反复强调了同样的主题：假如真的没有上帝，是否一切都可以允许。这一主题表达了对道德相对主义的担忧。在西方人的心中，上帝存在曾是一个确信不疑的问题，但随着科技的发展以及个人在社会中地位的提高，上帝的地位逐渐走向边缘。一旦人们开始质疑上帝的存在时，也就对以此为基础的世界上已经存在的一切，包括人自身的存在产生了怀疑，进而就容易陷入相对主义和虚无主义的境地中去。所谓相对主义就是不承认人们的行动有可以共同遵循的客观的规范，是非、对错之间的界限非常模糊，一切都是可以允许的；虚无主义原意是"什么都没有"，在虚无主义者的眼中任何的行动都没有意义，他们最终否定世界和人存在的意义与价值。

显然，赫勒也意识到了这些，但她又极力想要避开这种危险的发生，因为一旦极端相对主义特别是道德相对主义出现，那么人们的各种具体行动将无法度量，很多人也可以打着道德的旗号作恶，所以她首先要做的就是建构一种别样的道德哲学，其核心问题是解释多元主义的现代社会中"好人何以可能"的问题，以引导现代偶然性存在的人成为好人。赫勒在其构建的道德哲学中明确告诉我们：现代人应该依据普遍的范畴进行存在的选择，即应该存在地选择善；尽管多元化社会中并不存在大一统的亦步亦趋的道德规则，但也应该遵循各种引导性的道德规则并将其作为自己行动的"拐杖"；努力将自己的特性转化成个性，以成为有个性的个体或者好人。这样一来，偶然的个人将会以自己独特的方式生成好人，把自己的偶然性转化成确定性，同时在好人生成的过程

---

① 雅克·巴尔赞：《从黎明到衰落——西方文化生活五百年》，林华译，世界知识出版社2002年版，序言第7页。

中，赫勒的道德哲学也得以形成。

二、现代人应该依据普遍性范畴进行存在的选择

赫勒对"选择"以及"存在的选择"理论系统的论述一方面基于现代人的现实存在状态，另一方面基于存在主义思想家克尔恺郭尔的存在选择理论。现代人的存在状态与前现代人的相比较而言存在着很大的差异，尽管在两种社会中，个人的出生都具有偶然性特征，都被抛入特定的世界中，正如赫勒指出："**每一个人通过偶然出生而被抛入一个特别的社会中。**"① 但是与前现代人相比，现代人的存在却拥有双重偶然性（出生的偶然性和成长的偶然性）。生活在前现代的人尽管出生也是偶然的，但此后的成长却具有必然性，即每个人一出生就已被预设好固定的模式，终其一生没有选择或者选择的机会不多，这正如弗洛姆所描述的封建社会早期的人一样，那时候"人在社会等级中的地位是固定的。人在社会地位上几乎没机会从一个阶级转变到另一个阶级。从地理位置来讲，他几乎不可能从一个镇迁到另一个镇，或从一个国家迁到另一个国家，他必须从生到死，待在一个地方，甚至连随己所好吃穿的权利都没有"②。正是由于那时候的人一出生在社会上就拥有了固定的位置，所以他没必要去怀疑或者再去选择什么，只要成为其所是的即可。而现代人不仅出生具有偶然性，而且在此后的成长历程中也处处充满了偶然性，换句话说，他们一出生，无论在地理位置上还是在社会中都没有被设置任何既定的目的，没有固定的图式要求每个人成为怎样的人，因而个人成为怎样的人都是可能的。正是现代人存在的状态拥有双重偶然性，才为自由选择提供了可能。他们只有不断地有意识地进行选择，在选择中确证自己，才能将自己的双重偶然性转化成前代人一出生就拥有的确定性，也才拥有在家的感觉。

如果说现代人的存在境况给赫勒的存在选择理论提供了现实基础的话，那么克尔恺郭尔的选择理论则为其提供了理论基础。克尔恺郭尔在

---

① Agnes Heller. *General Ethics*, Basil Blackwell Ltd, 1988, p. 20.
② 埃里希·弗洛姆：《逃避自由》，刘林海译，国际文化出版公司 2000 年版，第 29 页。

其假名作品《非此即彼》中提出了著名的"生存三境界说"（审美境界、伦理境界和宗教境界）及其选择理论。但克尔恺郭尔所指的严格意义的选择并不是或者必须审美地活着，或者必须伦理地活着，因为在他看来，对前者的选择根本就不是选择，选择主要是与伦理学相关的选择。他还认为，只有通过这种选择行为本身，审美者才能够摆脱虚无主义的困扰。同时，在选择中不仅仅蕴含着人的自由，更意味着个体的责任。正是在继承克尔恺郭尔"选择"和"存在的选择"的理论基础上，赫勒发展了这一理论，即她对"存在的选择"本身进行了区分，将之区分为依据差异性范畴（under the category of the difference）存在的选择和依据普遍性范畴（under the category of the universal）存在的选择。

所谓依据差异性范畴存在的选择，就是你选择自己作为从事某种特别事业的人，或者用韦伯的术语，是作为"这一特别职业的人"，在这种选择中，你选择自己作为差异的方式存在。正是通过这种选择，你成为你所是的。你将永远不会对这一选择感到遗憾，因为如果你感到遗憾了，那么你将失去自己。然而，也正是因为你选择的是差异，对其他人来说，这一选择可能看上去是模糊的，不过这种选择对你自己而言是清晰而坚定的。同时，赫勒也指出，"依据差异性范畴存在地选择自己的人们因此使自己面临着诸多外力，他们是福祉或者祸患、好运或者噩运的承担者"①。即这种存在的选择常常会受到外在力量的干扰或抑制，所以这种选择在某种程度上说，是不自由的。与之相反，依据普遍性范畴存在的选择完全是一种基本的道德选择，是对道德本身、对好人本身的彻底选择。赫勒指出，"依据普遍性的范畴选择我们自己等同于选择我们自己作为**好人**。这之所以**是**道德选择，是因为这是对伦理道德的选择"②。即对道德的选择实质上也是选择我们自己成为好人，而"'选择我们自己'意味着**命定我们自己成为我们所是的。伦理地选择我们自己意味着命定我们自己成为我们所是的好人**。……我们选择我们所有的决

---

① Agnes Heller. *A Philosophy of Morals*, Basil Blackwell Ltd, 1990, p. 12.

② Ibid., p. 13.

定因素并因此使我们成为自由的"①。由此可见，赫勒对存在的选择理论的发展和阐述转换了问题的视角：从客体的视角转换为主体的视角，将人的被动接受转变为主动选择。视角的转换更强调了人本身的选择特征，特别是她所阐述的依据普遍性进行的存在选择更加凸显了人的自由，因为这一选择是对道德本身的选择，它不受任何外力的干扰和限制。

赫勒认为，无论哪种选择，都具有不可逆转（irreversible）和不可更改的（irrevocable）的特征，这就是它们是存在的原因所在，因为一旦逆转或者更改，那么人们就会重新陷入偶然性存在中，所以说两者都是将人们的偶然性转化为确定性的存在方式。对于两者之间的关系以及优先权的问题，赫勒也给予了明确的说明。她认为，一个人可以同时拥有这两种存在的选择，但无论如何，这个人在行动和判断中必须给予道德考虑以优先权，即必须给予依据普遍性范畴进行存在的选择以优先权，尽管两种存在的选择具有同样的特征，但依据普遍性范畴进行的存在的选择是绝对的选择，处于至高无上的地位，如果一个人优先进行了这种选择，那么他就能够成为一个自主的、有责任的真正个体。

毋庸置疑，赫勒所指出的存在选择理论所具有的不可逆转、不可更改的特征将时间的维度引进来，使过去和现在紧密联系在一起，从而强调了进行这两种选择的人，特别是依据普遍性范畴进行存在选择的好人是一个连续的整体。实质上，赫勒所强调的不可更改这一特征加强了不可逆转这一特征的强度，更是强调了过去和现在这种时间上的连贯性。伯伯尔·贝弗纳奇（Berber Bevernage）曾在《历史、记忆与国家支持的暴力：时间和正义》（*History*, *Memory and State-Sponsored Violence*: *Time and Justice*）中进一步分析了法国哲学家冉克雷维（Vladimir Jankélévitch）解析的不可逆转和不可更改这两个词的区别。冉克雷维曾经解析道：两者尽管都是同一时间过程的维度，但却指的是对过去的完全不同的体验。不可逆转——主要应该被解释为 a having-been 的 a

———————————

① Agnes Heller. *A Philosophy of Morals*, Basil Blackwell Ltd, 1990, p. 14.

having-taken-place——是指一种即逝的或者闪现的过去；相比较而言，不可更改——通常是与 the having-been-done 相联系的 a having-taken-place——则难以去除且坚韧。如果人们把过去体验为不牢固的并且从现在立即消失或者闪现，那么他们就体验着不可逆转的过去。如果人们把过去体验为固守现在的一个持续且巨大的贮存所，那么他们就体验着不可更改的过去。贝弗纳奇在介绍了冉克雷维对于两者区别的分析之后，进一步表明不可更改这一概念实际上摒弃了在不可逆转的历史时间中最重要的现在和过去之间的"时间间隔"的观念。[①] 也就是说，与不可逆转相比较而言，不可更改这个概念更加体现了过去与现在之间的密切关联，从而能保证事物之间的持续性特征。而赫勒着重强调了存在选择所具有的这两种特征，实际上就是表明现代人一旦完成存在选择这一跳跃，那么他的选择，特别是依据普遍性范畴进行的存在选择就将成为永恒，过去、现在和将来之间紧密相连，所以说赫勒赋予了其所发展的存在选择理论以历史的维度。

三、现代人应该遵守各种道德规则和规范

现代人并不拥有前现代人一出生便拥有的权威和规则，这些权威和规则会为他们设定好要成为怎样的人、如何成为这样的人，等等。现代社会中没有权威，既没有权威人士，也没有既定的绝对正确的规则和规范，人们生来面对的就是和自己一样的双重偶然性存在的人，要想避免各种错误，想要让自己成为好人以转变成确定性的存在状态，就要在相互交流与交往中创造适合他们自己的道德规则和规范，并遵循这些道德规则和规范，将之当作自己行动的"拐杖"。现代人之所以这样做是因为他们需要各种现代道德规则的引导，正如赫勒所说："现代的男男女女们之所以已经发明了某些普遍的规范、准则、规则、原则和更多其他的东西，是因为他们需要它们。实际上，每个人都需要它们，但是正派的人比其他人更需要它们。因为如果在有效的规范和规则以及好人的直

---

① Berber Bevernage. *History, Memory and State-Sponsored Violence: Time and Justice*, Routledge, 2012, p. 4.

觉都不足以确立优先权的情况中出现一种冲突，他们只有依赖普遍性和准则的判断，才能保持正派的。"①当然，赫勒在其著作中并没有表述具体的道德规范和规则，因为现代社会的多样性特征以及现代人价值观的多元化，使得适合所有人行动的具体规则并不存在。尽管如此，指导性的道德规范和规则却仍然存在着，它们只是起着引导性的作用，引导现代人向着好人的方向行进。赫勒所说的道德规则包括道德规则和规范、普遍的引导性的道德原则和道德准则。

1. 道德规则和规范。赫勒首先区分了规则（rule）和规范（norm）。她指出："规则的应用不允许有操作的空间，或者，即使有，空间也会非常小。如果在事例 X 中，你做了 Y，那么每一次出现类似事例 X 时，你都不能考虑做 Z 而不做 Y，否则将侵犯相关的法则。"② 而规范的应用在几个方面不同于规则的应用，"规范是一个人既不完全服从，也不完全侵犯，而是一个人以不同程度依照规定、指令行事。然而，规范的应用也存在一个临界点，一旦被超越，规范就被完全侵犯"③。也就是说，无论在什么时候，规范的应用比规则的应用允许有更大的空间来加以思考、判断、选择，等等。

与此同时，赫勒还将规则和规范与价值连接起来。她认为，规则和规范各自内部以及它们之间的区分都将贯穿着价值方向范畴及其差别。她将价值方向的各种范畴分为不同的层级：根本的范畴和第二位的范畴。根本的范畴就是好/坏的区分。所谓的好就是遵守规则，反之就是坏。她指出："遵守规则'都是正确的'，违背规则'都是错误的'。'都是正确的'意味着'好的'，'都是错误的'意味着'坏的'。"④价值方向的第二位范畴是根本范畴的细化，即神圣的/世俗的、善的/恶的、正确的/错误的、真实的/虚假的、有用的/有害的、优美的/丑陋的、愉快的/不愉快的等范畴。遵守前者则被认为是好的，反之，则被认为是坏的。更重要的是，赫勒确立了现代社会中存在的一条重要原

① Agnes Heller. *A Philosophy of Morals*, Basil Blackwell Ltd, 1990, p. 103.
② Agnes Heller. *General Ethics*, Basil Blackwell Ltd, 1988, p. 32.
③ Ibid. , p. 33.
④ Ibid. , p. 31.

则——"善优先",即在价值方向的第二位范畴的层级中,善/恶这对范畴位于这一层级的顶端。如果在各种规则和规范之间出现冲突的时候,优先选择善。这条原则的确立是为了说明好人与其他人的差别。因为,其他人并不自然地等同于好人,坏人也可以严格地遵守各项规则和规范,特别是现代社会中,当人们逐渐被纳入技术一体化中时,两者之间的差异日渐明显,但是如果一个理性的行为者(在价值方向的不同范畴之间有能力进行区分的个人)能够将价值方向的第二位范畴中的善/恶放在优先的位置,如果人们能够时刻记住"善优先"的原则,那么好人就呈现出来了。

2. 普遍的引导性的道德原则。赫勒提出了一条引导性的道德原则:要照顾他人。这一原则的否定形式是:不要故意伤害他人。这条原则仅仅是为好人提供基本的方向和建议,而并不能完全作为人们行动的"拐杖"。进而,赫勒具体化了这一普遍的方向性道德原则:第一,恰当地顾及他人的脆弱性;第二,恰当地顾及他人的自主性;第三,恰当地顾及他人的道德;第四,恰当地顾及他人的苦难。赫勒认为,这些道德原则虽然有些是传统的,但都被赋予了现代意义。同时,它们中没有一个涉及"命令-服从"的关系,而且除了道德权威之外,没有提到任何其他的权威,即普遍的引导性的道德原则出于道德来引导人们的具体行动。另外,赫勒还认为,这些原则具有引导性、情境性的特征,即个人可以根据具体情况、具体的人通过思考或者反思的方式不断调节自己的行为。

3. 道德准则。赫勒首先接受了康德所提供的最坚固的道德主张——"人是目的",她指出:**"我建议接受手段-目的的公式作为普遍的准则。我主张的是每当我们希望弄清楚这个或者那个特定的行动方案是正确还是错误的时候;如果冲突出现时,这个还是那个机构的规则应有优先权的时候;每当我们拒绝接受或者否定现存的规则和规范,将之作为不正义的或者错误的,并且主张可供选择的规章为正义的(更加正义的)和正确的时候,我们都应该牢记这个准则。"**[①]但是,赫勒的这种

---

① Agnes Heller. *A Philosophy of Morals*, Basil Blackwell Ltd, 1990, p. 107.

接受并不是全盘接受，而是包含着自己的主张，她认为，尽管康德的公式因以某种方式包含了所有的其他的准则使得看上去成了不可超越的普遍性的准则，但是我们并不同意将它作为唯一尺度或者作为对于一个特殊的"行为选择"的唯一引导。因此，为了引导现代社会中处于道德冲突中的好人的行动，赫勒提出了一些其他的可以被好人普遍接受的准则。这些准则可以被分为两类：第一次序（the first order）的准则和第二次序（the second order）的准则。第一次序的准则又可以分为两类：禁止性的（prohibitive）准则和命令性的（imperative）准则。前者包括：第一，不要选择不能公开的准则（或者规范）；第二，不要选择对其遵守原则上涉及利用他人作为纯粹的手段的规则（或规范）；第三，不要选择对其的遵守不是目的本身的道德规范（有约束力的规范）。后者包括：第一，同等承认所有人都是自由和理性的存在物；第二，除了承认那些对其满足原则上涉及利用他人作为纯粹的手段的需要外，承认所有的人的需要；第三，只根据其（道德的）优点和美德而尊重人们；第四，在你所有的行动中保持你的尊严。第一次序的准则（三条禁止性的准则和四条命令性的准则）实质上为生活在道德冲突中的人提供一般的指导。除了第一次序的准则之外，赫勒还指出存在着大量的第二次序的准则，而这些不能被完全列出来。

赫勒所提出的这些道德规则和规范、道德原则、道德准则之间相互联系，共同为当今社会的"好人"如何面对并解决道德冲突提供可以依赖的"拐杖"。赫勒对这些道德规则的强调，实质上揭示了一般道德规则与特殊道德规则之间、各种具体规则之间的张力问题，即揭示了当传统的一般道德规则的规范作用尚未完全失去效力时，而人们又生活在具体的生活情境中，生活在更多道德规则冲突和选择中。面对如此境况，即便是好人也会犯错误，甚至会犯致命的错误，那么如何尽最大可能避免类似的事情发生？如何使偶然性存在的"理性人"转向确定性存在的"道德人"？如何保证"好人"在多种道德规则选择中能够做出正确的选择？赫勒对现代社会中多种道德规则的新阐释为这些问题的解决提供了引导性的指针。需要注意的是：这些规则和规范并不是预先设定、一成不变的，而是现代人在遵循既定的、尚未失效的各种规则的同时，设计、创造以及修改着他们自己的规范和规则。

四、好人的嬗变与道德乌托邦的生成

当现代社会中的个人进行了存在的选择，特别是依据普遍性范畴完成存在选择这一跳跃，并且遵循指导性的道德规范和规则之后，好人就逐渐生成了。随之而来的一个问题便是：人们如何才能知道并确定一个人已经依据普遍性范畴进行了存在的选择，或者说如何才能知道一个人已经存在地选择自己作为好人？对于这一问题，赫勒为我们提供了答案。她指出："我们从她或者他是好的这个**事实**中知道，人们以正派的方式行事、优先进行道德考虑而不是所有其他类型的考虑、宁愿蒙受不公正对待也不做不公正之事、做正确的事情而不考虑社会制裁，这些事实是对善的存在的选择的确切显现。"① 也就是说，一个人的实际行动能够证明这个人是否依据普遍性范畴进行存在的选择，是否这个人已经生成好人。

实际上，赫勒所说的好人生成的核心要素是个性（personality）的确立，拥有个性的个体一旦形成，就意味着好人已经生成。尽管赫勒并没有给个性下一个明确的定义，但她却表明个性是和特性相对立的一个词语，拥有特性的个人并不算是一个真正的个体，也不能被称为好人，只有拥有个性的个人才能称得上是个体。特性是个人与其类本质尚未建立起自觉的关系，它倾向于自我保存，并使其他一切都屈从于这一自我保存。言外之意，个性不屈从于自我保存，它是个人与其类本质建立起了自觉的关系，这种关系一旦形成，个人就会依据普遍性范畴进行存在的选择，并能自觉遵守各种道德规范和规则，从而生成好人。毋庸置疑，赫勒所表述的好人并不是一旦形成就一成不变，而是开放的具体化的过程。而且，尽管每个好人都选择了善，但每个好人都是以自己的方式进行的选择，正是这种独特的方式表明了好人是具体的，而不是抽象的。正如赫勒所说："每个好人不只是一般词义上的**一个好人**，还是具

---

① Agnes Heller. *A Philosophy of Morals*, Basil Blackwell Ltd, 1990, p. 218.

体化过程中的某个好人，这种具体化过程仅在死亡时刻才结束。"①

与此同时，应然和实然相统一的好人是赫勒道德乌托邦和道德哲学的基点。好人在现实生活中已然存在，这构成了其实然部分，但他们如何面对现实生活中的各种困境、他们如何成为好人、他们应该做什么，等等，构成了其应然部分。赫勒正是沿着现实生活中好人的足迹，记录他们的言行举止，呈现了一种与众不同的道德哲学，通过指明好人趋向可能的道德世界中最好的世界，从而构筑了一种积极的道德乌托邦。一提到乌托邦，多数人都认为其永远不能实现，特别是经历了奥斯威辛集中营、古拉格群岛之后，人类和社会朝向永远进步、完满之梦破碎了，进而导致乌托邦构想的破灭，但正如雅克·巴尔赞指出："人们通常认为乌托邦是不切实际的梦想，这其实是一种错觉。乌托邦的作家们任愿望和幻想尽情驰骋，设想出了一些**确实**行得通的体制。现代的福利方案和'社会保障'制度就是乌托邦的缩影。"② 换句话说，尽管并不存在尽善尽美的完满世界和未来，但现代社会仍然需要一个引导现代人前进的目标。因此，赫勒依然设想了一个未来的目标：可能的道德世界中最好的世界或者道德乌托邦。在她看来，这一美好设想并非不可企及，它蕴含在好人的正派的行动中。正如她指出："无论正派行事的那个人是谁都会**朝着**可能的道德世界中最好的世界行动。正派的行动并不是达到目的（'可能的道德世界中最好的世界'）的手段，但是它包含着对这种世界的承诺，因为它是一种潜能（*dunamis*），一种可能性（potential），它也是朝着这种世界的'运动'。可能的道德世界中最好的世界不是在那里每个人都好的世界（因为，坏不存在的地方，好也不存在）。它是一个在其中即使人们不是正派的，但也都表现得**好像**是正派的世界；因此，它是一个在其中善、正派性本身可以成为其一直所是的，即目的本身和善报的世界。"③同时赫勒也指出，可能的道德世界中

---

① Agnes Heller. *A Philosophy of Morals*, Basil Blackwell Ltd, 1990, p. 32.

② 雅克·巴尔赞：《从黎明到衰落——西方文化生活五百年》，林华译，世界知识出版社2002年版，第129页。

③ Agnes Heller. *A Philosophy of Morals*, Basil Blackwell Ltd, 1990, p. 221.

最好的世界的形成并非没有条件，它的条件则是可能的社会的–政治的世界中的最佳者，在这一世界中，人们能够理性地进行商谈，能够通过给予—接受—回报这个纽带联系在一起，并且人们能同时遵守着生命和自由这两种普遍价值。

需要强调的是，赫勒并不关注她所设想的道德乌托邦能否实现，与之相比，她更在意好人、正派的人是否承诺这一设想。诚如她所说："从我们的视角看，可能的道德世界中最好的世界或者可能的社会的–政治的世界中的最佳者实际上是否可能则完全不相干。唯一重要的事情就是对这种世界的**承诺**内在于正派的人们的存在中这种情况，即只要正派的人存在，这个承诺也存在。**没有什么比一个正派的人更现实。**但同时，**她或者他也是乌托邦的**。每个正派的人都通过自己代表的承诺而使乌托邦具体化。**正派的人就是终极的乌托邦现实**。"①也就是说，只要承诺了可能的道德世界中最好的世界的好人存在，那么道德乌托邦就存在，好人本身就是乌托邦，由此可见，赫勒所谓的可能的道德世界中最好的世界或者道德乌托邦这个目标并非消极意义的空想乌托邦。在这种意义上可以说，只要好人存在，只要偶然的人一旦选择成为好人，道德乌托邦就并非遥不可及。

总的来说，本书中对"好人何以可能"这一问题的诠释没有太多华丽的辞藻，没有豪言壮语，赫勒并不对将来的世界、永恒的道德存在任何玄想，只是以父亲为范例，立足于现代社会中的好人本身，跟随、观察并记录着现实生活中"好人"的行事方式，从不同的角度回答了现代人转变成好人的方式，所以她以好人为核心所构建的道德哲学也具有强烈的现世性特征。当然不可否认，赫勒作为"东欧新马克思主义"的代表人物之一，与所谓正统的马克思主义者对道德的诠释有一定的出入，这也从另一个角度表明她的道德哲学是立足于现代社会中对马克思主义道德理论的拓展。无论如何，赫勒的道德哲学值得双重偶然性存在的现代人借鉴，她也传达给现代人一个信息：无论怎样，我们都已然生活在现代社会中，如果我们想要摆脱双重偶然性存在，那么我们就要存在地

---

① Agnes Heller. *A Philosophy of Morals*, Basil Blackwell Ltd, 1990, p. 221.

选择善，成为自由的好人，主动地将我们的偶然性转化成我们的命运，以使自己找到"在家"的确定感和安全感。所以，期望赫勒在本书中所构筑的道德哲学能够为目前为止仍然飘忽不定的偶然存在的现代人提供指针和方向。

　　本书的翻译工作迄今为止断断续续经历了两年多的时间，之所以跨越这么久是因为中间发生了太多的事情，很多时候并不能真正静下来专心完成此工作。两年来，在经历过希望—绝望—希望—收获的心理起伏和生活赋予的种种磨难之后，我更加信服赫勒在本书中对现代社会中"好人何以可能"这一问题的阐述，也更希望自己能遵循赫勒道德哲学的指导，完成依据普遍性范畴进行存在的选择这一跳跃，以成为真正自由的好人。在翻译的过程中，特别感谢衣俊卿老师，不但因为他为本书的校译所付出的辛勤劳动，还因为他对本书翻译一再拖延的理解和宽容。另外，非常感谢我带的硕士研究生盖家玉，她本科学的是英语专业，在本书的初稿完成后，她帮我看了一遍并进行了修改，尽管最终很多地方我并没有采纳她的建议，但很感谢她一个寒假的辛苦付出。由于译者水平有限，错误在所难免，因而真诚地欢迎来自各方的批评指正。

王秀敏

2014 年 11 月

中译者赘记

《道德哲学》中译本出版七年后，在衣俊卿老师的组织下又对它进行了重新修订，这才有了呈现在读者面前的这一新的版本。在修订译稿主体工作结束之际，衣老师提出，至少我可以就再版《道德哲学》一事做些说明。的确，在时隔七年后重读本书原版并对中译本进行修订因为年岁的增长以及心境的微妙变化需要做些说明。

首先是关于校译本身的说明。在近一年的修订过程中，时常会为之前译本中的一些小错误而感到羞愧。尽管七年前的译本在当时也是本着虔敬而认真的态度进行翻译的，然而在这次修订过程中还是发现了一些不妥之处，而这些因翻译不妥而容易引起读者困惑的地方令我感到不安。但愿这次的修订能够使读者更深刻领略到赫勒教授在《道德哲学》中体现的双重意义：第一，从独特的视角重建现代道德哲学的努力；第二，通过正派的人（好人）的路径以及所行所想，为现代双重偶然性生存的个人如何确定性生存提供可行的方案。在这里就修订本身仍然需要说明的是，非常感谢衣俊卿老师和哈尔滨工程大学出版社的邹德萍老师，他们勤勉负责的态度、认真细致的校对和编辑工作使得本稿避免了很多错误。通过对本书的重新校译以及和两位老师就本书的某些措辞反复交流，深感翻译和编辑工作的不容易。尽管这次修订同样心怀惶恐，并以认真的态度来对待，但囿于译者的水平，在这一修订版中仍然会存在未曾发现的问题和缺点。对于这些问题和缺点译者需要为此承担全部责任，我也清楚地知道，很多时候只有在他人的映照下，问题和缺点才能得以呈现，也才使译者真切意识到自身的问题和局限所在，所以本稿依然真诚欢迎来自各方的批评指正，不胜感激！

其次想要说明的是关于七年前曾经写下的这个"中译者序言"。尽管七年来国内学界对于赫勒的道德理论的研究已经丰富了很多，但反观自身对其研究的进展还更多地停留在原地，赫勒道德理论的深度以及现实意义还有待挖掘。今天当我重读并反思当年写下的这个序言时，大体上仍然维持着当年的想法。然而，在中译者序言中表达的一个观点，即赫勒沿着好人的路径而行所建构的独特的现代道德哲学在某种意义上是想要克服虚无主义的危险。借此机会我愿意进一步发挥，鉴于对当今社会中很多现实问题的反思，在我看来，需要对这一问题的关注更胜于从前。

虚无主义的源起、发展过程、类型以及具体表现等问题已经被国内外诸多学者进行了系统的梳理和阐述，在此就不多加赘述了，这里更加关注的是虚无主义及其种种表现之于人的生存的意义何在？美国学者克罗斯比（Donald A. Crosby）在某种程度上碰触到了这一问题，他在总结虚无主义给予我们的教训时曾经进一步表明，虚无主义哲学可以帮我们理解本来如此的生命，并与生命达成和解，而不是用天真的妄想、过于简单的解释和不现实的期望来遮蔽生命。如果说克罗斯比确认了虚无主义对于现代人生命有意义的话，那么赫勒则在其道德理论中层层揭开了我们本来如此的生命是怎样的、我们如何对待本来如此的生命以及我们如何与生命达成和解。

她明确告诉我们，现代人生来就处在双重偶然性（出生的偶然性和成长的偶然性）中，而这也意味着我们生来就处在"被抛"的状态中，这就是现代人生命的状况。在后来的《现代性理论》中，赫勒则进一步对这种"被抛"的状况做了说明："无论好坏，被抛进一个不能获得定命的世界中都意味着被抛进自由之中。被抛进自由之中首先是一种否定性，它意味着不是生而要成为这样或那样的人，不是被'生而为'，而仅仅是被生。被抛入自由之中也可以说成是被抛入'无'（nothing）之中。被抛进'无'之中——这就是'现代状况'。"[①] 赫勒所说的这种现代状况实际上就是我们现代人的生命状况，现代人本来如此的生命就是生来就处在不确定性中，我们需要为这种不确定的生命寻求相对稳固的根基，才能超越"无"这种足以撼动人生存意义以及吞没人生命本身的可怕深渊。赫勒在揭示了现代人本来如此的生命过后，超越了基要主义

①　阿格尼斯·赫勒：《现代性理论》，李瑞华译，商务印书馆 2005 年版，第 85 页。

以及犬儒主义的态度，从后现代的视角直面而不是无视现代人生命中的"无"的状况，从而也从独特的视角建构了现代道德哲学。她的直面和建构并不是一种道德说教，也并非要走向理性主义启蒙和浪漫派启蒙的道路，而是与麦金泰尔一样，力图在现代恢复亚里士多德的以美德为核心的目的论传统，从而超越现代人面临的虚无主义困境。她的这种努力主要体现在她在其道德理论中对美德、依据普遍性范畴的存在选择等问题的阐释，对亚里士多德目的论中的"质料、形式、教育"这三因素的修改，以及对以不同方式体现的统一的道德自我的强调上。

在超越虚无主义的路径问题上，与尼采寄希望于重估一切价值的超人，马克思依靠无产阶级消灭资本主义私有制、瓦解资本的逻辑，海德格尔追问存在，施特劳斯回归古典理性主义不同的是，赫勒把希望寄托在了"好人"身上。她从现代社会中"好人存在着"这一设定的"阿基米德支点"出发，沿着好人的路径从日常生活到各种机构中，跟随并观察着好人的言行，从好人所做的依据普遍性范畴进行的存在选择以及通过商谈和好人间的相互咨询确立的各种规范和规则，从而揭示了好人们把双重偶然性转化为确定性生存的过程。在这一过程中，他们不断形成统一的道德自我，同时也完成了生命中对"无"的跨越，从而克服并超越了虚无主义，达成了与本来如此的生命的和解。这就是赫勒的道德理论，尤其是《道德哲学》通过对"好人何以存在"问题的阐述带给我们现代人的生命和生存的意义所在，她以及她的作品为我们直面并超越虚无主义提供了可行的路径。

赫勒直面并超越虚无主义的另一方面体现为她在其道德哲学的建构中并不追求完满的"最好的世界"，而是追求"可能的世界中最好的世界""可能的道德世界中最好的世界"。因为她深刻地懂得，如果现代人把"最好的世界"作为理想去追求，实际上人们是对完美的追求，这样做的结果之一就是会出现"奥斯威辛""古拉格群岛"等现实的惨剧。对此，赫勒有切身的体会，因而她断然否决了这种追求；反过来，如果"最好的世界"这一理想能够实现，这必定会使我们陷入更深的无意义的虚无主义生存中。因为生命的意义和生存的意义定然存在于有限的人的不断奋斗的过程中，因此，对"可能的世界中最好的世界""可能的道德世界中最好的世界"的追求维持了人生命中渴望完满与生命有限性之间的微妙平衡。

无疑，赫勒对现代好人何以存在的论证的确在很大程度上会重新赋予现代人生命以意义，并引导现代人实现确定性的生存状态，然而在现实生活中个人真正跨越虚无的生存境地、找寻到心灵"在家"的状态却不是件容易的事情，尤其是当个人处在临界境况中时更是如此。因为现代人面对着行动非一般化的道德困境，因此很多时候个人如"孤岛"一样，无法找到可以给予自己行动建议的人，即便是能找到，也仍然无法得到确定的答案，正如赫勒也意识到的那样："如果正派的人们问其他的正派的人们在道德冲突的境况中他们应该做什么，那其他的正派的人将真诚地这样回答：'如果你绝对确信这就是道德冲突的境况，如果你同样确信不存在可靠的延迟或者逃避的方式，那么我**不能**给予你**任何道德建议**'……一涉及根本决定，正派的人必须保持沉默。"赫勒主张的这种观点无疑是从尊重其他个体的自主性以及自我选择等角度来阐述的，然而在有些时候，当寻求建议的个人面对正派的人保持沉默时，也许会被推向更深层的孤独和虚无中去，从而更无力跨越虚无的巨大深渊。这里并不是表明被征求建议的人需要对寻求建议的那个人的心理感受以及因无法跨越虚无可能出现的任何行为负直接的责任，只是想要表明现代社会中的一种事实，即个体跨越虚无的行动依赖于自身或者其他少数个体的力量有时难以完成，最终可能会否定生命的存在本身而走向终极死亡。无论如何，赫勒意识到的现代人的道德困境在某种意义上把我们引向了一个对更深层次问题的思考中，即现代社会中如何更有效地跨越虚无主义。这一问题的全部答案显然已经超出了《道德哲学》所完全容纳的内容，它是正派的人（好人）自身无法完全回答的问题，这也是好公民乃至我们所有现代人应该探寻的问题。

王秀敏

2022 年 1 月

献给我的父亲帕尔·赫勒
（Pal Heller，1888 年生于维也纳，
1944 年死于奥斯威辛）

英文版导言

　　人们历来认为，亚里士多德关于伦理学的主要讨论是对他的儿子尼各马可（Nikomachos）提出的。如今，即使是学术兴趣非常有限的著作，作者都要将之献给自己的孩子。然而，这种献词并不是"对某人说话"，因为作者的孩子甚至可能永远都不会对这本书的主题感兴趣，或者就此而言，也不会去读这本书。在这一献词中，甚至没有暗含着他们应该读这本书。因为感谢的姿态不是针对未来的成年人；它的确是针对在压力下为作者创造了一种愉快氛围的孩子们。当一个人写下应该传递给孩子的东西时，孩子才真正成为这个人著作的**接收者**。尽管人们可以把理论知识传递给自己的孩子，但是说"应该传递"却是荒谬的。因为孩子可能对完全不同的东西感兴趣。只有实践知识、伦理规范（ethics）、道德智慧才**应该**传递下去。

　　人们无须回答为什么道德规范应该被传递下去的问题，因为禁令（injunction）是道德（morality）本身的一个构成性要素。所有人都**应该**传递伦理道德（morals），并且传递给每个人。在这方面，哲学家或者理论家也不例外。这样的人无论是否写关于道德哲学的著作，他们都将实践知识传递给他们的后代。然而，如果哲学家决定通过哲学这一媒介传递实践知识，那么她或者他除了做其他人做的事情之外，还要做一些别的事情。著作这种媒介以及出版机构传递的信息远远超越了直接的、口头交流的局限。接收的孩子因此代表着他们这一代的所有成员。

　　与日常的传递道德经验和知识的模式相比较而言，通过哲学这种媒介传递道德经验既包含着优点又包含着缺点。一般化（generalization）无疑是一种优势，尤其是如果日常道德观念在被哲学范畴重塑以及在更广阔的语境中被重新定义而没有被曲解的时候。然而，传统的媒介能把作者带到将这种优势转变成障碍的程度。毕竟一部著作只是一本书而已，一个人可以写一部与自己的道德实践截然不同的道德哲学。当然了，哲学家不是唯一的可能言行不符、原则和实践不一致的人；这样的弱点已是太人性的。然而，如果一个伪善的人宣扬的伦理道德完全不同于他或者她的实践，那这个人将很快被揭穿，因为他/她与他人的所有联系都具有私人的、直接的、口头的和实践的性质。哲学并非如此。我们对于作者的性格一无所知，甚至可能使我们——错误地——假定这本著作的意义与作者是否遵守他或者她的道德原则无关。在公开声称的观点与践行的道德规范完全不一致的情况下，哲学家的道德哲学将失去其相关性、吸引力，甚至是它的意义。在伦理道德中，只有我们准备好对之承担个人责任的事情才能被认为是真的。

在这点上，把我们的道德哲学讲给我们的孩子这一姿态就呈现了一个新的视角。这种姿态现在意味着"我转向你们，我和你们交谈，我把我的道德生活经历传递给你们，而你们是作为我必须将它们传递下去的一代人的代表"。同时，这种姿态也意味着你们（我的孩子）是所有新一代的成员中熟悉作为一个人的我的人，是唯一的日复一日看着我的行为和举止的人。你们因此是唯一的能够检视我的人，是能确定我的行为和生活方式是否与我写下的文字协调一致的人。作者的献词因此是留给他或者她的孩子的指令："成为我的见证人，见证我起码已尽量遵守我的承诺的事实；为这本书谈论的道德哲学中传达的信息的真实性作证。"

对于我们来说，很容易理解亚里士多德时代的"传递道德经验和智慧"的持续过程。然而，在现代似乎这种持续性已中断到这种程度，以至于对新生一代说话已经变得相当虚幻。父亲和母亲一方与儿子和女儿一方之间的代沟如此深，以至于似乎是不可逾越的。现代和前现代的态度无论何时何地发生冲突，代际的相互疏离都是最强烈的，几乎无法消除。这种情况频繁而重复地发生；而且，我们甚至都不能在它可能消失【ix】的地方画一条界线。然而，我们可以希望，在本质上都是现代的两代人之间，传递道德经验过程的连续性将像过去那样得到保证。

由于伦理道德的场域（field）不是一个领域（sphere），而且由于我们确实与某些规范、规则、理念和价值有道德联系，因此我们称为"道德生活"的东西总是浓重的（dense）。我们培养了面向具体境况的态度，并且在具体境况中做决定。把我们所有积极的承诺作为强制的承诺传递下去是前现代的传递道德经验和智慧的方式。这是传统社会中的规则。无论何时，只要人们真诚且真实地遵从它，它就在运转。然而，如今它不再有效，即使在真心实意和真实性的条件下也不再运转。这就是在屠格涅夫（Turgenev）的著名小说《父与子》中父子故事的核心。

在现代社会中，在相当浓重的伦理氛围（境况）里，男男女女们继续发展他们的态度，并且做着与道德相关的决定，即便不是在同一程度上或者不是以统一的无所不包的样式。然而，这种浓密度不再授权某人将其**具体的**伦理承诺作为强制的承诺传递下去，因为这样的承诺对于不同的人、甚至在同一代内部都是不同的。现代人仍然能够、甚至应该将其具体承诺传递出去，因为伦理道德的场域是实践，人们在具体的境况下践行着伦理道德。然而，这些具体的承诺和伦理选择现在是作为某些一般性的态度和戒律的范例或者应用被传递下去。尝试以典范的方式行动的现代人并没有将其行动当作他人（所有的他人）实际的行动来传递。她或者他更倾向将之表现为一种行为，它在相似的境况中例证各种要完成的行动或者各种要发展的态度。各种例证同种一般性类型的行动或态度的行动，不仅在强度上，而且在质量上都可能完全不同。因此，当传递其道德经验时，现代人的语言是："我那时在那里做了那件事；而此时此地我做着这件事。在那时那里做那件事和此时此地做这件事时，我已尽量遵守一般性的规范和观念 A、B 以及 C。就你而言，在你的行动和选择中，尽你所能地努力遵守一般性的规范和观念 A、B 以及C。"现代人并不会说："按我所做的那样去做，按我实践的那样去实践的美德，按我相信的那样相信同样的观念，等等，成为如我这般的道德之人。"

在大多数的男男女女的日常生活中，前现代和现代的生活模式密切交织着。人们必须学会如何以现代的方式将道德经验和智慧传递给自己的孩子。许多人学这种"现代的方式"并不是出于道德的原因，而仅仅是为了避免代际冲突的威胁以及保持与其孩子的感情。除了我们渴望把我们的孩子当作朋友之外，还存在着其他紧要的因素，其中一些是政治

【ⅹ】

· 3 ·

的，它们谈到加速这种转换的必要性。在以传统的方式传递伦理道德中，传递只能在社会的-政治的环境仍保持不变的情况下发挥作用。然而在自由主义民主制中长大的孩子应该获得道德持久力，以便最终能够在一个极权主义国家里依照可能的道德标准中最好的标准行事，而在极权主义政体中长大的孩子应该学会如何民主地行事，也应该学会如何发展自由主义的态度。出生在社会底层的孩子应该获得在上层社会中成为正派的能力：他们也应该学会，为了跻身于上层，什么是**不能**做的。反之，出生在上层社会的孩子们应该学会，如果他们偶然滑落到底层，如何正派地行事；他们也应该学会，为了避免到达那里，他们不应该做什么。因为现代的男男女女们是偶然的人们，所以他们必须学会对自己在所有可能的情境中都很有帮助的道德态度。这是获得现代的传递道德经验和观念的方式的最紧要原因。

这种现代的传递道德经验的方式已经改变了**道德完美人物**（moral ideal）的地位。在现代生活中并不缺乏范例性的道德个性，但是他们并没有可塑性，至少不是在这个词的传统意义上，因为他们并不**体现**一般性、特殊性和个体性的统一（这至少是一个典型而传统类型的塑像衰微的主要原因）。每位范例式的现代道德个体可以说都有其自己的风格，都有清楚的个人特色。这就是尽管存在着范例式的诸多现代道德个性、但是却不再存在为一般的模仿和仿效而展示的**公共道德完美人物**的原因所在。作为这种情形的结果，自19世纪末期就已经盛行的一种媒介犬儒主义（media cynicism）在自封的智者的庇护下、在其伪苏格拉底式的逻辑支持下势头越来越强，这种伪苏格拉底式的逻辑主张："人人都是恶棍。我们是人，并且意识到我们是恶棍。这就是我们比其他恶棍更在行的原因。"范例性的现代道德个体们并不处在聚光灯下；而是站在阴影中，无人觉察、没有标记、不被注意。只有他们的家庭成员，只有与他们接触的少数人才以一种私人的方式与这些独特的人、示范者、道德完美人物会面。主张人人都是恶棍的犬儒主义者实际上就是恶棍。但是他不知道他也是无知的：他永远也不能够认出好人，因为他只能看到那些公开展示的东西。

【xi】

公开展示的道德完美人物、圣人和英雄的确消逝了。然而，不管听起来有多么奇怪，最伟大的道德哲学家最不可能通过援引范例性的人物来阐释道德的善。虽然如此，为了画出好人的肖像，他们只得考虑一种模式；否则其善的形象就不会像他们所做的那样被刻画得"栩栩如生"。在每种原创的哲学中都存在着强烈的自传性因素——"原创的"，即在包含着新的尝试和创新的意义上，不管其成就的水平如何。自传性因素通常被改变、抽离、变体，甚至被隐藏。然而对于洞察力强的人来说，这总是可以识别并因此认出来的。令人难以置信的是，一些重要的道德哲学家会想到把好（诚实的）人的形象设计成自画像，无论经过怎样的转换和变体。在哲学家的生活中存在着太多使其完全不胜任模范好人角色的因素。无论一个人在什么层面上从事哲学，在这种活动中总是有"幸运的事情"。允许人们从事伦理道德的写作这种环境本身已经是一件特别的"幸运之礼物"，它依据释义是哲学家与其他人并不共有的。与其他人的生活相比较而言，哲学家的过度反思以及沉思都会减少其生活中的自发性因素。总而言之，好人的模式越纯粹，卓越的特质以及特别的好运之礼物、所有自传性的因素就越少地进入这幅图景中。

显然，"智者"（the "wise man"）可当作道德完美人物。在挑选他的时候，哲学家在画的肖像中并没有掺入自传性的特征，因为就像"圣人"或者"英雄"一样，"智者"（the "sage"）是一个公共的榜样人物。然而，即使当哲学家援引"智者"这一传统完美人物并为其提供一些新的特征时，他通常给我们呈现的是其哲学的相伴人物，一个不折不扣的正直的人，除了共同的诚实之外，没有突出的标志。

这似乎是一个牵强附会的想法，而且无法得到证据的证实，然而我强烈怀疑道德哲学家总能按照一个特定的模型描绘出其好人的图像。他们心里有某个模型，无论这个模型是活着的还是逝去的；一当他们写到【xii】诚实、正直的人时，他们就能清楚地记起这个人的音容笑貌。我们可能觉得恢宏大度的人（megalopsuche）——亚里士多德笔下的真正正直的人——步履缓慢、说话低沉是可笑的。但是如果亚里士多德把他所认识的一个最好的、最正直的朋友塑造为他的道德卓越的模型是真的，而且，这个人步履缓慢、说话低沉也是真的，那么太多特定的描写就会失去其几乎可笑的一面。我们对康德的了解比对亚里士多德的了解多一点，并因而清楚他的具有善良意志的人，正如我们所知，这个人熠熠发光，肯定是仿照他的父母所塑造的。人们只有将一个特定的好人记在心里，才能真的书写好人。

这部著作是怀着谦逊的目标所写的在道德哲学方面所做的愚掘尝试。谦逊不是哲学家的美德；骄傲更适合他或者她。然而在这项冒险的事业中，谦逊是现实主义的态度。我的思维能力还没有达到其应达到的水平，还不足以克服道德哲学中一项新的开端之前的巨大困难。但是我的不足与我的范例毫无关系。这部著作中隐含的男主角，这个在我心中从未消失的人的形象，并不亚于曾经被塑造为道德哲学的肖像中的那些正直、诚实的人。他就是我的父亲。我的父亲很幸运，拥有很多天赋，然而却未曾有机会发展它们。为了养活其丧偶的母亲，他从事了一项他不喜欢而且不需天赋就可以做的职业。他在持久悲惨的日常压力下贫穷、痛苦。他是一个受到迫害和歧视的犹太人，生活在世界上首个官方公布的种族主义国家中。他有各种各样的"理由"——如果"理由"是必须的——为他的不幸悲伤，把他的不幸带给他人，仅仅关心他自己的事务，成为许多无情的、愤世嫉俗的利己主义者中的一员。然而，他恰恰相反。我还看到他来到俘虏收容所，尽其所能地帮助别人，以及做更多的事情。我也看到他爱护一朵花或者一棵树，或者惊奇地凝望星空；我能回想起他的爱、智慧和欢乐。别人告诉我们，在集中营中他使他的室友振作起来，就好像他怀有的并不是任何虚假的希望。他，这个从不相信上帝的人，依然认为我们的生活就是一种为获得听觉、视觉、味觉、爱以及一切的恩宠而做的祷告、感恩。

我的父亲有着以现代的方式传递道德经验和智慧的非凡能力。在我能讲述的关于他的许多故事中，尤其有一个故事在我脑海中特别清晰。不幸的匈牙利犹太人曾一度相信：如果他们改信基督教，那么他们可能既挽救自己的生命也挽救自己孩子的生命。因此，我父亲的一些老朋友，都是忏悔的犹太人，怀着沉重的心情决定迈出这一步。他们都确信我的父亲，这个与犹太教毫无关系的人，会跟着做。在这场谈话中我在场。我的父亲毫不含糊地拒绝了。他的朋友们试图指出，对于他来说这是很容易迈出的一步，因为他从来不相信上帝。对于这些话，他只是回答："但是我也不相信基督教的上帝。"接下来是进一步地试图劝说，其中大多数都涉及我——这个无辜的应该通过这一步获救的孩子。我的父亲只是回答："一个人并不会离开一艘正在下沉的船。"——这就是这个故事的结尾。在倾听这次谈话时，我学会了一些伴随我一生的东西。如果我的父亲为了我而听从了他人的劝告，也许事情将截然不同。他通过驳回这种论点为他的孩子做了最大的事情。我的父亲从他自己的道德经历中传递给我的并不是对祖先的宗教信仰保持忠诚的具体规范。它毋宁说是一般性的态度：人们不应该只是为了幸存而离开一艘正在下沉的船或者一项注定会失败的事业。

我的父亲不是一位哲学家。因而他有勇气去书写"职业的"思想家可能回避用直接引语探讨的思想，而这些思想我们可能只是以克尔恺郭尔所说的"间接交流"的方式来暗示。我的父亲有勇气在他的遗愿和遗嘱中写下了如下这些话：

> 我亲爱的女儿阿格妮丝，如果你想起我，你应该记得如果你选择了爱的道路，那么你的生命将是超越而和谐的；你只需要拥有比分给你父亲的多一点的运气，一切都会好起来……
>
> 尽管在过去的几年里发生了那么多事情，但是我尚未失去我的信念……尽管恶（Evil）目前能够得逞——但是善终将会获胜。每个好人都将自己的力量贡献给它最终的胜利……愿我留在你友爱而美好的记忆中。

在这部著作中，我没有创造任何东西。我只是记录了我的父亲传递给我的那些主题的变奏曲。这些变奏曲并没有改变主旨思想。它们反映了新的生活经历，并且它们是从哲学的传统中得到的。我已经继承了我父亲的遗产，并一直致力于它，而且我要将它传递给我的孩子们：祖扎

（Zsuzsa）和尤里（Yuri）。

《道德哲学》（*A Philosophy of Morals*）是我的伦理学三部曲"道德理论"（*A Theory of Morals*）中的第二部。第一部，即《一般伦理学》【xiv】（*General Ethics*），探讨了"伦理道德"是什么的问题；这一部寻求我们，即现代的男男女女们，应该做什么这一问题的答案；第三部，尽管尚未动笔，但将探询好生活的可能性。这部完整著作的正式书名是《恰当行为的理论》（*A Theory of Proper Conduct*），但是我更愿意将它称为一种关于道德智慧的理论，因为这恰恰就是这部著作本应表达的东西。

这部著作，即《道德哲学》，不言自明。如果人们未曾读过《一般伦理学》，那也能完全理解它。尽管我不断地涉及在第一部著作中已经探究并详细阐述过的思想，但是每当需要用解释避免误解的时候，我都在这部著作的注脚中再次解释了它们，尽管只是简洁地解释。但是我希望这部著作既激发读者对《一般伦理学》的欲望，也激发读者对《超越正义》（*Beyond Justice*）的欲望，在《超越正义》中我论述了出现在伦理学、政治哲学和社会哲学交汇处的相似问题。

我要感谢社会研究新学院哲学系的我的研究助手——佩吉·海德（Peggy Heide）、韦恩·克莱因（Wayne Klein）以及阿普里耳·弗莱肯（April Flaken），尤其要感谢格雷厄姆·艾尔（Graham Eyre）认真的编辑工作。

在整个计划中，我最好的朋友，也是我的丈夫费伦茨·费赫尔（Ferenc Feher），给我提供了慷慨而持久的帮助，某种程度上，在我们已共同度过的 25 年的时光里，这已经成为他的习惯。感情无须公开，但是感谢应该公开。用寥寥数语来表达我对他在本书的构思和形成中所起的作用的谢意。

目　　录

第一章　偶然的人和存在的选择 ………………………………………… 1

第二章　日常美德、机构规则、普遍准则 …………………………… 33

第三章　担忧的人、好公民、守护世界 ……………………………… 133

第四章　如何过一种诚实的生活 ……………………………………… 181

索引 ……………………………………………………………………… 247

跋 ………………………………………………………………………… 255

第一章　偶然的人和存在的选择

道德哲学为"我应该做什么？"这一问题提供答案。人们通常既不泛泛地提出这一问题，也不期望得到一种完整的道德哲学作为答案。正是在具体的情境中，尤其是在选择的情境中，男男女女们才会相互提出诸如这样的请求："请给我建议，我应该做什么？对我来说怎么做才对？"① 最常见的是，他们会得到如下的建议："你应该做 X 而不是 Y"；或者会以不同形式表达同样的建议："如果你想做对的事情，就做 X 而不是 Y。"**道德哲学应该得以确切表达，以给所有可能的道德建议提供指导方针，而这些道德建议是给在任何特定情境中问"对我来说怎么做才对？"这一问题的任何行为者的。**

恳求他人给予好建议的人们想要做一种道德的选择。如果回答中包含着道德建议，那么建议者和被建议者就处在共同的场景中。道德哲学应该以这种方式得以确切地表达，以便为想要以道德理由决定和行事的行动者们提供指导方针。如果人们自己并不知道怎么做才对或者如果他们要为自己的选择求证，那么他们就需要道德建议。当必须决定（a）这个选择（或者行动）是与道德相关的还是与道德无关的（中立的，乐于接受纯粹的实用主义考虑）；（b）是否供选择的选项都具有**同等**价值；（c）是否当选项都具有同等约束力时，就会发生这种情况。道德哲学仅能为属于（a）和（b）、而不能为属于（c）的情况提供一般性的指导方针。②

---

① 我已经从拜尔（K. Baier）的著作《道德观》（*The Moral Point of View*, Ithaca, NY: Cornell Univ. Press, 1958）中借用这种表达。

② 正是因为这个，康德才否认了道德冲突的存在和可能性。

【2】 道德哲学不是宗教：它们的权威依赖于自身。它们并不发布戒律；相反，它们提供一种可以参照的尘世之智慧。它们提供道德服务（或者造成危害）。康德通过给行动者提供一种可确切表达绝对律令之权威的世俗哲学而进行的伟大尝试在这条规则上也不例外：我们以可能参照其他哲学的方式来参照康德的哲学。如果我们曾经拜访的一位医生治愈了其他人的疾病却没能治好我们自己的病，那么我们可以换医生；以同样的方式，如果参照康德的道德哲学证明是一种失望，那么我们可以选择另一位道德哲学家。

我们并不经常面临着决定性的道德选择。然而，在我们日常生活事务里发生的持续不断的活动、行动、行为、反应、讲话、倾听、介入和非介入中，我们的确一直在做着道德选择，而我们甚至都没有注意到它。尽管做决定性的选择时，道德哲学特别重要，但是总的来说，它的目的也为正当的生活方式提供指导方针，为所有好的选择提供一种意向。正如当一个人带着"请告诉我怎么做才对？"这一请求向随意挑选的人求教时，这个随意挑选的人为了能够给出建议肯定已经预先弄清楚什么是一种正派的生活方式，道德哲学也必须为正派的生活方式设计一般性的指导方针以能够回答这一问题。在给"我应该做什么？"这一问题提供一般性的回答时，哲学也必须给"我应该如何生活？"这一问题提供一般性的回答。

正如一位医生为了治愈病人而必须有权威、预防医学为了设计一种健康的生活方式而必须有权威一样，在我们面临选择以及在所有道德相关的事情上，道德哲学基于我们向它寻求建议也必须提供一种权威。因为道德哲学不是宗教，所以必须赋予哲学主体本身以一种权威性的吸引力。在前现代社会中，这种权威以一种简单而自然的方式呈现自身。哲学家是他（或者她）向之讲话的群体中的一员。他是一位参与型的旁观者。就其总体上与他所在群体中的其他成员，尤其是与这个群体中最有德行的成员拥有共同的基本价值、美德形象、道德箴言等而言，他是一个参与者。就其提出、仔细分析并例证伦理行为、审慎和选择而言，或者就其诠释和解释它们而言，他是一个旁观者。如果哲学家提出的对好生活的论证很有说服力，并且内在地抓住了听众的心，那就能建立哲学的这种权威。可以说，权威源于听众。宗教上的道德预言如果未被理睬，可以强加于听众，有时甚至要使用武力。道德哲学的预言就不是这样了。因为它的权威来源于听众，听众可以接受也可以拒绝。从一个更 **【3】**广阔的视角看，对道德哲学的拒绝也是一种接受（reception）。拒绝这种预言的那些人理解它到底是什么，也意识到所讲的东西。哲学家和听众之间没有激烈的冲突，甚至施加在苏格拉底身上的死刑也没能割断权威和听众之间的生命线。正是在现代社会中，真正的问题才产生。

道德哲学不能舍弃为各种可能的道德建议提供指导方针的任务，而这些可能的道德建议是给确切提出"对我来说怎么做才对？"这一问题的任何行动者的。道德哲学也不能舍弃为"我应该如何生活？"这个问题提供一般性答案这一同步的任务。以前现代样式继续对一个其权威源于其成员身份的特定群体成员讲话的哲学家们将必然不能提供这种一般性的指导方针。他们的蓝图并不了解另一个其道德习惯、观念和价值同等重要的团体或者群体成员所关心的事情。此外，现代的哲学家在跟同时生活在多种多样具体规范中的男男女女们讲话。例如，他们分享着诸多的职业以及职业道德规范，但是他们并不分享彼此的家庭、宗教和公民伦理——反之亦然。因此，旧式的哲学预言面临着二者择一的选择。其一，在我们所有的承诺和选择中提出充分的理由，无条件地使一个团体优于所有其他团体。在现代这种方法的产物就是道德基要主义。基要主义的伦理理论表现得就像一个宗教式的道德，即使其道德箴言和目标的主旨是非宗教的。其二，可以把哲学分成诸如商业伦理学、家庭伦理学和性伦理学等很多分支。甚至能够借助于形容词前缀将之进一步细分并将之称为"自由主义的"／"保守主义的"商业伦理学、"世俗的"／"神圣的"家庭伦理学、"同性恋的"／"异性恋的"性伦理学，等等。概而言之：其权威源于一个特定群体中言说者的成员身份的道德思想可能成为基要主义，并因此对其他群体的成员构成威胁。或者，在最好的情况下，它能够呈现与某些行业中一些人的生活直接相关，而与其他人的生活无关的道德选项、规则以及建议。

在普遍主义伦理学中，权威与听众的关系在结构上非常相似。实际上，在这里哲学家们也是从一个群体的成员身份中获得权威；并且这就是他们跟这个群体的成员讲话的方式。然而，坦白地说，他们对之讲话
【4】并从其中获得自己权威的群体，即人类，并不是作为一个统一的实体而存在。所以，人类未曾发展出一种习俗（ethos），甚至未曾发展出能够对人类每个成员具有约束力的以一些共同规范的形式存在的习俗。就其遵守的无论是基要主义的还是深入划分的具有特殊性的准-道德哲学依然未能遵守的道德哲学的内在规范而言，诸如康德的道德哲学（在所有其改编版本中，包括交往伦理学）借助其可靠的普遍主义，实际上给所有可能的道德建议提供了指导方针，这些可能的道德建议是给在任何特定情境下可能问"对我来说怎么做才对？"的任何行动者的。然而，因为普遍主义哲学的受众（人类）甚至未曾发展出一种共同习俗的外观，而且其成员并没有拥有一套单独的共同道德规范，因此道德普遍主义所提供的指导方针肯定依然仅仅是形式上的（缺乏任何实质）。人们并不能真的对人类讲话，因为其并不倾听。然而，人们可以跟呈现在每个个人、每种人际关系、每种人类语言行为中的"人类"讲话。这种路径并不必然以纯形式主义结束，然而迄今为止，实际上它以此形式结束。因为"人类"一直与"理性"或者与一些"理性"的改编本等同。所以，普遍主义哲学未能考虑体现在每个个体中的独特性。最终，纯形式主义留下了尚未完成的初始任务。形式主义的道德哲学提供的指导方针并不是为所有可能境况中的所有可能类型的道德建议提供的**那种**指导方针，因为它们肯定还有某些境况没有考虑到。（这是康德在涉及职责的冲突时遇到的情况，也是哈贝马斯在普遍主义的基本原则不适用的境况中所遇到的情况。）

我只是简要地提到解决现代道德哲学困境的两种极端方法。人们也可以选择对一场特定运动中或者一个特定阶级中的成员讲话（正如在"社会主义伦理学"或者"无产阶级伦理学"中进行的尝试那样）；或者人们可以选择自己的民族或者族群或者种族作为"专门的受众"。这

样的尝试可能只是繁荣一时，之后便会消失；或者它们可能会朝着强有力的基要主义的意识形态方向发展。不管哪种情况，基本的模式依然是同样的。哲学家（道德家、道德建议者或者操纵者）以（特定的或者普遍的）群体中的成员身份为理由要求获得权威。他或者她其后就会带着基于共同成员身份的权利所形成的权威继续与挑选的群体中的成员讲话。

与在以上解决方法之间进行选择相反，我建议把整个结构甩掉。这【5】种模式是从前现代的哲学中承袭下来并且在当时意义重大，在前代社会中，基本上是沿着社会阶层的界限来划分道德规范、美德和思想的。这就是它在当时可以正常运转，而现在不再正常运转的原因所在。朝着普遍化的模式转变已使人们更深刻地认识到问题的严重性。

在寻求新的解决办法的过程中，人们不能放弃道德哲学为所有可能情境中的所有可能道德建议提供指导方针的权利；也不能取消其从它的受众那里获得权威的特殊性（与宗教相比较而言）。哲学家和受众**必须有共同之物**，这种共同之物既在道德上相关，也可以为相互理解提供基础。然而，这种"东西"不一定是统一实体的成员身份，无论这一实体是宗教团体、家庭、国家、阶级、社会等级、民族，还是人类。这种"东西"或许可能是所有这些团体中的非成员身份。

二

人"被抛入世界上"这一哲学比喻表达了现代男男女女们的基本生命体验。**现代人是偶然的人。**广而言之，偶然性是人的境况（the human condition）的一个主要组成部分，因为在我们的遗传因素中没有任何东西可预先决定我们恰好出生在某个时代，出生在某种社会环境、社会等级、阶级，等等中。然而，前现代的男男女女们很少意识到这种偶然性。一方面是血缘关系，另一方面是户籍（定居地），通常二者被视为一个人存在的决定要素。

现代人"被抛入世界上",是因为他或者她的境况具有**双重**偶然性。除了人的原初的、通常无意识的偶然性之外,在现代社会中作为"存在之形式"的继发偶然性在过去两百年间不断获得动力。现代人并不像前现代发生的那样,一出生就接受其目的地、目的。在前现代,无论更好还是更糟,人们生来就做这件事而不是那件事,生来就成为这个而不是那个,生来就像这样死而不是像那样死。现代人生来就是没有目的的可能性集合。此外,这个社会上没有可仿效的目的的新生的可能性集合不**【6】** 能在社会上预先确定好的目的地的框架内进行选择:它必须为自己选择框架。"选择自己"这一存在主义的用语也可以被解读为现代性中对存在之形式的一种描述性看法。现代人必须选择其生活框架、目的——选择他自己或者她自己。人们可以和克尔恺郭尔一起说道,如果你不选择你自己,那么他人将为你选择。那些"他人"并不能像前现代的"他人"一样传达社会上可仿效的目的,因为他们和他们代替并为之选择、决定其生活的那些人一样都是偶然的。如果你不选择你自己的生活,而是让他人为你选择,那么就没有任何目的出现在你的生命中。你毕生都将是完全偶然的。尽管生来就是可能性的集合,但是你却没有完全实现其中的任意一种。你未曾活过就将死去。相比较而言,选择你自己的终极目标、命运、生活的图式等就是选择你自己,这不仅仅是言语的描述。

生来就作为既没有可以依靠也没有可以受束缚的社会上可仿效的目的的可能性集合的现代条件也可以被体验为"被抛入自由中"。然而,这种自由是空洞的,或者运用存在主义者的术语来说,它是无(虚无)。在三重意义上它是"无"。首先,它表明一种社会上可仿效的目的的完全缺席。无扶手可抓;如临深渊险境。其次,如果一个人未能选择自己,而是让他人为自己选择,那么生命就成为一种朝向死亡的苟延残喘。这个人活着只是为了死亡,为了成为无。最后,这种自由是黑格尔意义上的无。有和无的辩证法使变(Becoming)作为中介出现。一个人出生,为了**变**而**是无**。对自己的选择就是变成自己所是的。在这里,

"无"在积极意义上是自由。① "一个人可以成为一切"这个语句无论真还是假都无关紧要。然而，"一个人可以成为自己"则既是真的也是相关的。我们只需要环视一下，看看已经确实成为其自己的人们就够了：他们大量存在着。

成为偶然的在双重词义上既是福祉也是祸根。无论一个人的选择是什么，这个人永远不能选择出生，尤其是这个人不能选择生来就作为一个双重偶然的人。只有对自我的选择成功时，作为虚无的自由才成为作为福祉的自由。在选择你自己而成为你自己的过程中，你**以一个偶然的人的身份**，变得如真正的人可以自由的那样自由。如果你把你的偶然性转换成了你的命运，那么你就像一个真正的人那样成为自由的。如果你自由地选择最初你没法选择的事情：恰好出生在这个世界上、这个时代 【7】中，通常作为一个偶然的人，如果你将你自我创造的道路理解为我们的命运和最珍贵的东西，那么你就把你的偶然性转换成了命运。

偶然的人并不是抽象的男人或者女人；没有哪个人像这样被抛入这个世界上。出生的都是具体的人，他们中的每一个都是独特的，他们都拥有不同类型的天赋、独一无二的童年经历。他们可以具有欢快的性格或者忧郁的气质。然而无论他们生来是贫穷还是富有、是受到关爱的孩子还是未受到父母照料的孩子、是处在战争还是和平中、是处在民主制还是专制中、是易于欢快还是易于悲伤，他们都是偶然的人，并且同等如此。一个人一出生就被抛入的这种处境是一种或者另一种生命过程之"可能性"的境况，或者是为一种或者另一种生命过程提供了"客观机

---

① 我已经在我的很多著作中指出，正是在现代社会中，自由和生命才成为终极价值，尽管自由的价值已被普遍化，但生命的价值仍然处在被普遍化的过程中。在一个人自觉地致力于自由和生命的价值之前，一种存在的选择能够发生；甚至可能发生这样的事情，这个人永远都不会从其具体表现中"提炼"出普遍价值。然而，已经存在地选择其自己的那个人通过这种姿态使自己致力于普遍价值。普遍价值内在于存在的选择中。人们选择自己作为一个自主的人（人们通过这种选择成为自主的），通过选择自己，人们也把自己的生活选择为好的生活。一种选择的生存特征（它的非决定性）不应被理解为一种本体论上的非理性的表述。实际上，用亚里士多德的术语可以很容易描述被我们称为"生存的"选择的事件。它是一种自我决定的行为，原因是行为本身的组成部分并因此由行为构成：它是目的因（finalcause）。选择我自己为我的命运的意思是，用亚里士多德的术语，实现我的潜能（dunamis）（潜在性 [potentiality]）为我的目的（telos）（目的或目标 [purpose or goal]）。

会"的境况。然而，它给新生儿提供了进行这种生命过程的社会上可仿效的目的。

现代的男男女女们有着共同之处：他们都是偶然的；他们都有共同的基本生命体验，并且他们都处在同样的困境中——他们或者选择自己，或者让别人为他们选择。他人生活中有许多他们不理解的事情。他们并不期待彼此认同源于他们具体的生活境况、经历、观念或者目标中的争端。然而，因为现代的男男女女们有着共同的偶然性，所以他们可以在这个**普遍的背景**中相互理解。正是基于这种共同的生命体验和困境，才能创建现代道德哲学。在谈到他们共有的东西，即偶然性时，一个偶然的人能够和所有其他偶然的人相互交流。每个偶然的人都有权讨论偶然性的困境，因为他或者她是偶然的，正如与之交流的所有那些人都是偶然的一样。说话者和倾听者之间的这种关系是一种**对称性的互惠**（*symmetric reciprocity*）。

接下来，我将不会跟"人类本身"讲话，也不会跟寓于**理性**之中或者存在于每个人的理性语言中的人类讲话，而是跟能感觉、喜爱、受苦、选择、思考和说话的具体的人们讲话。我不会求助于任何特定的群体、阶级、政党、职业、种族或者民族。我不会带着作为同一群体中一员的权威对任何特定的群体讲话。我将对偶然的人讲话，而不考虑他或者她所属的具体机构、职业、政党、国家、群体或者阶级。尽管我自己属于女性，我并不拥有男性的名誉成员身份的权利，但是我将对两种性【8】别的偶然的人们讲话。也许我确实因此对人类讲话。然而，如果这样的话，那么我将不是对**存在于我们之中**（*in us*）的人类讲话，而是对**就是我们**（*is us*）的人类讲话；我们中的每个人，我们中的所有人。不是公意，而是众意。

三

成为偶然的并不等于成为无根的。在现代的个体中存在着"无家可归者"（hotel-dwellers）①，但是也存在着在一个特定的地方感到像在家一样自在的男男女女们。而且，找到一个家、获得"在家"的感觉源于人们已将自己的偶然性转化成自己的命运。选择他们自己并因此选择其生活目标、命运的人们，通常"安顿"在世上，尤其安顿于我们的时代和世界中，或许也安顿于他们的环境、关系以及情感中，同时安顿于他们所隶属的诸多机构中。现代道德哲学对所有偶然的人，对那些"感到像在家一样自在"的人，也对那些"安顿于这个世界中"的人有吸引力。但是这种道德哲学并不会对前现代的、非偶然的人直接讲话。然而，我们与人群和文化共同栖居在这个世界上，这些群体和文化的特点仍然是按照社会层级划分道德习俗，在其中人们一出生就被置入他们的社会目的和命运。道德哲学并没有一种预言性的力量；人们并不能预言将来是否所有的文化都将成为现代的。因此，人们并不能预言现代哲学的受众是否将与"每一个人"共同延展。

在一种道德哲学的最初阶段，对拥有其"人格"（personhood）的偶然的人讲话，而不是以论证某些规则和规范的有效性开始的这一决定，既不拥有本体论地位也不拥有认识论地位。无论人们是否赞同语言、交往、行动、意识、集体意识、工作等诸如此类的范式，无论从任何形而上学还是反形而上学的立场，都可以做出并实施这种决定。尽管人们对有关人的形成、人的认知和自我认知的起源、世界的（主体的或者主体间的）构成这些问题的看法不同，但仍然与他人一致认为**作为人的人完全存在着**，人们能够与他们交流（正如他们能够与我们交流一样），一个人能够对**作为人的他们讲话**（正如他们能够对我们讲话一样）。② 然

① hotel-dwellers 这一表达及其所包含的意义，都是从沃尔泽（Michael Walzer）那里借用的。

② 在《一般伦理学》（General Ethics）（Oxford: Basil Blackwell, 1988）的第一、二和九章中，我已经比较详细地讨论了这个问题。

而在一种道德哲学的最初阶段，对拥有其"人格"的偶然的人讲话肯定

是一个**决定**的问题，就因为这种姿态"并不产生于"形而上学的、本体论的、社会学的、认识论的或历史的体系，或者任何特定哲学的信条。

在这点上，可能会产生这样的怀疑，"选择自己"不过是"制作自己"（making oneself）的一个别致的词语，以及在一种道德哲学的最初阶段，对拥有其人格的偶然的人讲话的姿态实际上源于工作的范式，而且是这种范式的必然结果。但实际上，"选择自己"是"认识自己"（knowing oneself）而不是"制作自己"的现代对应词。"制作自己"这一隐喻包含着它与自我创造（self-creation）有联系。人们将自我视为不固定的，视为原料。同时，人们又将同一个自我（或者它的一个特定方面）视为依据行动者本人设定的目标而将原料塑造成预设形状的创造者、工人、艺术家。一旦这一隐喻中的创造性的-艺术的维度消失，人们就很容易获得一个纯粹的目标导向的一般性的行动者这一实证主义者的形象，这种人拥有生活策略，并且理性地选择他或者她迈出的每一步，以使之与预先考虑的"目标"相符。另一个隐喻——"选择自己"，则产生着完全不同的联系。

人们不能通过纯粹的内省而认识自己。如果"选择自己"是"认识自己"的现代版本，那么自我（至少两个"自我"）之间的相互作用就需要被预设。①然而，对自我的现代认知并不单独来源于他人的感知、关注。**在我们成为我们所是的之前，我们既不能认识我们自己**，他人也不知道我们"究竟"是什么。（如果我们未能成为我们所是的，那么我们表现得就像戈夫曼的［Goffman］木偶剧中的人物。②）

亚里士多德已经精准地描绘了前现代的行动和性格之间的相互作用，并且从那时起这已被很多人描绘过。人的性格依据行动形成，反过

---

① 他者比自己更了解自己，人们对他者比对自己更了解。然而人们仍然有了解自己而不是他者的特权，反之亦然。由于这个原因，也由于许多其他原因，自我认识并不能在隔绝中获得。我在《一般伦理学》中详细讨论了这个问题。

② 克尔恺郭尔阐述过非本真的人就像木偶剧中的木偶这种思想。在戈夫曼（Irving Goffman）的《日常生活中的自我呈现》（*Presentation of the Self in Everyday Life*）（Harmondsworth: Penguin, 1953）中焦虑的角色扮演者们很容易参与到这种克尔恺郭尔式的解读中。

来，性格越被形成，就越决定每进一步的行动。然而前现代的人应该完成的这种行动可以说在初期就向人们"公开展示着"。有这样的父辈；年轻人被引入公民的圈子中；如果他以如此这般的方式行事，那么他完全知道他能成为什么。确切的行动隶属于典型的理想（受过良好训练的绅士-公民这一理想）。现代的男男女女们如果不成为他们所是的，"就不知道他们是什么"这种境遇并没有改变性格和行动之间的相互影响；毋宁说它们改变了它所发生的框架。布朗宁（Browning）的男主角的格言——"我要去证明我的灵魂"——以诗歌般的简练概括了这一情节。因为形成你性格的行动并没在你出生时为你预设，因为社会期望、理想【10】和规定并没设定你的生命旅程，所以为了找到适合你性格的行动类型，你必须"伸手去够"（reach out）。然而，既然行动形成性格，那么你怎么能预先知道你应该寻找哪种行动呢？你可能以错误的方式试图证明你的灵魂并从事各种行动——以错误的方式，我是指以你没有成为你所是的方式。从来没有证明自己的灵魂是从不知道"它"是什么的迷失的灵魂。然而，如果"选择自己"是"认识自己"的现代对应词，但只有当你成为你所是的时候你才会认识你自己，那么你究竟如何能选择自己呢？一方面，假定你一旦选择自己，你成为你所是的；而另一方面，假定你在选择之前，你并不真的知道你是什么。然而，我们只是看上去在原地兜圈子。对你自己的选择就是对命运的选择；更确切地说，选择你自己等同于将你自己视为一种特定命运的一个人。你并不"拥有"一个其知识早于选择的自我。存在和对存在的意识是不可分的。对自我的选择是一种**存在的选择**，因为它是对存在的选择。存在的选择依据释义是不可逆转（irreversible）和不可更改的（irrevocable）。你不能以逆转的方式选择你的命运，因为依据定义，一种可逆转的选择不是对命运的选择，也不是存在的选择。

因为存在的选择是不可更改的，所以它产生了人生活的目标（它"恢复了"现代人生活中一出生就缺席的东西）。生活现在有了目的是因为人拥有了命运。就存在的选择以不同于选择本身注定的任何方式抢先获得行动的可能性而言，性格和行动之间的互惠恢复了。正如克尔恺郭尔曾经评论道，在你已经做了存在的选择之后，你会始终继续选择。然而，这些连贯的选择发生在你对自己的选择已经注定的框架内。

　　一定不要把依照理性选择理论所设计的生活策略与目标和这种自我选择的生活的内在目标相混淆。存在的选择是我们对自己的选择，而不是对一种具体目标的选择，甚至不是对**特定**生活之目标的选择。没有任何可以应用的手段来实现一种存在的选择的目标。内在于存在选择的目的真正是"目的本身"。引用亚里士多德的话，它是"贯穿于我们整个生命的灵魂的活动"。在选择自己的过程中，无论一个人生存地选择什么都是**实现**（energeia）。男男女女们生存的选择是活动，而不是最终结果，是"朝向某物的活动"，是"我们所是的活动"，是"我们成为我们所是以来的活动"。无论你选择什么，始终都是这种情况。你可以（存在地）选择你自己作为一场运动（一个政党）的一名活跃分子、作为一个宗教团体中的一员、作为一个科学家以及其他的什么。卢卡奇并没有选择共产主义的胜利（**这个**目标），而是选择他自己作为一个共产主义者。正如韦伯在他的"以学术为志业"中感人地承认的那样，他并没有选择"科学的进步"，而是选择他自己作为一个社会科学家、作为这种特定天职而不是其他天职的一个人。无论你生存地选择什么（作为一种选择）都是不可更改的。一旦你取消了它，那么你就会失去你自己、你自己的个性、你自己的命运，你将再次堕落到偶然性中。

　　只是在存在的选择中，在选择他们自己中，现代的男男女女们才能将其偶然性转化成命运。如果他们未能这样做，那么他人将为他们选择。他们所有的选择继而将成为可以取消的，而且在适当的时候他们将逆转所有的选择。他们其后将无休止地琢磨如果他们已选择了别的将会发生什么，如果他们已经做了这件事情而不是其他的事情，如果他们和另一个男人或者女人结婚，如果他们移民而不是待在他们的出生地，如果他们参加了这门特定的课程而不是另一门课程，等等无限的如果（ad infinitum），那么他们本来可能会成为什么。他们将忙于生计、忙于为了实现目标而选择手段，一旦已经实现了这些，那么他们将感到厌倦而不是满足。他们永远对"生活"、对自己、对他们周围的人们感到不满。

他们将为他们已经做的一切事情而感到懊悔，同样为他们未做的一切事情而感到遗憾。他们将跑到精神分析师那里，而这将不会缓解其焦虑。从根本上说，精神分析师是为选择其自己的他人创造条件的人。如果这个人不进行选择，那么精神分析师已达到其职权界限而不能做更多的事情了。

如果你选择你自己作为"这项特定事业的人"，或者用韦伯的术语说，作为"这种特定天职的人"，那么你就选择你自己作为**差异**而存在。这一选择是不可更改的，这就是为什么它是存在的。正是通过这种选择，你成为你所是的。你将永不会为此而感到后悔，因为，如果你后悔了，那你就将失去你自己。这种选择是明确的，因为你已经选择的正是你自己。然而，对于他人来说，同样的选择可能看上去是不明确的，因为你已经选择的是差异。对你来说，甚至可能会发生这样的事情：在他人的眼中，取消你的选择并因此失去你自己比坚持你的命运从道德上讲会是更好的决定——尤其是这种命运属于一项事业时。这种存在的选择最终将个体与其他人分开，而不是将他们联结起来。【12】

依据差异的范畴（under the category of difference）存在地选择自己的人们因此使自己面临着诸多外力，他们是福祉或者祸患、好运或者噩运的承担者。这些力量外在于个体的存在，外在于其存在的选择。它们并不单单威胁人们的健康、地位或者幸福；它们甚至能够破坏人们对自己的选择。或者，他们能够让这个选择看起来比做出这个选择的人可能想象的要好得多。托马斯·曼，这个毫无疑问选择自己作为"他的国家中的作家"、作为"二十世纪的歌德"的人，他之后的行动，无论更好还是更糟，都被这个存在的选择所决定，一旦坚定地声明，那么"一切都依靠福祉"（Alles hängt vom Segen ab）。福祉即将降临于他；他是好运的宠儿——然而过去以及现在都不是好运之宠儿的其他人呢？因为上帝的心情不佳，一种并没成功的存在选择使已经选择的人愤愤不平、愤世嫉俗以及充满仇恨。人们对自我的选择在这种情况下不能受到指责，所以其他人一定会受到指责。所有现代的雅典的泰门（Timons of Athens）都在过去的某个阶段做了没成功的存在的选择。如果生存地选择了一项事业（cause）而不是一项天职（calling），那么善变的诸多外在力量可以耍弄卑鄙伎俩。更确切地说，依据释义，一项事业是一种已被存在地选择的外在力量。因此，无论福祉还是祸端、好运还是噩运，都完全依靠这项事业本身将采取的行动方案。如果这项事业开始走下坡路，它与最初的选择不一致，那么，因为存在的选择是不可更改的，所以这项事业的倒退就不会被已经做出最初选择的人们所承认，更别提私下或公开坦白了。

无论你已选择你自己作为一项特定天职还是事业的人、作为一个特定的人的朋友（或爱人），还是特定的其他什么，你都站在了差异的范畴下，而且你生活中的一切都将依赖于福祉或者祸端。①如果这种选择没有成功，那么在你的自我认知和别人对你的认知方式之间就存在着差异。当你仍然将你自己视为理性的时候，他人却将你视为非理性的。

然而，无论依据差异的范畴所做的选择的结果是什么，在选择你自己的过程中，你都将你的偶然性转化成了你的命运。不过，在这方面，【13】我们可能得出这样的结论：一方面，几乎没有哪种道德哲学能够满足于存在的选择这种姿态。现代道德哲学转向偶然的人——到目前为止，一切还算顺利。除非忠诚的美德变成绝对准则，或者除非能够证明已经将自己的偶然性转化成自己命运的那些人比我们中其他人在道德上更好，否则将自我选择为特定天职的人，或者选择为特定事业的人就没有道德意义。但是没有迹象表明会出现这种情况。另一方面，对于那些从未试图做生存选择的人，对于那些从未选择自己而是让他人为其选择、并因而几乎不能被视为负责任的道德行为者（responsible moral agent）的人，道德哲学无能为力。只有拥有性格的人才能成为拥有良好性格的人。

然而，有一条可以走出僵局的路径。作为对进一步考虑依据差异的范畴能够做的各种存在的选择的替换，我们可以提出如下问题：存在一

---

① 易卜生（Ibsen）以极具诗意的敏锐发现了这个问题。索尔尼斯（Solness），这个建筑大师，必须沿着他所选择的道路走到底。他不能犹豫。他只有在向自己证明他仍然是他自己之后才能死；而且，他之所以心甘情愿地迎接死亡，只是因为这个。"真诚面对你自己"是易卜生最重要的格言。培尔·金特（Peer Gynt），是追求冒险而不选择其自己的人，雅尔马·埃克达尔（Hjalmar Ekdal），一直都是不幸的，这两个人既是非自主的，也是平庸的。

种可以依据**普遍性**的范畴（under the category of the *universal*）做的存在选择吗，一种并不把进行选择的人与我们中的其他人分开，而是连在一起的存在的选择？尽管克尔恺郭尔并不是第一个提出这种存在选择的思想家，然而他肯定是最强烈支持它的一个人。韦伯在他的以政治为志业的精彩演讲中对这一问题做了新的尝试，不过在我看来，它在理论上有问题。自20世纪的存在主义，尤其是萨特提出了这一原初思想的强烈主观主义的版本之后，我更愿意回到克尔恺郭尔，以引入一种对这种选择的较少主观主义的诠释。

四

依据普遍性的范畴选择我们自己等同于选择我们自己作为**好人**。这之所以**是**道德选择，是因为这是对伦理道德的选择。在克尔恺郭尔的构想中，伦理地选择我们自己意味着选择我们自己作为在善恶之间做出选择的人。但是，他又加上一句，如果一个人选择自己作为一个在善恶之间做出选择的人，那么依据释义这个人就已选择善。这并不意味着在将来这个人在行动过程中不选择恶，而是意味着这个人之所以不选择一种行动是因为它是恶的。已经伦理地选择其自己的人将以善的理由行善，但永远不会以恶的理由作恶。因而，依据释义，在善恶之间做选择意味着选择善。

我提议对克尔恺郭尔关于我们自我的伦理选择这一表达稍作修改。【14】这一修改使这种思想非激进化，从而使它既可以为不同哲学背景的思想家们接受，又更具有经验性，并因此对每个人来说都更容易接受。"选择我们自己"意味着**命定**我们自己成为**我们所是的**。**伦理地选择我们自己意味着命定我们自己成为我们所是的好人。**我简要地阐述这一点。我们都是特定父母的孩子，我们拥有一个特殊的童年，我们患有特定的神经症，我们生在一个特定的社会环境中，无论富有还是贫穷，无论受过教育还是未受教育——这就是我们所是的。在选择我们自己中，我们选择了所有的这些决定因素（determinations）、环境、天赋、财富、弱点：

我们选择我们的噩运以及好运——简而言之，选择我们所是的一切。因此，我们也选择我们自己作为我们**所是的**好人并选择我们恰恰**作为我们所是的**。我们选择我们所有的决定因素并因此使我们成为自由的。或者正如克尔恺郭尔提出的那样，在同一瞬间我们以同样的姿态选择自己作为在善恶之间进行选择并因而选择善的人，也选择自己作为命定成为善的人。我将成为一个如我所是的那样正派的人，因为如我所是，我命定自己成为一个正派的人。这是一个非常易于理解的思想。无论谁，一旦选择成为其所是的人——即一个正派的、好的人——就是以同样的姿态选择其所有的决定因素。因为，一个人只有确实做了这些，他才能命定自己成为好的。假设我并没有完全选择自己，而是进行了挑选。我选择我的天赋而不选择我的弱点，我选择我的宗族而不选择我的父母；我并不再次选择我童年时代的苦难或者沮丧。如果我以这样的方式择优选择，那么我就不能命定我自己，因为我不是自由的：我所留下的、至少部分地留下的不愿选择的东西**决定着**我的生活和我的命运。已经完全选择其自己的人们并不会找诸如"我之所以做这件事是因为我有过如此不幸的童年"或者"我之所以忍不住做这件事是因为我必须弥补我幼年的沮丧"之类的借口——相反，他们已经选择了所有的这些。在生存地-伦理地选择他们自己的过程中，他们并没有受任何"外在的"力量、任何强迫来建构其独特的性格。他们之所以没找任何借口，是因为他们并不需要任何借口。①

　　上面所提到的对伦理的存在的选择就是依据普遍性的范畴对自我的选择。这听上去很奇怪，因为在这种选择中，人们选择的就是他们所是的，正如他们所是的那样——他们所有的独特的决定因素。然而因为我们都能在同种程度上伦理地选择我们自己，所以作为自由的姿态，对我们独特性的选择可以说成依据普遍性的范畴："每个人"。这一叙述乍看上去可能没有说服力。作为个体的所有个体都有其自己的决定因素。然

【15】

————————

　　① 《一般伦理学》中分析了自愿行动的结构。除此之外，要伦理地选择我们自己意思是对我们的行动负责。选择伦理的男男女女们永远不会问诸如"我是我兄弟的看护人吗？"这样的问题。

而，并非所有这些因素都能为一种存在的选择同等地起到蹦床（trampoline）的作用；对于一些来说，这种选择可能很容易，然而对于其他的来说，这可能很困难。但是这种反驳并不相干。无论这种选择更容易还是更困难，对善的存在的选择都是同样的，并且对于所有的人来说都同样可能。在这方面，这种存在的选择分享着所有普遍性的特征——进而，分享着所有规范的特征。对于那些连苍蝇都不伤害的人和那些有强烈人身暴力倾向的人来说，"不要谋杀"是一个同等有效的规范。对于这两者来说，不谋杀他们的同类在同样程度上都是可能的。

对伦理的生存选择可以说成依据普遍性的范畴。对于我们所有人来说，自由地选择我们所有的决定因素并决定是否成为我们所是的正当的人和好人——正如我们所是的一样，这都是可能的。然而，依据差异范畴的存在选择这一概念表明并非所有人都能做出同样的选择。尽管每个人能够选择一种特定的天职，然而却不是同一种；更别提他们都在同样的水平上从事这种天职了。尽管每个人都能选择一项事业，但是并非每个人都选择同一项事业（更别提以同样的感情从事同样的事业了）——然而每个人都能命定其自己成为一个好的、正派的人。

依据差异的范畴做出的生存选择能够耍弄已经进行选择的人，然而依据普遍性的范畴做出的存在的选择却不能。这并不是说正派的人们比已经选择其自己作为从事天职之人的人们更幸福。我们选择自己作为差异的一个成功结果可能有时使我们充满着无限幸福的胜利感。然而，尽管一种存在的选择在失去自己"人格"的痛苦之后不能被取消，但一旦选择的来源被玷污，一个人就会经常想要是根本就没有做过这种选择就好了。因为依据普遍性的范畴做出的选择的来源不能被任何随后的事件所玷污，无论它是好运还是噩运，所以没有人怀有从未做过这种选择的愿望。换一种方式，依据普遍性的范畴选择你自己的过程中，你命定你自己为本真性（authenticity）。成为你所是的（一个好人）与你的行动、态度和姿态的本真性密切相连。一个本真的人不希望成为非本真的人，尽管他或者她肯定会抱怨过去或者当下世界上的善遭遇的噩运。

依据普遍性范畴的存在选择是根本的道德选择（fundamental moral

choice）：它是对伦理道德的选择。无疑，无论是以伦理道德的术语进行一场商谈，还是善恶之间的区分，都没有以一种道德选择为前提。而且，一个人不需讲道德语言就能理解它。哈奇森（Hutcheson）找到了最易于理解且最令人信服的证据来支持他的最低限度的道德（minima moralia）这一论题。他指出：即使那些蔑视伦理道德的人也会在受冤枉的时候大声呼喊"不公正"。人们可以补充道：相信伦理道德术语是空洞的、是缺乏意义和相关性的纯粹幻想这种观点的犬儒主义者，假如他们被称为"不诚实的""懦弱的"，甚至"偏执的"，就会勃然大怒。如果这种分类言之有理，那么发怒就有道理，在其他情况下则没有道理。足够有趣的是，如果因被称为"不诚实"而发怒的同一个人在别人评论他们没有足以保护其利益、没有充分寻求其快乐时却不会发怒。

对善与恶的"区分"和对善与恶的"选择"并不相连。然而，无论每个人是否已经生存地选择自己作为道德的行为者，他们都能——并且确实——在善恶之间做着选择，这无须论证。如果人们确实必须选择的话，如果人们不能躲避或者回避选择，如果人们想知道其选择的道德含义，那么他们通常在善恶之间进行选择。所有那些已经生存地选择其自己作为好人的人将在善恶之间进行选择，因为他们将选择善（成为他们所是的：好人）。他们不能也不会等到别人告诉他们一种选择包含着善恶之间的选择。每当他们开始行动，或者在行动的过程中时，他们都会（对自己）提出是否这次行动包含着善恶之间的选择这一问题。他们会在"对"与"错"这一范畴的指导下仔细检查所有可能的行动。人们不必在道德上表现得像这样严格。从"对"与"错"的角度把个人的所有行动都置于检查下，决不表明所有的选择都处在善恶之间。检查可能得出这一选择与道德无关的（adiaphoric）结论，即使有人说并非如此。然而，一旦某些可选择的行动进程呈现出善恶之间的选择，那么对善的选择就绝对优先于所有其他类型的可能选择，也优先于做出其他选择的所有理由，诸如目标、利益、激情、（私下或公开的）益处以及任何价值（道德价值除外，在这里这样的冲突不会发生）。毋庸置疑，如果一个人依据差异的范畴生存地选择了自己，那么这个人就给予了内在于个

人特定命运的那些行动以优先权；这些行动绝不是道德上最好的行动。　【17】

在克尔恺郭尔的假设中并不存在着矛盾，他的假设是已经生存地选择其自己作为一个好人的人也选择恶（evil），因为如果一个人只是选择善，那就根本不存在选择。然而，关键问题并不只是善恶之间的选择是否包括对作为一个（决定一项行动性质的）范畴的恶的可能选择；这一问题毋宁说是一种选择是否可能包括对恶的**实际**（actual）选择。好人经常做错事这一平常的说法在这种语境下并不像看上去那么微不足道。因为，在现代，伦理道德更具反思性①，理论推理要想找到正确的决定（尽管理论推理自身也可能出错），那么它必须比以往更支持实践理性，做选择的人可能会错误地判断其选择的道德性质，在不知道它是恶的情况下选择了恶。此外，因为一个人有时会面临着一种选择，在这里每种行动过程都是同样好的，并且每种行动过程都包含着某种道德违反，所以这个人有时"不得不"故意选择恶。如果一个人已经生存地选择自己，那么这个人就自由地选择着。因此，人们不能以自己"不得不"选择为由进行无罪辩护。对于这个问题，我将在第三章中重提。简而言之，如果一个人依据普遍性的范畴选择自己，那么这个人就在伦理上选择自己。如果一个人选择成为他所是的并且如他所是的，那么这个人就在伦理上选择自己。在选择自己的所有决定因素中，这个人使自己自由地成为一个好人、一个自我命定为好的人。在选择成为一个好的（诚实的）人时，这个人选择在善恶之间做选择。

人们无须为了把这个问题视为与我们当前的讨论不相干而去赞同克尔恺郭尔的关于男男女女们永远不会为了恶而选择恶这一假设。当涉及人性时，我更相信莎士比亚而不是克尔恺郭尔。存在着（始终存在着）为了恶而选择恶的人们。激进的恶（radical evil）可能存在，然而总的

---

① 《一般伦理学》中比较详细地讨论了日益复杂的现代伦理道德，在那里我确认了伦理（伦理道德）结构中的两次主要的变化：第一次已经完成；第二次仍然在形成过程中。反思性的上涨是第二次结构变化的典型要素。（具体见《一般伦理学》的第九章。）

来说它肯定是我们人类的非典型和非通常的特征。① 因此，即使存在着
为了恶而选择恶的人，他们也是例外而不是常规，然而为了善而选择
善，即便不是常规，至少也是理想的规范。它之所以是理想的规范，不
是因为人们通常为了善而行善，而是因为通常来说人们特别尊敬那些这
样做的人。

【18】

五

　　存在的选择内在于现代的生存形式中。前现代社会既不为这样的选
择提供条件，也不需要它们。在某种程度上，只要人一出生，一种特殊
的预定生活方式就会**通过社会**分配给他们，这些人不能选择他们自己。
因为已经分配的东西可能被平静地、欢快地、尽职尽责地、谨慎地、谦
逊地，甚至自豪地接受或者被狂热地信奉；但是它不能**被选择**。人们只
有在**不选择**同一件东西时才能选择某物。

　　这就是前现代社会中没从，确切地说也不能从独特、差异和普遍的
层面剖析生活目标的几种原因之一。在这个社会中，通过社会分配的目
标是一种**典型**的目的。处在一个既定位置的人的社会地位和活动承载着
他们继而必须践行的道德规范与美德。值得一提的是，道德方面越发
展，对善做生存选择就越有可能。② 然而，因为在这里我的目标并不是
进行历史探究，所以我将只讨论纯粹的模式。鉴于此，我将重申先前提
到的观点：只有在现代的存在形式中，依据差异的范畴对自我的选择和
依据普遍性范畴对自我的选择才能完全分开。然而这两种选择也可以和
解并且在这种意义上结合，尽管永远不会完全统一。

---

　　① 在《一般伦理学》中，我区分了两类恶：第一类我称为"尘世的恶"（the evil of the
underworld），第二类是"复杂精巧的恶"（the evil of sophistication）。当第二类恶调动第一类恶
时，恶就开始像瘟疫一样传播开来而引起无法形容的伤害。这种对恶的诠释与恶的激进性这个
概念无关。（见《一般伦理学》的第十章。）实际上，康德在《纯粹理性限度内的宗教》
（*Religion within the Limits of Reason Alone*）的第一部分中也进行了这种区分。
　　② 伦理道德结构中的第一次结构的变化导致了伦理（道德习俗）的分化和道德（与伦理
的个人的、最终主观的关系）的出现，而第二次结构的变化是推动这种分化走向极端的原因。

原则上，同时也是在实践上，一个人能依据普遍性的范畴做出存在的选择而不（早些、晚些或者同时）依据差异的范畴做出存在的选择，反之亦然。为了避免误解，值得注意的是，选择我们自己作为好人而不选择我们自己作为命定趋于一项特定事业并**不等于**没有天职事业，具体的目标、价值承诺，等等。因为一个人已经在伦理上选择了自己，所以这个人就投入（或者可能投入）事业、机构、家庭、朋友、邻居、发展天赋、收集并享受美好的事物中去。然而，这与通过一项特殊类型的天职或者事业，或者一些相似的东西而选择自己作为一个成为其所是的人并不相同。不是存在选择的事业或者天职所进行的选择可以在人们想要取消它的时候就被取消。此外，这样的选择可以在人们希望的时候随时转换，而不使自己遭受失去自我的危险：（生存的）道德选择已经确立了个人性格的持续性。然而，一个人已经做了这种选择后，如果这个人 **【19】** 没有在善恶之间做出选择，如果这个人开始选择诸多活动或者事业而不考虑它们的道德品质，那么这个人将失去自己并会分裂。

对自我的伦理选择带我们走入古代的（亚里士多德的）美德生活的图景中。亚里士多德的"人"并不是偶然的，但现代人是。正是因为他们的偶然性，现代的男男女女们才必须生存地选择他们自己作为好人。然而，在生存地选择自己之后，一个人既无须将自己偶然的独特性放在一条普遍的道德律的恒常压力下；也无须在严格的普遍戒律的重压下受苦。践行自己的命运可以是惬意的、美好的以及令人愉快的——即使它需要蒙受不公和痛苦。因为，一旦已经生存地选择我们自己作为好人，那就没有任何东西比失去我们的命运并因此失去我们自己更能威胁到我们的了。

柏拉图的著名的格言——宁愿蒙受不公正对待也不给别人带来不公正——既不真也不假。如果道德哲学凭借形而上学的绝对原理支撑它，那么道德哲学就可以把这一准则作为一条公理。然而，一旦拒绝或者回避绝对原理，如同偶然的人成为道德哲学的受众时就会发生的那样，那人们必须承认这一表述不能得到证明并因此也不能当作公理。无论他们是否是信徒，是否致力于一种理性主义者的世界观，是否投入一项特定的事业中，所有偶然的人都有一个共同的特征：就他们都选择自己作为好的（正派的）人而言，柏拉图的格言对于他们来说就是真的。那些已经从伦理上选择自己的人承诺并分享着**宁愿蒙受不公正对待也不给别人带来不公正这一共同真理**。对自我的伦理选择实现了人道主义者的古典主义之模糊的梦想。已经选择自己行善的人们以温和、喜爱、热情以及高兴的姿态愿意做正确的事情并且做着许多正确的事情。他们就像亚里士多德的拥有"善的品质"（**品质**［heksis］）的人：他无法做错误的事情，因为做正确的事情早已是其品质的必然结果。①

正如先前所提到的，一个人能依据普遍性的范畴做出存在的选择而不（早些、晚些或者同时）依据差异范畴做出存在的选择。然而（依据普遍性的范畴）选择自己作为一个好人**并且**（早些、晚些或者同时）生存地选择自己作为从事一项特定天职或者事业的人——依据差异的范畴

【20】 生存地选择自己是完全可能的。一个排除这种可能性的生存选择的激进概念因此重新被引入道德绝对主义——即便不完全是康德的类型，那也代表着旧理论的一种更近版本的类型，同样不适合做中介。在我看来，哲学必须致力于我们的不完美，而且它能凭着弃绝拥有绝对性的权利以及凭着成为不完美本身做到这一点。因此存在着只对伦理做生存选择的正派的人，也存在着做两种存在选择的其他人。即使道德哲学以好的（正派的）人的形象塑造自身，它也无权因他或者她不符合这个体系而将这种正派的人排除出那个形象。

正是在这种语境中绝对的选择（absolute choice）和根本的选择（fundamental choice）被区分开来。如果一个人既依据普遍性的范畴也依据差异性的范畴选择其自己，那么即使两者都是不可更改的，也肯定存在着选择的层级。因为善和天职之间的冲突，以及由此关于它们相对优先性的决定不能被消除，所以"不可改变性"在主要的选择中和在次要的选择中意思并不相同，在这里它们之间存在着冲突，需要将它们按优先顺序排列。首先是我们的**绝对的**选择，其次是我们的**根本的**

① 我将在第二章和第三章中，在谈到亚里士多德的好人和好公民形象的当代性与非当代性问题时，具体化这个问题。

选择。

如果伦理的选择是绝对的选择，依据差异的范畴的选择就是根本的选择，那么当两种存在的选择之间发生冲突时，人们将在行动、判断以及类似的其他事情中给予道德考虑以绝对且无可辩驳的优先权。然而，即使在这种情况下，依据差异的范畴做出的原初选择永远不需要被取消。正是因为人们的绝对选择优先于根本的选择，所以他们将永远不会后悔于（而且在这种意义上取消）自己的根本选择。根本选择的"不可更改性"因而只有如下的意义：一个人并不"收回"根本的选择，因为这是一个所是的（所已经成为的）人所做出的选择，并且这已经形成了这个人的性格。然而，所有这些并不表示人们将对自己选择的**对象**进行再次选择。

在冲突的情况下，对伦理的生存选择可能允许也可能不允许**随心所愿地坚持**（free perseverance）根本选择的对象（目标）。只有在人们坚持根本选择的对象（目标）中将失去自我时，才不允许它。以这样的方式否认一种根本选择中的对象（目标）是痛苦的，实际上是悲剧的，但是这不等于完全逆转这一选择。无论怎么强调根本的选择是一种（在这种情况下，是一种次要的）存在的选择，并且正因如此，是不可取消的都 【21】不过分。如果我给自己设定一条准则，但是后来我受到道德的诚实正直的引导而改变了这条准则，那么这一姿态绝没有回溯效力的作用。但是必须要强调的是，对自我的**伦理的**选择除了主体本身之外没有任何**对象或者目标**。在这种选择中并不存在双重方面。这就使我们好奇绝对的选择和根本的选择之间的关系是否有可能被逆转。当依据普遍性的范畴所做的存在选择对于根本的选择来说只是扮演次要角色时，依据差异的范畴所做的生存选择能成为绝对的存在选择吗？普遍性能够因为（选择我们命运的）自我决定的姿态而屈从于差异性吗？

强有力的外部力量能够左右着已经依据差异的范畴选择其自己的人们。这种选择或许能成功或许不能。然而，对善的存在的选择则得到了庇护：它永远不会被外部力量的干涉所玷污。一方面，如果普遍性是我的绝对选择，而差异性是我的根本选择，那么伦理的选择并不能使我免于遭受依据差异的范畴选择自己的行为中才遭受的外部力量之潮的冲击。然而，伦理的选择可以防止根本选择的来源被玷污。每当有人在道德冲突中否认其根本选择的目标（而不取消这种选择本身）时，这种情况就会发生。正是对目标（对象）的否认才防止这种来源被玷污。我已经提到了一种"悲剧的"冲突，在这个词的最传统意义上可以被理解为宣泄的、净化的，同时也是毁灭的和鼓舞人心的。

另一方面，如果差异性是我的绝对选择，而普遍性是我的根本选择，那么在忠诚、职责、激情、希望等相互冲突的情况下，我会把一种绝对的、无可辩驳的权威赋予将引导我趋向既定命运（一项事业、一份天职、一种关系以及其他的什么）的那些行动，而不是道德考虑。然而，因为我也已经选择我自己作为一个好人，所以如果我做了某件实际上取消对善的选择的事情时，我应该是在拿我自己的诚实正直、我个性的统一、我自己的自主冒险。我应该是如临深渊险境，并因此需要良好的平衡感、良好的反思、巨大的运气，最重要的是，需要一群朋友可以牵着我的手。"在钢丝上跳舞"在这里的意思是优先考虑"一个人已经命定自己成为什么"，依据伦理的范畴并不失去自我认同。当依据普遍性的范畴选择自己时又依据差异范畴绝对地选择自己是一种**绝对的冒险**，原因很明显。如果你只依据差异的范畴选择自己，那么即便你的选择没有实现，你可能甚至都不会注意到。当伤害他人眼中的一个滑稽人物时，你甚至不会感到难过，但是当你深信他人只是傻瓜，而你已经精通于你已选择的事情（一项事业、一份天职或者一个特定的人）时，你却可以为之生和死。但是如果你也依据普遍性的范畴选择自己，那么你就不能在自我欺骗中寻找并发现慰藉。你甚至可能舍弃你的绝对的选择并因此不再是"命定成为这样那样的人"，从而变得极其不幸。成为好的（正派的）对你来说绝不是慰藉。处于这种困境中的人们很可能会自杀。

依据释义、依据普遍性的范畴选择其自己作为好人的每个人，每次当境况、可供选择的事物、争端需要时都打算做出道德选择。从这一角度考虑，这与这个人是只依据普遍性的范畴做存在选择，还是依据普遍

【22】

性的范畴**和**差异的范畴做双重选择，以及在后一种情况下，这种伦理选择是绝对的还是根本的都毫无（或者几乎没有）关系。这样的人总是问"对我来说怎么做才对？"这一问题，因此表达了做正确事情的意图——实际上是**决心**，或者，起码永不做错误的事情。这种人是一种给所有可能的道德建议提供指导方针的道德哲学的天然的受众（natural addressee），而这些可能的道德建议是给在任何特定的情境中问"对我来说怎么做才对？"这一问题的行动者的。

现代道德哲学主要转向它的"天然的受众"。在这种情况下，"天然的"并不是"依据自然"的意思，而是（大致地）"不证自明的"（不言而喻的［selbstverständlich］）意思。就哲学**只**回答已经提出来的问题而言，道德哲学和受众之间的关系是自然的。回答没有人真的会问的（假设的）问题与所说的"回答一个问题"是不同的活动。而且，如果一个人回复道德哲学只回答道德哲学家们问的问题，那么我的反驳是（正如在第一部分中反驳的那样）一种道德哲学中提出的问题本身源于好人的存在本身所体现的答案。"好人存在着——他们何以可能？"：这是道德哲学的根本问题。这种哲学试图回答的所有其他问题都来源于这一根本性的问题。难怪好人们、那些依据普遍性的范畴已经选择他们自己的人问的问题与一种好的、相关的道德哲学所问的问题相同或者相【23】似。从这个意义来说，道德哲学的确总是**对话式的**（*dialogical*）。诸多哲学与好人们进行着持续的对话，因为它们不能以其他方式为想要以道德理由决定和行事的行动者们提供指导方针。现代道德哲学的规范就是要提供所有正派的人——如果他们已经命定自己成为哲学家的话——都会提供的这种一般性的指导方针。

这种对话式的关系并不包括所有人。一方面，如果对方不接听电话，那么打电话就是徒劳的。如果一种道德哲学不尝试与回避这种联系乃至嘲笑这种尝试的人们建立联系并和他们对话，那么它不能受到指责。正如我在第四章中将要详细讨论的那样，**道德哲学家不是**对人的弱点、自负、愚蠢投以怨恨和戏谑的**道德家**。道德主义可以是有益的，而道德家则以让我们嘲笑别人而不是我们自己为己任。但是这完全不是道德哲学做的事情。道德哲学对人的弱点、自负、愚蠢不感兴趣——不是因为它们是无趣的，而是因为道德哲学对"有趣"不感兴趣。道德哲学对善感兴趣，善不一定是无趣的，但可能不总是我们常常描述为"有趣的"东西。

另一方面，那些并没有问题要提给道德哲学的人也将不会得到任何答案。这些人和道德哲学之间完全没有联系。简单地说：道德哲学将不会为他们服务。人们不能构想出一种迎合每个人的道德哲学。古代的道德哲学能准确描述某些永恒的道德律和戒律，也能准确描述绝对有效的价值和美德。它也有权以尘世的以及来世的惩罚恐吓恶。正如先前所提到的那样，现代道德哲学缺乏这种权威。在现代哲学中，一个偶然的人求助于另一个偶然的人。我们共同拥有的东西就是我们的偶然性，以及把我们的偶然性转化成我们命运的可能性。这就是当偶然的人没有问"对我来说怎么做才对？"这一问题时，一种道德哲学不能主动给出一个答案的原因。尝试以同样的方式对每个人讲话，而不考虑受众是否已经选择他们自己作为好人的道德哲学不是现代类型的道德哲学。因为它试图强加给男男女女们一些不能强加给任何人的东西：一种好的、正派的【24】的、诚实的生活方式。从我们的新视角所说的这些只重申了我们的现代男男女女们是偶然的这一最初的表述。①

现代道德哲学并不发出诫命；正相反，它们提供可参照的尘世之智慧。据了解，依据普遍性的范畴已经选择自己的男男女女们肯定会参照道德哲学，以找到一种可以为他们提供正当生活方式的一般性的指导方针。而且，他们能找到他们所需的东西，因为他们是现代道德哲学的受众。但是，道德哲学能够给予还没有依据普遍性的范畴选择自己的人的只有一种答案：**选择你自己作为一个命定为好的人。命定你自己成为你所是的：一个正派的、好的人。依据普遍性的范畴选择你自己。成为一种道德哲学的受众，以便它能与你交谈。**所有的这些用语都是一种而且

① 用社会学的术语，人们应该探讨规范的琐碎化，尤其应探讨制度规则或者制度化规则的琐碎化。这些规范或者规则从其并不激发行动的意义上说，它们与文化无关。所有的规范和规则被琐碎化的地方，其生存和认可的道德要求就保持在最低的水平上。卢曼（Niklas Luhmann）后来的所有作品都从这样或那样的角度探讨这种现象。

是同一种表达的变形。所有的它们都归结为最简单的答案：**成为一个每当应该问"对我来说怎么做才对?"这个问题时就问的人**。如果你这样做了，那么你将成为一种道德哲学的典范。这种哲学所描绘的好人的画像也将具有你的特征。

六

一种存在的选择就既不是理性的也不是非理性的。更确切地说，在这种选择之前的状态和这种选择之后的状态之间存在着一个**跳跃**。人们之所以选择成为其所是的，并不是**因为**他们之前已听过支持和反对这种选择的所有论辩，然后得出论辩所支持的"对自我的选择"更好或者更重要这个结论。曾经（对一份天职、一项事业、一个人，以及分别对诚实和善）做出存在选择的任何人都知道这种选择并不是像这样发生的。有时一个人记得曾经做过的一个决定，却不能确定做这个决定的时间和地点。我们经常会提到因一种更强的力量等而得到的"不受控制"的有益机遇、突然的启示。然而，无论能否回想起审慎和决定的特定时刻，曾经做生存选择的人们都不会怀疑这的确是一种选择，都不会怀疑很久以前的确存在一种没成为某个人确实所是的可能性，都不会怀疑只有个人的决心能一劳永逸地排除这种可能性。

因为一种存在的选择产生着命运，所以看起来它就是命运；如果一【25】个人成为其所是的，那么就不能想象成为不同于其所是的。从另一个角度看，同样的存在选择看起来像是完全偶然的（accidental），因为它可能永远不会发生。焦虑笼罩着已经生存地选择自己的人们的灵魂，笼罩着那些凝视过去的深渊、凝视从未做过这种选择这一纯粹可能性的人的灵魂。不能忘记生存选择的重要特征。人们在其生活中无数次地选择着，不论他们是否已经生存地选择自己。在所有的选择情况中，很容易设想人们在思考各种虚构的选择的形态时，可能会选择别的。然而，一种存在的选择严格限制着这种设想。从理论上说，一个人知道他可以做另一种存在的选择，也可以原地不动根本不做任何选择。但是，人们无法想象这如何可能，因为人们根本不能想象自己回到能够选择其他的什么或者什么都不选择的情境中。之所以会这样，理由很简单，想象的－假设的境况中的主体与"我自己"并不同一；它是在存在的选择之前或者在又一种选择之后碰巧是"我"的另一个自我。如果"我"（I）已经生存地选择了某人，那么我就不能以任何其他的人来想象我自己（我的生活），因为那样的话，这个"我"（I）将不会是"我"（me）。如果一个人已经选择自己作为一个好人，那么他无法想象"自己"过一种道德价值低于其他价值的生活（究竟是什么样的生活？）。

本着克尔恺郭尔的精神，当我谈到作为一种"跳跃"的生存选择时，我提出了一种人所共知的生命体验。当然，在不同程度上的每一选择，或者（更恰当地说）几乎每一选择都是一种跳跃。某人遵从理性，并最终做出决定。更经常的是，人们必须迅速做决定，考虑的时间是有限的。因此，人们就要冒险并投入其中，选择一种而不是另一种行动过程。这种跳跃可以是非常短暂的，也可以是非常长久的。被称为"存在主义的"选择在人们的生命中可能是最长的跳跃，因为，在**整体的**选择的情况中，**整个**生命都处于危险之中。

依据普遍性的范畴所做的生存选择通常早于其他类型的生存选择；甚至孩子们经常做出这种选择。这实质上表明，存在的选择就其依赖条件而言，它并不是非理性的。我将马上提到这个问题。然而，同样的情况再次表明这种选择也不是理性的。无论怎么反复强调"宁愿蒙受不公正对待也不给别人带来不公正"这一表述不能被证明都不过分。对于已经选择自己作为好人的那些人来说，这一表述就是真的，甚至是不证自明的；而对于那些并没有做这种选择的人来说，它就是假的，甚至是无意义的。人们可以与康德一起从"纯粹实践理性的辩证法"出发主张正题和反题都同样能被证明，因为存在着同样充分的理由证明它们。显然，人们之所以对善做选择，不是因为他们相信正题是真的（正确的）、反题是假的（错误的）。即使那些因为相信正题是真的、反题是假的而敢于进行这种跳跃的人实际上也敢以其他人都采取的同样的方式进行**跳跃**，因为他们因相信而接受正题的真理。如果他们的理性之间发生较

【26】

量，那么他们永远不会进行选择（跳跃）。

孩子们理性地考虑正题和反题中的真理性内容是完全不可能的。但是，如果人们倾听好人的往事时，经常会听到集中于苦难或者犯错这种关键性的童年经历的故事。足够有趣的是，在成年人的回溯性看法中，看起来对于选择善构成决定性条件的往往是负面的经历，即苦难的和痛苦的经历。因为人们做过他们认为完全错的事情而感受到的痛苦，或者注视着他人的苦难，都会引起这种人们决定以其**永远不想再受这些良知折磨**的方式去行动的折磨（因为蒙受不公正对待比给别人带来不公正更好）。但是这种跳跃在哪里？如果我们使"生存的叙事"更为可信，我们通常会这样做，那么显而易见，当人们选择成为好的时候，他或者她就总是好的。这实际上证明了而不是反驳了存在的选择的在场。在生存的选择中，我们选择了我们所是的（在这种情况下，我们选择成为我们所是的：好人）。然而，这种选择仍然存在着。因为孩子同样可以决定（它是一个决定）一出生就泯灭其良知。

自然地，孩子在没有意识到道德范畴存在的情况下也会有这种备受折磨的体验。在某种程度上孩子常常与帕西法尔相似，他在清楚"对"与"错"这对概念之前就能感到他人的苦难。① 然而，为了选择自己作为一个好人，必须满足两个条件。第一，道德范畴和概念必须以某种方式在周围"流行"。第二，孩子的命运一定不能像在前现代中那样被密集的伦理规章预定。如果缺少第一个条件，那么就没有生存地选择**善**的 【27】
可能性。如果缺少第二个条件，那么**生存**的选择就既不可能也不急迫了。

正如"存在的选择"这一表达一样，"跳跃"也是一个隐喻，但是它们都是有意义的隐喻，因为它们都代表着偶然的（现代的）男男女女们的体验、感知和自我感知。而且因为同样的理由它们都是有力的隐喻。人们当然能把这些隐喻置于经验的审视之下，或者从其无限的变量和可能性中创造出理想类型的傀儡。例如：从量的方面讨论"跳跃"并将之分为完全非理性的、半非理性的和几乎完全理性的几种类型。人们也能通过运用暂时性的范畴创造存在选择的类型学。毋庸置疑，尽管存

---

① 瓦格纳（Wagner）的音乐剧中的所有男女主角都只是披着神话外衣的偶然的人们。

在着**瞬间**做出的存在选择，也存在着需要拖延数月以及数年才做出的存在选择，但是这两者却有同样的结果。人们可以漫不经心地考虑"根本的"（不是绝对的）选择的观念，而发明一种可以被其他存在选择替代的存在选择的模式。人们也许能根据经验列举出"介于之间的"类型，准确描述已经"几乎但不完全"生存地选择自己的人们，或者准确描述让别人为其选择但仍然保持自主个性的核心以便于"并不完全"让别人决定的人们。道德哲学考虑这样类似的经验性的阐述，但是它并不使用它们。正是基于这一目的，我运用了"跳跃"和"存在的选择"这些术语作为强有力的隐喻而没有额外的经验的或者准-经验的限定条件。

我们已经知道对善的生存选择既不是理性的也不是非理性的。人们有同样令人信服的理由选择 A 和 B（或者 A 和非 A）的情况并没有使自己的选择（或者 A 或者 B 或者非 A）成为非理性的。如果人们没有任何理由（至少没有充分的理由）就做选择，或者一个人有更多更充分的理由做其他选择时，那么这个人的选择就是非理性的。然而，当人们有充分的理由选择其他东西的同时，选择人们有充分理由选择的某物就绝不是非理性的。在两种过程中，都存在着好东西，但是生活需要一个选择。此外，可能存在着某些先决条件，使某一方向的特定选择比另一方向的选择更有可能发生（例如，一种非常伦理性的自我意识和有影响力的社会环境可能会为孩子对善做生存选择提供先决条件，因此这种选择将是尽可能接近理性的）。一种存在的选择总是一场帕斯卡意义上的**赌博**，但是它却很少是具有平等机会的赌博。其中既不存在确定性，也不存在可预测的可能性，但却存在着吸引、渴望、直觉，甚至是冲动。康【28】德的蓝图可能正确表达了许多具体选择的特征，但是它肯定与对伦理的生存选择的图式不相符。因为单单理性并不能决定一种存在的选择，所以强烈的渴望、启示，以及一种精神吸引的显露都集中于这种信仰的行为中。

在孩童时期人们经常会对善做生存选择，但是在生命的任何时期都能做这种选择。随着时光的流逝，这种选择成为一件更富戏剧性的事。卢卡奇在其晚期的著作《美学》中，重建了亚里士多德的"净化"（catharsis）这个范畴，他把通过恐惧和怜悯这种强烈的感情而净化的经历诠释为存在的选择。人们显现为与迄今已经成为的那个人完全不同，在两者之间会产生关键性冲突的意义上，卢卡奇将"悲剧"表述为生命中的一个事件和体验。就人们被提升到"类本质"的水平，即人类本质、普遍性的水平而言，他们成为不同的。这种表达非常接近克尔恺郭尔的表达：在一种存在的选择中，人们为自己回到人类中而"后悔"。此外，卢卡奇在他所谓的本真的净化（authentic catharsis）和间接提到的陀思妥耶夫斯基的无序的后悔（disorderly repentance）之间做了区分。无序的后悔是非本真的净化，在其中人们并不真正试图做存在的选择，或者做了这种尝试但却失败了。无序的后悔的人渴望存在的选择，但却害怕进行跳跃。这样的人最终依然停在岸边等待他人为他或者她做选择。从某种意义上说，在陀思妥耶夫斯基之后，卢卡奇表明，与其失败地进行存在的选择，不如不尝试做这种选择。就我而言，我承认在这件事上我一无所知。

第二章　日常美德、机构规则、普遍准则

　　当人们伦理地选择其自己时，他或者她所做的选择依据的是普遍性的范畴。就我们都能选择我们自己作为好人而言，善是普遍的。然而一个人选择的东西并不是普遍的，而是独特的——因为人们自己的个性是独特的。克尔恺郭尔所谓的"为自己回到人类中而后悔"并不意指变成普遍意义上的男性或者女性、无感情的抽象物，或者说得更贴切些：仅仅是化身、纯粹理性或者合理语言的"实体化"。绝不存在"好人本身"；只存在着这个或者那个好人。所有的好人都是不同的；其中的每一个都是独特的：每个好人都以其自己的方式是好的。或者，以更加克尔恺郭尔的方式表达这一问题，每个好人都是一个例外。应该记住选择自己作为一个好人就是选择**自己**。再重复一遍这里所涉及的内容：选择者选择其性别、家庭、童年、种族、之前的经历，无论富有还是贫寒，选择其神经质、焦虑、天赋和愚蠢，无论健康还是疾病——其所拥有的一切。在这样做的时候，人们决定成为其所是的：一个正派的、好的、诚实的人。正是在这种姿态中，各种决定因素转换成了自主性（autonomy）。

　　一旦你已经获得了自主，那么你的灵魂便不再拥有史前史。你所做的任何事情都不再被因果关系决定。之所以如此，并不是因为客观条件和限制缺席，也不是因为你不能从因果关系的角度解释你的许多倾向；正相反，是因为你已经选择了所有的这些因果关系。无论你决定用什么范式来解释你自己的起源，一旦选择了这种起源，它就属于你的自由。

【30】   一旦你已经选择自己作为好的，那么你就是非康德意义上的个体和
普遍的统一体。你并不是普遍（理性）和特殊的-独特（自然）的合成
物。你的"自然的"自我并不屈从于你的"理性的"自我。你拥有一个
统一的自我。你不能被分割成"灵魂与肉体""灵魂与精神""理性和
感性"，或者"本质和现象"。你的本质如你显现的那样。你本质上是这
样或那样的人。

　　让我们假定你（个体和普遍的统一体）面临着一种选择的情境，并
且想要弄清楚对你来说怎么做才对。让我们再假定一个显而易见的假
设——即你将向其他人（另一个人）寻求建议。当然你将向正派的人寻
求建议，可是你不能完全确定你对之讲话的人们是否确实已经选择他们
自己作为好人，他们是否只在目前是正派的，或者他们是否为了获利或
者方便而只是假装是好的。在康德的道德哲学中，一个相似的问题出现
了，即由于人们并不能确定其他人是出于职责（out of duty）而行动还
是仅仅"合乎职责"（dutifully）而行动。然而，这种情形在康德的道德
哲学中并没有引起困境，因为在他的道德哲学中，应该咨询的不是其他
人，而是道德律本身。目前，同样的情形在我们的模式中更令人为难。
在向另一个人征求建议时，你面临着得到的建议将不是好的建议的危
险。当然了，对善的存在的选择绝不会被你听从坏的建议之后做错的事
情而不是对的事情这一情况所动摇。然而，你依赖另一个人的建议的情
形显示了正在讨论的这种模式的弱点，因为除了其他的像你一样的已选
择其自己并因此已将普遍性与特殊性统一起来的独特的人之外，并不存
在着较高的（或者其他的）道德实例。依靠其他人的建议的选项是自我
建议。然而，当你求助于其他人时，你之所以这样做正是因为你对"我
应该做什么？"这一问题的答案一无所知，正是因为你并不确定对你来
说怎么做才对。

　　存在的选择的模式本质上是**对话的**，而且它是建立在不只是一个
人，而是很多人已经选择他们自己作为正派的人以及他们都以其自己的
方式是好的这一假设基础上。这可是个合理的假设。这种模式的对话性
质预先阻止了"抽象的道德"的责难，这是一种由来已久的对黑格尔哲

学起源的反对。足够真实的是，尽管存在的选择的模式并不主张认识论
上的主观主义，但却强调**作为**道德主观性的主观性。此外，只要在这个 【31】
叙事中依然未提到伦理（*Sittlichkeit*）（共同的价值、规范和规则）的存
在（和性质），那就没有完全消除它身上的浪漫主义的胎记。然而，这
种模式并不排除伦理。相反，道德对话本身就是伦理的展现。当她和我
需要建议，当我们都需要倾听我们同伴的判断时，我求助于他人并且问
她"对我来说怎么做才对？"她求助于我并问我："对我来说怎么做才
对？"等等。

　　那么是什么引起了困窘？存在着感到困窘的理由吗？这一次，我们
可以将康德和黑格尔模式中最吸引人的特征合并起来。从康德那里，我
们保留了道德自主的概念，从黑格尔那里，我们保留了伦理的概念。并
且我们甚至能在这份清单上增加商谈伦理的最有吸引力的方面。此外，
我们拥有道德上自主的主体，这样的主体不是抽象的而是具体的，这样
的主体统一了个别和普遍，这样的主体通过与其他人不断讨论而参与到
伦理（伦理的）生活中。最终，这种讨论将是一种真正的道德讨论，而
不是关于道德问题的理论商谈，因为人们为自己的行动寻求建议，而且
他们从来没有想过用道德商谈代替道德决定和行动。然而，仍然存在着
感到困窘的理由。因为这一模式的运转，而且运转良好，主要以存在共
同体或者朋友网为前提条件，这些人不屈从于分工，一直认同一种伦
理。而且，他们认同的不仅仅是任何类型的伦理，而且是尊重每个人独
特性、"如是"（thusness）的伦理。换句话说，这种模式在某些**乌托邦
的**条件（*utopian conditions*）下才能够运转良好。

　　然而，以"我应该做什么？"这一问题既互相求助也求助于道德哲
学的人们通常并不生活在乌托邦的条件中。① 正相反，他们生活在相互

---

　　①　"乌托邦的条件"这一词汇与虚构的（imaginary）条件和不可实现的（unrealizable）
条件不相关。更准确地说，在这里我想的是不寻常的条件（exceptional conditions）。尽管乌托邦
条件类型各异，但是它们都使相当普通的男男女女们的道德力量得以增强。解放的初期是安排
这种条件的范例，但并非每个乌托邦条件都依靠这一时刻的热情。在卢梭（Rousseau）的小说
《新爱洛伊丝》（*La Nouvelle Héloïse*）的第一卷中，正是一个亲朋好友的圈子以一种道德上欢欣
鼓舞的、特殊的、即"乌托邦"的方式起作用。在《超越正义》（*Beyond Justice*）（Oxford：
Basil Blackwell，1987）的第二章中，我比较详细地讨论了这种亲朋好友的圈子运转的方式。

冲突的伦理中，生活在一个多样的文化领域的世界里，生活在由许多子系统构成、而每个子系统都有自己的规则的社会里；生活在偶然的人未曾做一种自觉的道德选择就能成功再现其自己的世界里，生活在一个心理学、检查和治疗已经取代了伦理道德、道德考虑和判断的文化中。①**居住在此时此地的那些人选择自己作为生活在此时此地的人，而不是选择自己作为生活在乌托邦现实中的人**。生存地选择此时此地的自己的人们选择着相互冲突的伦理、多样化的文化领域、诸多子系统，尽管每个

【32】

子系统都有自己内在的规则。他们也选择着偶然的人未曾做一种道德选择就顺利地再现其自己的这个世界。他们选择着心理学、检查和治疗已经取代了道德考虑和判断的文化。他们也选择着产生人类的观念——一种至少从目前看一直未能跨越现实的门槛的观念——的世界。他们选择着全球的战争、不平等、罪恶、饥饿和暴政的世界，也选择民主和自由主义、人的解放尤其是女性解放的世界。他们选择所有的这些，不是因为他们喜欢它们，不是因为他们不绝望或者不反抗，而是因为他们选择就在此时此地、在这样的星空下成为好的、正派的人。他们并不选择自己作为栖居在乌托邦现实中的人，即便他们选择了这种现实。

如果某个人在现代境况中选择他自己或者她自己，并且通过命定他自己或者她自己成为他或者她所是的，即一个好人，从而把他或者她的偶然性转化成了命运，那么这个人就必须选择与"什么"（what）相连的"如何"（how）。因为如果一个人不同样选择成为好人的方式的话，那么这个人就不能选择成为好人。

在"什么"和"如何"之间存在着辩证关系。我们选择着"什么"（我们自己、我们成为我们所是的：好人）。然而，这个"什么"从来不缺乏内容。它也没有充满内容。人们依据普遍性的范畴生存地选择自己之前，必须对"好的、正派的、诚实的"有一种概念。这种概念是：一个好人是宁愿蒙受不公正对待也不给别人带来不公正的人，或者

---

① 道德商谈如何被心理商谈代替，"常态"（normality）这个概念如何取代了"道德"，是一个重大而颇具争议的问题，它在福柯（Michael Foucault）的《性史》（*The History of Sexuality*）第一卷（New York: Vintage Books, 1980）中得到了最佳的阐述。

以另一种表达说同样的事情，一个好人是选择做对的事情（遵守道德规范）而不考虑随之而来的结果的人。然而，为了做这种存在的选择，选择者必须知道某些行动是好的，而另一些行动是错的。他或者她甚至必须知道某些好的行动以及其他的错的行动。当一个人成为他或者她所是的（作为存在的选择这一姿态的结果），即好的时，选择的"什么"就充满了内容，它被**具体化了**。一个正派的人的整个生活是这种"填充"、这种具体化的过程。每个好人不只是一般词义上的**一个**好人，还是具体化过程中的某个好人，这种具体化过程仅在死亡时刻才结束。设计其自己命运的偶然的人在这方面不同于亚里士多德的有道德的希腊人。后者在成年时期稳定了他的**品质**（heksis）（善的性格）。从这个时期起他自发地行动，因为他所有的行动都源于他的性格。现代人从来没有达到一种完全固定的**品质**的程度。他或者她拥有一种尽管不易受影响但却没"完成"的性格：它仍向进一步的具体化开放。在我们的世界里，诸多【33】价值互相冲突，诸多美德亦如此，不同的生活形式给我们强加了不同的义务；这个世界成为深不可测的，行动和结果之间的联系隐藏起来，透明性消逝了。在这样的情形中，我们如何能防止犯严重的道德错误？我们如何能避免犯致命的错误？

如果已经选择自己作为好人的人去做一些**恶**的事情，那么这个道德错误将被证明是致命的。作恶时却相信它是善的在黑格尔看来是现代主观主义的道德陷阱。在一个透明的世界里，在一个自由地选择的共同体中，甚至在黑格尔设计的伦理的王国里，对善的生存选择排除了致命的错误。然而，在我们所设计的这个模式里，即使为道德对话做好了持续的准备看起来都不能阻止人们做很多错误的事，甚至是恶的事情。因为人们所寻求建议的那个人可能会遭受道德上的自我欺骗。由于无知而犯罪是这种行动的老版本，但是现代版本更复杂、更曲折。涉及规范、价值和责任之道德状况的无知现在被增添到各种可能引发严重的、有时是致命的道德错误的无知类型的清单上。在一种给予道德建议的简单的面对面的情境中，一个致命的愚蠢错误会导致更多的错误。聪明的人和愚蠢的人都能落入这种陷阱，即便不是因为同样的理由。聪明的人会对提出的所有建议进行支持或者反对的论证，然而愚蠢的人会接受表面上的所有建议。

选择自己作为一个好人并不保证不犯错误，包括致命的错误。但是它肯定包括不犯这样错误的坚定决心；因此也包括弄清楚如何更好地避免它们的尝试。其实，只有我们知道**如何**成为我们所是的**什么**（好人们），我们才能成为我们所是的**什么**（好人们）。在"什么"和"如何"之间存在着差别。如果不存在差别，那么一旦人们已经在伦理上选择自己，他们就不可能犯道德错误。在这种选择中，一个人既选择"什么"又选择"如何"——在它们的差别中也在它们的最终统一体中（个性本身）。

现在让我们重提面对面的道德对话这一情境。如果说者和听者（寻求建议的人以及提供建议的人）拥有某些共同的价值，尤其是拥有那些与考虑的情况或者行动相关的价值、规范或者美德的形象，那么"告诉我对我来说**怎么**做才对？"这一恳求才有意义。除非两个人（或者更多【34】人）有某些共同的价值（规范、美德），否则他们在与善恶、对错相关的事情上绝没有彼此建议的基础。如果在相互咨询的过程中，发现对一个人是正确的事情而对另一个人却是错误的，那么参与者必须拥有共同的某些"对"与"错"的观念，以便于理解并阐述为什么会如此，以便于通过给出他们认为是道德的理由来赞成或者反对对方的行动。

经常发生这样的事情：我想要告诉某人对于他或者她来说怎么做才对，那个人想要告诉我对我来说怎么做才对——之所以会这样理由很简单，因为我们共同参与到行动中，我们有共同的行动方式、商议过程，并且我们都想要做正确的事情。为了讨论，让我们假设存在着许多我们并不认同的规范。然而，无论我们别的规范承诺有多么不同，我们都知道要做对的事。无论如何，我们必须共同行动。为了做我们相信是对的事情，显然我们必须找到我们共同的价值、规范、美德，也赞同对这种价值、规范或者美德的诠释，因为只有在这个条件下，我们才能以我们都认为是好的和对的方式共同行动。**我们一定要弄清楚是否我们拥有一些共同的既定规范或者价值，而又不触犯任何一个人对于好和正确的具**

体观念。

　　人们之间的关系越强，他们共同拥有的规范就越多，对于他们来说给予和接受建议就越简单。这种关系越弱，他们就越发现自己处在缺乏相互理解的"天然的"共同背景的境况中。然而我们知道，如果我们回避更广范围的参与，我们就不能成为正派的人。**因此，我们一定要弄明白，如果我们在如此广泛的范围内参与行动，我们可以依靠什么类型的规范。**

　　正如经常发生的那样，也会发生这样的事情：一个人是不同机构、集合、生活形式中的一员，因此这个人的忠诚（loyalties）也会被分开。如果我发现我自己处在这种情境中，那么我不得不在与不同忠诚相冲突的不同行动过程中做出选择。在这种情境中，我从别人那里得到的建议将受到建议者分有的忠诚的影响。因此我在想法上依然是分裂的，然而我必须行动，我想做对的事情。很明显，我必须弄明白在我的忠诚中是否存在着一个**等级**。因此我必须思考是否存在着一种更高的规范、价值、美德，某种我可以依赖的东西，以一种等级的方式对我相互冲突的忠诚进行排序。（不同的忠诚具有同样分量的情况将在第四章中讨论。）【35】

　　因此，我们回到了康德，尽管是在一个完全不同的本体论的背景下。绝对律令（以及所有它之后的变体）是有资格充当一个**绝对的**尺度的公式。这个公式可以检查和测验任何的行动准则与职责。它易于理解并容易运用。康德声称一个十岁的孩子已完全理解绝对律令，他是对的。如果现代人"此时""此地"依据普遍性的范畴已经生存地选择了他们自己，那么绝对律令，或者一些其他的但相似的普遍的准则就是他们需要依赖的拐杖（crutch）。除非他们伸手够到这根拐杖，否则他们将面临外部强力的威胁。在不走运的情况下，他们将犯致命的错误。当今，已经生存地选择其自己的偶然的人们也选择自己作为面临某些道德冲突和碰撞的人；但是他们只有使用普遍的拐杖作为标准，才能找到摆脱道德冲突和碰撞的好的与正确的方式。

　　对于康德来说（以及在所有相似的哲学构想中），绝对律令或者它的等价物是扩大了的道德律。它是敬畏的对象，因为它高于所有的个体，这些个体无疑是感性的、受激情支配的、受利益引导的。它在双重意义上是律令。它就像司法法律那样是强制的并具有绝对约束力，它作为自然法决定着我们。然而，对于一个个体来说，没必要为了理解一种普遍的准则究竟是什么以及这样的一种准则如何被用来作为拐杖而知道康德的一切，更不用说接受他的哲学了。为了把它用作一根拐杖，人们无须敬畏地握着一个公式并将之称为"道德律"，人们无须把"普遍"看成处在我们之上的柏拉图的理念，或者看成处在我们之中同时又高于感性存在的康德的理性理念。没有任何东西、没有任何人比好人站得更高（对于这种说法，康德将不会提出任何异议）。好人只是作为他或者她所是的，在他或者她的自感性（ipseity）中，作为这样那样的人、作为一个独特的存在、作为一个整体是好的，因为这个人已经选择其自己本身。（对此，康德已经提出几个异议。）康德的公式是为现代的偶然的人设计的。在系统阐述绝对律令中，康德为已经选择自己作为好的偶然的人做出了贡献，因为他设计了这些人需要拐杖的模式。而且，因为他们需要它，所以他们会在需要它的时候使用它。他们会在需要它的环境中使用它。康德的扩大了的道德律是适合于拐杖的很好的模式，但是也存在着可以替代的其他的、但不太坚固的拐杖。

【36】　　只有当我们没有拐杖而不能走路的时候才需要一根拐杖。当日常的规范和规则、宗族的规范和规则、美德规范等不能给我们提供"对我来说怎么做才对？"这一问题的答案时，我们就需要一种普遍的准则或者规则这种标准。确实奇怪的是，在阐述绝对律令时，康德主要引用没有人需要普遍的公式以寻求哪种行动是正确的案例。一个已经选择其自己作为一个正派之人的人不需要一个普遍的公式以弄明白谋杀是对的还是错的，撒谎是否可以被视为一条有效的准则，或者盗用是否是对的。对这种观点的一个明确反驳是：康德系统阐述的哲学不是给已经选择自己作为正派之人的人们，而是给所有人的。然而，这并没有改变这种情境。因为坏人或者有意让其他人为自己进行选择的人将不参照绝对律令或者任何相似的公式。只有已经选择自己作为正派之人的人才准备参照康德的公式。然而，在比康德分析的情况更复杂的情形中，他们将需要

参照它们。

个体是普遍。在现代社会中，在他们已经为自己选择的社会中，想要保持正派的个体们寻求"如何"（"如何成为正派的"）的答案。他们为了自己而使用道德普遍性的拐杖。否则，他们无法避开可能要弄他们的外部力量。康德的本体论（以及这种本体论源于的犹太教和基督教的传统）已经在我们的道德理解和自我理解上留下了如此深的印迹，以至于人们无论怎么强调这个都不过分：一个人为了自己是好的。好人是那些运用柏拉图的蒙受不公正对待比给别人带来不公正更好这一准则的人。亚里士多德曾经说过，正义是我们与其他人相关的美德的总和，通过这个他表明了与我们自己相关的所有美德都是好的。**对我们来说，成为有道德的就是好的**。善、正派、诚实不是以艰难的方式、不是以自我否定的方式、不是以牺牲的方式、不是以耶稣受难（Calvary）的方式，除非这是可以替代侵犯和折磨别人的唯一选择。

正派的人为了其自己是好的这种说法只是亚里士多德所提出的有道德的活动是目的本身这一思想的另一种表达。依据释义，伸手去够普遍性是目的本身，因为它帮助人们继续过一种他或者她喜欢的任何其他类型的生活。为避免误解，我并没说好人必然是快乐的，我也没说善有善报。我只表明一个人为了自己是正派的①，且为了自己而求助于普遍性的拐杖。诚然，一个好人经常为了别人而行动。然而，为了别人而行动 【37】 与为了别人而成为正派的和好的是完全不同的命题。将"为了自己而成为好的"和"为了自己而做正确的事情"区别开来至关重要。未能意识到在这里我们面临着两个完全不同甚至无关的论题经常会导致正派的人的"利己主义"这一老生常谈的讨论。

为了自己而成为正派的并不会使一个人成为"利己主义者"，因为依据释义，正派的人也会为他人利益行事，甚至有时也会为他人利益做出牺牲。然而，为了自己而是正派的人们不是利他主义者，因为每次他

---

① 当然，不仅在道德领域中，"我为了我自己而做 X"与"做 X 本身就是回报"这两种说法不重叠。例如，我可以有把握地说，我是为了自己而修订这份手稿，但是修订手稿本身就是一种回报，是一种……唉，我不愿意同意的说法。

们为他人利益行事时，他们也为了自己而保持正派。对于这一问题的讨论仍然围绕着伪善的（self-righteous）人的形象。伪善的人的形象是前现代的伦理的遗留物，我们仍能在传统生活方式幸存的地方或者浓厚规范被意识形态——无论传统的还是现代的——合法化或者强调的地方偶然遇到这样的人。在其自我膨胀的冲动下，伪善的人一丝不苟地完全遵从所有的道德规定，或者至少假装这样做，以赢得声誉、认可的外观。很容易发现伪善的人。他们总是暗里或明里将自己和别人做比较，而且他们总是从这种比较中脱颖而出。一般说来，伪善的人收获着他们种下去的东西：其他的人会对他们肃然起敬，除非他们被揭穿为伪君子。需要补充的是，实际上，并非所有伪善的人，甚至并非大多数伪善的人是有意识虚伪的。然而在一种无意识的层面上这恰恰是他们所是的。

然而，所有的这些都发生在人们一出生就接受其预定命运、人们完全知道别人期望的他们的行为是什么的传统背景中。因此，他们的行为并不能证明他们有大量的反思或者决心，更别提存在的选择了。足够真实的是，一种新型的伪善的人在现代的早期出现。道德（主观性）的伪善正在补充到伦理的伪善（这种传统要素）中。在这一混合物中，自我膨胀超越了所有的成分，而且它能导致如莎士比亚的泰门一样的疯癫。在这里，我不能提供任何伪善的类型学。我更愿意回到我的起点：人们需要区别为了自己而成为好的和为他人利益而行事（在善的意义上）。

【38】伪善的人为了他们自己的确会做对的事情；（他们的所作所为是为了获得认可、实现其自我膨胀的冲动）；但他们并不为了他们自己而是好的。他们的自尊取决于其他人的认可，或者起码取决于与他人的比较。①毋庸多言，依据普遍性的范畴，已经生存地选择自己的人们并不将自己与任何人比较，因为他们已经成为的东西，他们的个性，是独一无二的，原

---

① 启蒙的人们普遍坚持说，比较会增进或者至少加强有害的激情，怀疑论者能使自己与这个事实达成共识，然而道德家不能。卢梭梦想着把比较从社会生活中完全消除；因为量化造成比较，所以他甚至禁止运动中的量化（见《爱弥儿》[Emile]）。但是，作为那种知道什么是对的、但却做错的事情的人的典范，卢梭经常将主体性道德与别人所谓的"不道德"（immorality）相比较。康德似乎仍信守着他的格言，即人们应该把自己与道德律相对照、永远不要与他人相对照。然而，两个人都赞同一点，并且其他人也赞同：伪善不是善的表现，而是缺乏善的表现。

则上无法比较。

伪善的人（除了刚才提到的那些类型之外）正在迅速地从现代西方社会中消失，这给人留下了一种不是完全没有根据的印象，即在那里没有美德、善或者正派。当人们不期望因比别人更完全、更一丝不苟地遵守所有的道德规范而获得高度认可时，当一个人在道德上高于他人这一说法将不再足以使其达到自我膨胀的目的时，当人们夸耀自己的身心纯净不再是一种常见的日常现象时，**道德生活本身一定会获得一个相当有问题的地位**。在这样的一种环境中，人们的确不再，或者不是非常频繁地、持续地借助于具体规范的标准进行比较以及分级。这正是男男女女们可以做出成为好人的这种存在选择的原因，每个人都以他或者她自己独特的和无法模仿的方式选择成为好人。这也正是他们能成为其所是的：为了自己而好的原因所在。

好人由于其依据普遍性的范畴而做的存在选择现在存在着。他们通过这种选择成为其所是的。在一个他们已经选择作为自己栖居地的世界中，他们保持自己作为好人，同时，当需要时他们会设计、发现和使用很多"拐杖"，以避免犯致命的错误（道德上的错误）。这些拐杖是**他们的拐杖**，就我们接受它们而言，也是我们的。一般性的规范、普遍的准则、抽象的价值、美德等正是这类拐杖。哲学家们通过设计这些拐杖以及通过给正派的人们一种理论上可接受的形式而为他们服务。

当我对康德——这个为他的普遍公式提供部分内容时给所有正派的人设计了最牢固拐杖的人——表示敬意时，这也是我将要做的事情。因为这根最牢固的拐杖就是一个人不应该把他人只是用作手段，也应该用作目的本身这一普遍的道德建议。"普遍的道德建议"这个惯用语是有意的，因为在我看来，所有的普遍性（所有的拐杖）对于正派的人来说其实都是提议。它们可以理解为：如果你接受这个，你就能避免犯致命的错误。

【39】

那么，接下来我要提出我自己的建议。我并不以普遍的准则开始这种讨论；相反，我选择效仿一个正派的人的生活方式。正派的人们，像我们大家一样，在日常层面上开始他们的生活。更有可能的是，他们将在基本的日常决定中首先区分对与错。我假设，当他们面临重大决定，需要一根拐杖、一根普遍的拐杖时，他们对于某些种族的规范已经做出决定。

效仿一个正派的人的生活方式是一种重构。然而，着手成为其所是的人们对普遍性还一无所知，他们也不知道他们将需要它们。哲学家们，这些预先意识到这种情况的人，也知道开始走诚实生活之路的人们将很可能需要这些拐杖，并且知道他或者她将建议哪一个。在这样做的时候，**哲学家开始模仿令人尊重的正派的人，这个人已经成为其所是的，**并且将其经验和智慧传递给其他的刚开始走这条路的正派的人。

道德哲学应该以这种方式表达：它们可以为所有可能的道德建议提供指导方针，这些可能的道德建议是给予在任何情境中问"对我来说怎么做才对？"这个问题的行动者的。这个求助于其他人征求建议的人想知道**对的**事情是什么，因为他或者她想选择对的事情而不是错的事情。但是这样的人也想知道**对于他们来说**怎么做才对。因为一种特殊类型的行动可能对一些人来说是对的，而对另外一些人来说则是错的。他们想要接受定制的建议，完全适合他们（他们的境况、传记、冲突、可选择的方案、优缺点）的建议。然而道德哲学并不是定制的。当它们讲述在一个具体而集中的生活境况中征求建议和给出建议的好人们的故事时，它们笨手笨脚、不能胜任、无诗意以及呼吸急促。应该留给诗人而不是道德哲学家来讲述**这种**故事中的**一个**故事。只有读者才能将真正的命脉注入道德哲学；只有好人才能够使它名副其实。

二

康德困惑于人的**非社会的社会性**（*unsociable sociability*）。大体上，人们对其他人做的所有坏事都是为了获得同伴的认可。他们羞辱别人是为了提升他人眼中自己的地位。他们追逐权力、财富和名誉是为了获得别人强烈的情感回应，无论这种情感回应是恐惧还是爱。他们把对方踩在脚下争夺位置是为了成为别人眼中的"重要人物"。然且，总的说来，人们为了获得认可、避免羞愧也做对的事情。只有其他的人才能抬高我们，只有其他的人才能羞辱我们。他人嘴里的一句好话令人快乐一天，一句冒犯的话令人难过一天。

人们对他人的这种需要（一方面，认可、爱、肯定、赞扬、禁止；另一方面，恐惧、羞辱、渴求）不能被量化。而且并不是量化不可量化的东西的一些尝试才使我相信这种需要以及这种需要的"数量"是一个常量。粗略地看一下当代人的境况就清楚地证实了这种猜测。现代社会的特点是职能分工（functional division of labour）。在我们的工作机构中（从最广泛的意义上说），我们执行某项职能，我们和其他人交流或者合作是另一种相似或者相同职能的展现或者"体现"。我们并不与作为整个人的他人邂逅；皮肤与皮肤、肉体与肉体并不碰触。一个人的内在生活与另一个人无关，反之亦然。我们行走在我们谁也不认识的街上；我们被无数的陌生人围绕。如果我们选择不组建家庭，那么我们就可以单独生活，成为孤独的，保持孤独的：没人在意。我们可以在不建立任何关系的情况下有很多"非持久的暧昧关系"。然而，如果我们相信所有的这些在某种程度上减少了人类的脆弱性的话，那么我们肯定是错的。相反，事实情况是，人们与其他人的联系越弱，他们每天、每时、每刻与其他人共有的生活就越少，其人际关系就越缺少恒定性，他们就变得越敏感。不能忍受另一个人的气味——更别提不断出现的气味——的人依然像孩子一样敏感：他们在情感上永远不会成熟。在比喻的意义上，在人们挤到一起的地方，他们肯定认识到他们是不同的，知道并不是每次冒犯都意味着真正的冒犯，即使它意味着真正的冒犯，也并不总是这样的情况，而且人们能够忘记它。人们对彼此的需要（对人的需要而不是对显示职能的需要）是相当恒定的，这一情形显然使某些当代哲学的主张成为荒谬的，这些当代哲学声称在现代社会中伦理道德只剩下正义。

现代伦理道德以与前现代不同的方式运转是一回事儿，不再存在任何伦理道德是另一回事儿。而且，后者显然是一个错误观点。现代的道德规范是散落的，即使某时某地它们不是散落的，诸多规范、价值和美 【41】

德之间的准有机联系已被切断。这就是人们很少以及已经不太倾向于**为了获得认可**而做正确的事情的原因，除非在一种仍然密集的规范的环境中。正是在这样的条件下，善以及持久而连续的诚实和正派来源于存在的选择。在这里，作为自我命定的道德并不与黑格尔模式中的伦理相对抗。正是在伦理的脱落的以及散落的组织中，道德坚守着自己的阵地。它坚称自己是一种新型伦理的承载者。好人在日常生活中、在各种机构里、在政治舞台上、在世界范围内创造着伦理。他们并不从虚无中创造伦理；相反，他们从他们中广为流传的散落的规范、价值和美德中创造它，为自己以及为别人定制。正派的人需要其他的男男女女。正如反复强调的那样，他们需要其他人的合理建议，但是他们也需要**其他人**；更确切地说，他们首先需要其他的人。以相似的方式，其他人需要正派的人；其他人需要他们的建议，但是，更重要的是，其他的人需要**正派的人**。没有什么比一个好的、正派的、诚实的人更为人们所需要——不是因为这样的人有一颗好心（有时他们根本就没有特别好的心），而是因为他们面向其他的人，因为他们是"社会的社会性"（**社会的社会性** [*gesellige Geselligkeit*]）的体现。

三

　　一个正派的人照顾其他人。

　　海德格尔创造了"存在的牧羊人"（shepherd of Being）① 这一优美的比喻。我以如下的方式解读这一比喻：已经出生在这个世界上的每个人都有照管这个世界的任务。这个世界交给人们照管。正派的人照管着（所有生物的）世界，但不是按字面意思"照管"人。更确切地说，他或者她照顾他们。诚实的人是所有生物的守护者，并且就他或者她照顾他们而言是一个好的守护者。照顾其他的人就是照管所有的生物、照管存在。生存地选择其自己的人必须学会如何照顾人。

　　照顾其他的人：这是伦理道德的普遍的引导性的（orientative）

---

　　① "shepherd of Being" 也可以翻译成"存在的守护者"。——译者注

原则。

它之所以是一条普遍的原则，是因为在所有的领域、所有的生活形式、所有类型的活动中，人们可以互相照顾也可以互不照顾。因此，这一原则在日常生活、各种机构、公共领域中引导并带领人们。实际上，【42】完全不同类型的行动都可以由这条原则引导。这一原则之所以是引导性的（不是构成性的），不是因为它的内容贫乏（一条实质上丰厚的原则无论如何都不是一条合适的原则），而是因为它不能充当人们在所有需要拐杖的情况下都可以依赖的道德拐杖。其实，对于这一原则的大量诠释需要由普遍的准则检验。使用一个空间的比喻，可以说普遍的引导性的原则（照顾其他人）是最低的普遍性，而普遍的准则（"普遍的拐杖"）是最高的普遍性，因为人们用后者来检验前者的内容。然而这种空间的比喻会引起误导。如果我们以人的善而不是以建立一条"道德律"开始这种讨论，如果人们像我一样坚持认为，普遍的标准应该从正派的人的担忧层面来理解，而不是相反，那么我们甚至可以得出普遍的引导的原则其实是所有原则中最高的原则这一结论——因为，在最终的分析中，照顾其他人以及照管所有生物才是伦理学的真谛。

好人首先学会如何照顾他人。依据释义，这个人要学会如何避免伤害其他人。

引导性的原则通常包含着诫命（commandments）以及禁令（prohibitions）。在现代，大多数对普遍的引导性原则的阐述在性质上也是引导性的。仍然留下了禁令（尽管没有更多肯定的诫命）。如果违反了禁令，那么随之而来的便是司法制裁或者社会制裁（尽管不是在所有的情况下）。虽然"不要故意伤害其他人"这一否定的公式与"照顾其他人"这一肯定的公式在同一程度上都是引导性的，但是某些伤害行为会引发制裁，而不照顾其他人并不会引发制裁，除非造成了伤害。

正派的（好的）人是做对的事情而不考虑社会的（司法的）制裁的人。在对已经依据普遍性的范畴生存地选择其自己的男男女女们讲话时，道德哲学**不能**以"不要谋杀"这一禁令开始阐述引导性的原则（"不要故意伤害他人"）。谋杀肯定是所有的罪行中最可憎的一种，然而这就是正派的人不需要面对这样的禁令的原因。无论怎样他或者她对谋杀有内置的抑制。因为（从另一个角度看这件事）最严肃的司法制裁无论如何都适用于谋杀，而不适用于谋杀不可取，至少在现代社会中不适用。不杀人给诚实的人的肖像，或者就此而言，给任何人的肖像没有增添任何东西。现代社会也没为在私人生活中以道德理由杀人留下太多的空间。这种既可以被视为献祭供品又可以被视为可憎罪行的杀人、这种没有任何制裁适用于它的谋杀、这类在恶的准则的引导下谋杀的类型，等等，将结合比正常的日常场景中出现的更为复杂的境况进行讨论。

【43】

以亚里士多德讨论美德的风格，我已经提到过对普遍的引导性的原则的阐述在性质上也是引导性的。如果其他人想完全遵从引导性的原则，那么人们不能**确切地**告诉他们应该做什么。人们只能做出不确定的表达，以如下的方式：最好朝这个方向而不是那个方向做某事；最好多做这样的事情、少做那样的事情；即使做最好的事情也不应过度，因为，如果它们过度了，就能够引起更多的伤害而不是好处。仍然与亚里士多德的精神相契合，人们应该补充道，引导性的原则是"敏于境况的"（situation-sensitive）。在遵从这样的原则时，人们不能在每种境况下以及对每个人都做同样的事情，但可以通过动态调整运用诸原则。引导性的原则并不能通过一种决定性的判断而运用于单一的情况中。人们肯定可以将一种情况归到一条或者另一条原则中，然而，只是适当的归类并不能规定这种特殊情况的处理。如果它规定了，那么这一原则的运用可能由其硬性规定而受到一些损害。反思性的判断和决定性的判断必须不断地摆动，以确定"适当的尺度"。所有这些都取决于这样一个事实：这种情况已经被视为普遍的引导性的原则应用于其中的情况。

诸引导性的原则不仅仅根据境况以及一个人照顾的人们进行调节；**它们也根据进行照顾的（好）人调整（以及调节）。**人们无论怎么强调每个人都以其自己的方式是好的都不过分。人们也以其自己的方式照顾其他人。"相互动态调整"（mutual dynamic adjustability）是应用在这里的恰当词语。在照顾其他人时，一个人以其自己的方式照顾。然而，人们必须考虑"照顾其他人"如何被他们所照顾的人诠释。感受到他人照顾的或者正需要这种照顾的任何人必须考虑到他人的照顾的需要、他或者她对于"照顾"的诠释、他或者她对于"被某人照顾"的需要。引导性的原则并不总是很稳固。当人们在相互照顾的过程中必须体谅对方时，实践智慧（Phronesis 或者 practical wisdom）就更加重要。

最后，普遍的道德准则、规范或者法律可以放弃遵守每一条和所有【44】引导性的原则。此外，机构的规则（我将马上提到）也可以放弃遵守某些引导性的原则。然而，放弃这条或者那条引导性的原则的运用并不是要放弃**普遍的**引导性的原则的有效性。它是普遍的，因此不能被放弃。

接下来，我将列举一些引导性的原则。所有这些原则都是对"照顾其他人"这一普遍的引导性的原则以及它的否定表达"不要故意伤害他人"的诠释和具体化。我并没有妄称要提出一份所有原则的目录。每个正派的人都可以纠正我，也可以在这份清单上增添其自己的原则。

1. 恰当地顾及他人的脆弱性。

（a）不要对他人人身以及他/她珍视的任何东西进行冒犯。

（i）不要蔑视他人（除非道德上有正当理由）。

（ii）不要嘲弄他人或者置他人于羞愧中（除非道德上有正当理由）。

（iii）不要对他人珍视的人和事业表示蔑视或者漠不关心（除非道德上有正当理由）。

（b）学会表达你对他人的爱、同情和尊敬的感受。

（i）不要害怕在表达你的感受时暴露自己。

（ii）学会以他人不误读的方式表达你的感受。

（iii）永远不要为了私人利益而假装表达一种感受。

（iv）即便是出于最好的动机，例如怜悯，也不要隐藏你的感受（除非强烈指示你要隐藏）。

（v）情感表达不应伴随着自我羞辱。

（c）真诚地回应他人对你个人的需要。 【45】

（i）如果一个人说"我需要你"并且你也需要他或者她，那么你不应该拒绝满足对方的需要，以免引发他人痛苦或者不安全感（除非存在着道德理由不满足这种需要）。

（ii）如果一个人说"我需要你"但是你不需要他或者她，那么最好拒绝满足这种需要。但是你在拒绝他或者她时不应该提及他人的缺点（除非这些缺点是道德上的缺点）。

（d）帮助他人"保全面子"。

（i）尽量发现可以帮助他人摆脱窘境的姿态或者言语。

（ii）如果你处在可以提醒人们的位置上，不要让他们进入将会使他们困窘的境况中。要学会如何在干预他人的事务和完全冷漠之间小心权衡行事。

2. 恰当地顾及他人的自主性。

（a）不要侵犯他人的身体。

（i）不要谋杀（非引导性的）。

（ii）不要强奸（非引导性的）。

（iii）不要故意使他人遭受身体上的伤害。

（b）不要亵渎他人的灵魂。

（i）不要羞辱他人。

（ii）不要故意让他人在情感上依赖于你。

（iii）永远不要试图违背他人的意愿。

（c）不要操控他人。

（i）不要为了使他人做令你高兴或者符合你利益的事情而隐瞒信息（不要撒谎），即使这种行为是善的。

【46】　（ii）不要影响他人去做令你愉快或者对你有利而令他们不愉快或对他们不利的事情，即使这种行为是善的。

（iii）不要用你的超凡魅力（如果你有超凡魅力的话）去招募追随者，目的是规定或者指使他们做事，即使他们将从中受益，即使意图是好的。

（d）不要对他人进行监护。

（i）不要利用他人的经济依附而监护他们。

（ii）不要利用他人对机构的依赖而监护他们（见第七部分：机构的

规则）。

（iii）不要利用你的优势（智力的、艺术的，等等）而监护他人。

存在着一种包含 a、b、c 和 d 在内的**非引导性的**原则：

不要侵犯他人的身体和灵魂；不要因其种族、性别或者其他群体中的成员身份而操纵他们或者监护他们。

（e）帮助他人获得更大的自主权。

（i）让一个想要离开的人离开，即使你可以阻止他或者她，即使分离会引起痛苦（见歌德的《伊菲格涅亚在陶里斯》［*Iphigeneia in Aulis*］）。

（ii）朝着各方都有更大自主权的方向寻求改变工作关系。

（iii）将一种独有的关系建立在更大自主权上比建立在更小自主权上更好。只有自由选择的独特性才是自主的。

（iv）不要为了他人的自主而牺牲你的自主。如果你这样做了，那么你要么让他人内疚，要么违背了在（e）里列出的其他原则。

3. 恰当地顾及他人的道德。

（a）如果你的看法在他人的考虑中有分量，那么每当他们开始采取错误的、坏的、不道德的或者恶毒的行动时，你必须提醒他们。 【47】

（i）看起来令人心烦以及受到责难比未尽到预先告诉的职责更好。

（ii）引起一个人痛苦比让他或者她做你知道是错的某事更好。

（iii）因坚持提醒人们而被指责为无礼或者干涉比转向道德冷漠这一相反的极端更好。

（iv）当提醒他人时不要把你自己的自我推向前台。伪善与照顾别人毫无关系。

（b）关注道德优点。

（i）好人站在昏暗处。把他们带到光亮的地方，以便人们能看到他们。

（ii）所有的人都应得到认可。

（iii）优秀和优点应得到赞扬。永远不要错过赞扬值得称赞的行动的机会，无论是行动者的善还是其他方面。

（c）学会如何以及在何时做道德评判。

（i）学着区别与道德无关的行动和与伦理相关的行动。对与道德无关的行动做道德评判是道德缺点。

（ii）在轻微的冒犯中，只有实践智慧能决定是否应该做道德评判。在重罪中，人们应该时刻进行道德评判。

（iii）道德判断应该真正顾及冒犯者的自主。做一种道德判断的主要目标不应该是"改造"冒犯者，而是应该让这个人深刻了解这种冒犯行为的性质。（如果冒犯者选择改造他自己/她自己，那么他/她可能依赖于这种洞察力。）

（iv）无论他人漠不关心还是公然敌视，无论结果如何，人们都应该做出道德评判（以上面的方式，在上述的条件下）。

【48】（v）如果你和被评判的这个人一样进行了同样的冒犯，或者进行了同等或更重的冒犯，那么不做道德评判是合情合理的或明智的。

（vi）面对面地表示赞同或者反对比在他人背后表示更好。

（vii）在不赞同的情况下，评判不应该诋毁被评判的人的品质（除非有充分的道德理由诋毁）。在赞同的情况下，最好将这种评判扩展到整个品质。

（d）学会什么时候遗忘以及什么时候记住。

（i）如果你意识到你已经冤枉了某人，那么要说"对不起"，无条件地道歉。

（ii）如果你是已被冒犯的那个人，如果别人跟你说"对不起"，那就忘记这种冒犯（除非你有充分的道德理由记住）。

（iii）不论你更倾向于记住还是更倾向于忘记，都要运用与对别人同样的标准对你自己。

（iv）避免将一份轻微冒犯的目录记在心里。

（v）你不忘记别人对你的严重冒犯也能成为正派的人和好人。（你无须成为圣人那样的好人。）但是如果你忘记了你已对别人的严重冒犯的话，那么你就不能成为正派的人和好人。

4. 恰当地顾及他人的苦难。

（a）一个正派的人注意到他人的苦难。

（i）学会感知所有形式的苦难，即使你从未制造苦难。

（ii）永远不要对他人的苦难保持淡漠。弄清他们的苦难是否有可以纠正的缘由。

（iii）学会对他人的苦难表达关心。

（b）一个正派的人尽其最大的力量来减轻他人的苦难。

（i）尽你最大的力量减轻依赖于你的那些人的苦难。

（ii）付出你适当的部分时间、金钱和精力来减轻可补救的苦难。

【49】

所有这些引导性的原则听起来很简单且相当传统。它们中的一些的确是传统的，而这恰恰是它们听起来简单的原因。然而，在它们中少数非传统的（现代的）原则修改着目录中的每条原则，即使这些原则的列入并不改变传统的原则的措辞。或者，更确切地说，它们一方面通过扩展传统原则运用的领域，另一方面通过缩小其范围，从而赋予了传统原则以新的意义。

修改所有它们的意义和有效性范围的原则群都是群集2（"恰当地顾及他人的自主性"）。尽管诸原则在其实际应用中可能发生冲突，但是作为原则它们彼此并不矛盾。没有哪条原则能够以与群集2的原则相矛盾的方式阐述出来。接下来是几个重要的步骤。最重要的一个是上面列出的这些原则中没有哪一条包含着一种命令－服从（command－obedience）的关系。此外，除了道德的权威之外，没有哪一条提到任何权威。如果群集2中的c、d、e中所列出的这些原则必须引导我们的行动，那么服从要么是与道德无关的要么是错的，命令亦如此。①这种情况的含义意义深远。让我们快速扫视一下群集3中的d。第（i）点表明除非你意识到你已经做错了什么，否则你永远都不应说"对不起"。然而，"对不起"并不表明你**请求原谅**。从第（ii）点开始，原则涉及**忘记**而**不涉及原谅**。人们可以论证说这没有什么不同，"忘记"等于"原谅"。

---

① 在机构内并不如此，尤其是如果它们是按照层级组织起来的。但是人们并不选择这样的机构，而是进入机构中。见《超越正义》的第四章。

但这并不完全正确。如果人们是同等自主的，如果他们的关系是一种对称性的互惠，如果他们相互承认彼此的个性，这时，而且唯有这时，"忘记"等同于"原谅"。无论如何，在日常情境中我们除了说"忘了它"之外还能做什么呢？事情已经发生了。它不能被撤销，除非在我们的记忆中，我们抹去事件的痕迹。如果我们对他人表现得就像什么都没发生过，那么我们尽了最大的努力。其行为已被忘记的一方不能转向受害方说："这不够！此外，原谅我。"这是毫无意义的指令，因为对于这个"此外"，人们无能为力。如果具有同等地位和尊严的人们用"原谅我"这一请求转向对方，那么就会有不舒服的感受，因为这种请求与谦卑的屈膝、跪拜、祈祷中双手合十——所有的前现代的姿态——联系在一起。它也是无关的。然而，在自觉地按等级划分的社会安排中，"原谅"和"忘记"并不相融。确切地说，"原谅"意味着处在等级中较高位置的人回应处在较低位置的人的谦卑的道歉，使冒犯者恢复到他或者她冒犯前的位置。如果冒犯者是一个专断家庭里的小孩儿，情况类似。此外，在这样的情况下，"原谅"不一定意味着"忘记"：人们仍然能每天想起一个已经得到原谅的人的冒犯行为。

我之所以详尽地谈这个问题是因为它可以作为一个例子，来说明当传统的原则与自主性的引导原则相结合时所进行的修改。然而，同样的自主的原则——群集2中的子群集c、d、e——不仅仅修改了某些引导性的原则的措辞（以及内容）。它们也为所有原则的应用重新设置了舞台（当然，除了非引导性的原则）。

就上面列举的原则在大致的方向上引导我们的行动和行为模式的方向而言，它们就像亚里士多德的美德规范一样，在传统意义上是引导性的，由实践智慧（良好的判断力）决定"什么""如何""何时""朝向谁"以及"在什么程度上"。此外，在非传统意义上它们也是引导性的，因为创立它们是为了避免涉及任何具体规范、规则，甚至美德规范。这些原则经常提到"冒犯"（offence）而没有试图确定它指的是哪种冒犯，或者什么被视为冒犯以及什么不被视为冒犯。在一个多元的道德世界中、这个现代的道德世界中、一种特定的生活方式中，属于冒犯的行为可能在另一种生活方式中是与道德无关的。这些原则中的一些包括附加条件"除非对于其反面存在着充分的道德理由"或者"除非道德上正当的",却不试图进一步具体化这些附加条件。因为道德理由可以源于具体的规范、美德规范和规则,但是引导性的原则之所以能从那些中抽离出来,恰恰是因为它们是现代的。这解释了某些表面上的或者实际存在的遗漏。

首先,在目录中并不存在着一条目的在于引导我们的感受(feelings)、情感(emotions)和情绪(sentiments)的单一原则。没有任何原则强迫我们去爱或者感知同情,尽管存在着一条建议我们学会表达我们的(积极的)感受,以便于其他人能读懂而不是误读我们感受的原则。此外,存在着建议我们**不要**表达**某些**负面的感受(例如蔑视)的原则。而且,当谈到"恰当地顾及那些受苦的人"时,**同理心**(*empathy*)**也不能被强迫**(相反,这些原则建议我们应该学会感知苦难,永远不要 【51】对之漠不关心,而是要帮其减轻苦难)。然而,这些不是情感的事情。康德说过爱不能被强迫。我并不赞同将之作为一种笼统的表述。在传统社会中,爱的确可以被强迫,而且通常如此。以一种相似的方式,其他的感受、情感、情绪也能被强迫。正是由于**现代的主观性**,这种构成每个个体独特的个人内在本性(或者至少提供这种内在本性的可能性)的自我反思性,**强迫男男女女们拥有**(发展)某种感受和感情才成为奇怪的、荒谬的,甚至可笑的。然而,根据这些,并不会产生任何"本体论的"表述。一个人不强迫男男女女们拥有(发展)某些感受的情况,以及遵守原则可能既由感受也由理性的洞见所推动这种进一步的情况,彼此之间绝对没有任何关系。引导性的原则只是从某种(某类)行动的起源或者动机中抽取出来。对于善的存在选择是真实的东西对于所有具体的行动也是真实的。如果一个人承认,孩子能对善做存在的选择是因为他们**感觉到**他们已经做的事情是错误的,是因为他们承受着他们已给别人带来的痛苦,那么这个人怎么可能否认趋向正当性和正直性的强烈的动力可以来自感受、感情和情绪呢?但是,这些感受不能被强迫(它们要么在那里,要么不在那里)。此外,这样的感受也能推动着人们朝着与引导性原则指示的相反方向行动。

第二个表面上的遗漏是与性行为相关的规范。这是一个有争议的问题，因为看起来如果不同时讨论日常生活的最重要的部分之一，如果在与人类社会交往的一种主要形式相关的事情上不提供一种独特的引导性的原则，那么人们似乎根本不能讨论日常生活中的引导性的原则。

一度人们一听到"伦理道德"这个术语时就几乎本能地想到性生活的规章。在谈及一个"不道德的男人"或者一个"品行不端的女人"时，他们指的是其性习惯未达到"正派的"标准的人们。所谓的"性革命"并没有终止性关系领域中的所有规范的规章。然而，它的确使这些规范和规章多元化了，也沿着传统（宗教上）的和非传统（个人选择）的界限建立了种类繁多的生活形式。正如先前所提到的，引导性的原则【52】完全从具体的规范中抽取出来，并且这对于约束性关系的所有的规范也同样适用。引导性的原则，所有的它们，很明显在人们的性关系上与在其他事情上一样操控和引导着人们。因为引导性的原则是一般性的原则的分支，所以与这些原则相矛盾的各种具体规范并不被允许。现阶段，很容易理解现代原则扩展、缩小被允许的领域的原因和方式。就人们能够完全被这些原则引导而不接受一种单一的具体的性规章（换句话说，只规定性行为和行动的单一的规范）而言，它们扩展了这一领域。然而，它之所以缩小了这一领域是因为任何违反引导性原则的性行为和性共生关系都不被允许。在这些引导性的原则中有一些是自主的原则，实际上，如果人们被这些原则所引导，那么许多传统的性行为将变得不被允许。看一看这个目录就足够了。人们不应侵犯他人的身体。人们不应亵渎他人的灵魂。人们不应操控他人。人们不应对他人进行监护。这个简单的列表表明在多大程度上进行了缩小。克尔恺郭尔准确地指出感官享受（sensuality）作为一种原则是由基督教创造的。福柯同样准确地坚持性行为作为一种原则已由现代"科学的"商谈所设立。"性革命"还是被这种商谈迷住了。女权主义只是即将开始挑战它。一旦我们不再相信道德律——如果人们还承认道德律的话——应该被镌刻在石碑上，我们也不再相信，像对传统的具体的性规章不断做的那样，把规范和规则付诸纸面就能确保其与支持它们的人们无关的有效性。进而，如果人们不再相信所有传统的规范都应该被检验，或者不再相信每条规范必须被理性语言合法化以及权威化，而是相信好人要保持规范以使正当的生活可能和可行，那么人们将把如下说法作为自明的，即总体来说人类关系中使正当的生活可能而可行的任何东西也是所有性问题上正当性的标准。

四

实施互惠（reciprocity）就是**给予**和**接受**。无论互惠是对称性的还是非对称性的，都是如此。"对称性的互惠"的意思是地位平等的人们之间的互惠，"非对称性的互惠"的意思是地位不平等的人们之间的互惠。【53】我用"地位平等"并不想指（财富和地位的）社会平等，而是指**作为人的平等**（对个人平等的相互认可）。没有对称性的互惠就没有社会；然而，很少存在对称性互惠的社会。对称性互惠的社会不一定取缔所有非对称性互惠的情况。非对称性互惠的关系**法律上**（*de jure*）（以一种制度化的形式）以及**事实上**（*de facto*）（在完全私人的个人关系中）存在于对称性互惠的社会中。

若仔细推敲，这一部分的第一句话（"实施互惠就是**给予**和**接受**"）是同义反复，因为除了给予和接受之外，互惠还能是什么呢？在一方给予而另一方不接受的地方，并不存在关系。在一方只是给予而另一方只是接受的地方，存在着一种关系但不是互惠的。最基本的伦理规范之一，虽然不是最基本的一个，是**互惠的关系比非互惠的关系更可取**。如果你拿了一些东西，你也应该给予一些东西。在所有的社会安排的框架内都如此，毫无例外。

在如此多的事物中，如此多的东西被给予和被接受，而人们可以以如此不同的方式与形式给予和接受，因此讨论它们就会导致讨论几乎所有的一切。你可以给予和接受一片面包、一个建议、一点勇气、一个吻、一个承诺、一个王国、一种乐趣、一个创伤、一个艰难的时刻或者一次打击。就社会交往的基本规范而言，无论你得到什么，你都得**以同样的方式**回报——以善报善，以恶报恶。未回报以恶（尽管并不是在所有地方、不是在所有情况下）可能是优点。然而，未回报以善，则总是一个缺点，在这个词的双重意义上都如此。已经接受而没有以同样的方式给予的人是在欠人情。如果那个人长时间欠人情，那么他或者她就会丧失声誉。接受坏的东西而回报好的东西的人在某些文化（例如，基督教）中被视为非常有道德的。接受好的东西而回报坏的东西的人在所有的文化中都被视为恶棍，毫无例外（在"圈内"的情境中）。

　　说大多数具体的规范规定着给予和接受的行为仅仅是猜测。然而，我将冒险将这个猜测一般化。给予-接受的不同层次、模式和形式在所有已知的文化中都是被精心指定和精练的。它们有时也被诸多仪式所包围。稳固而具体的规范性规章内在地等同于"固定标准"。如果你熟悉【54】给予和接受的规范直至细节，如果你一丝不苟地遵从这类规范（以完全正确的方式，回报的正是需要的东西），那么你就符合所谓的**平等**的标准。但是你如何能使绝对不同的东西平等呢？例如得到一片土地后给予忠诚、接受一块面包后说"上帝保佑你"（给予一个祝福）、接受一笔钱后为给予者的侄子提供一个职位、得到一头牛后给予一个新娘。相当明显，在商品交换中，不仅仅性质上不同的"东西"在交换中可以被量化，而所有给予和接受的行为都量化了性质上不同的东西：物品、服务、姿态。你不应该回报的东西（即使是现在）就是与你已接受的**一模一样**的东西。许多美德（virtues）和恶习（vices）[①] 因互惠的实行而被具体化。守财奴在应该给予的时候却没有给予；忘恩负义的人接受却不回报——或者更糟的是，以恶报善。慷慨大方的人给予而不期望同等的回报；感恩的人给予的比他们接受的多，或者至少恰好等于那些东西。诚实和不诚实的行为也与给予和接受的行为密切相关。正义亦如此。

　　一个人给予某物——一个人接受某物。我给予——你接受；你给

---

　　① "vices"虽然有邪恶的含义，而且在这里翻译成与美德相对的"邪恶"也比较合适，但本书并没有将此翻译成"邪恶"；原因在于，赫勒在行文中也多次用到表示"邪恶"含义的两个形容词：evil 和 wicked（两者之间的区别将在第四章中标注），为了区分三者的中文含义，故将"vices"翻译成"恶习"。——译者注

予——我接受。我给予的是**我的**；我不能给你不是我的东西。或者更确切地说，如果我给你一些不是我的东西，那么我必须由一个机构或者被第三方授权这样做。将**我自己**给予你是互惠的界限，除非你同时将你自己给予我。然而，因为将我们自己给予对方真的是一个比喻，代表爱和爱的行为，所以将我自己给予你实际上是互惠的界限。我们给出的东西是我们的一些财物或者这些财物的使用权。这些财物可以是一件东西、一份情感、一个位置、一种关系或者别的东西。被允许使用的财物是私人物品——物品、体力、天赋或诸如此类的东西——人们允许其他人使用或者服务于他人。

存在着给予者的地方，也存在着接受者。存在着接受者的地方，也存在着给予者。然而，在这种互惠中，"给予"是首要的范畴。之所以如此，原因很简单，财物这种互惠的媒介必须首先存在。然而，在"送某物"和"送对某物的使用权"之间明显存在着巨大的差别。在第一种情况下，"我的"变成"你的"（它不再是我的，除非你还给我，否则将永远不是）。在第二种情况下，我的东西依然是我的——无论它是天赋、体力、一件东西、一个位置、一种关系或者别的什么。情感和情绪是特殊问题，在这个框架内并不能得以充分讨论。

存在着给予者的地方，也存在着接受者；然而，这种互惠的关系不 【55】一定存在。人们可以将某物送给陌生的接受者，或者相反：给予者可以不泄露其身份。然而只有当这样的行为不根据社会的以及政治的规则而是作为自由选择的行为来运行时，它们才会超越互惠的关系。无论何时何地，只要社会的和政治的规则调节再分配，并且这样的规则构成社会群集，那么依据这样的规则进行的给予和接受就是**正义**的问题。① 在这种情况下，几乎没有为自由选择留下空间。当然，人们能够试图行不义之事，试图给自己留下更多的好东西和更少的坏东西。但是这总涉及风险，因为他们会因违反规则而受到惩罚。试图逃税就是这样的一个例

---

① 这是静态正义的模式。如果是规范和规则本身，而不是它们的应用受到质疑，那么我们谈论的就是动态正义。动态正义的程序允许人们指责给予–接受–互换物品和服务的规则是不公正的与错误的，并且允许人们提出另一套他们心中公正的或者更公正的规范。

子。互惠，即使无意的，也是社会结构的组成部分。交税并不是一件道德上可嘉奖的给予行为，不过不交税是一种违法行为。相比较而言，如果一个富翁决定将一大笔钱给慈善机构，同时又不泄露其身份（因此失去了用捐赠抵税的权利），那他给予的行为就是慷慨的，但不是互惠的（这种行为不能得到回报）。

正义的准则命令我们，组成一个社会群集的规范和规则应该一贯而持续地应用到这个群集的每个成员身上。如果规范和规则被视为理所当然的（被视为自然的、天赐的或者公正的），那么每个人都知道这些规范和规则是什么，都知道何时以及如何运用它们。或者，正如亚里士多德首先提出的那样，每个人都知道谁应得到什么。正义的所有问题都与给予和接受的行为有关，它们中的大多数其实都是给予和接受的问题。给予和接受因此被彻底地规定。给予的一方和接受的一方，以及在交换中回报某物，不能擅自行动。不是两方，始终都是三方参与到正义行为的运行中，因为**规则**本身可以被视为第三方。此外，规则体现和代表的团体、所有"他者"的注视在互惠中是主要的一方。打个比方，给予者并不面对接受者，接受者也不面对给予者。他们并不看着对方，而是看着其给予、接受和互惠的行为必须遵从的规则。

即使大部分正义的规则围绕着给予、接受和互惠的行为转圈，但反之则不然。人们无须纠缠于对"每个社会"的空洞臆想，但是关于现代社会，我们可以这样说：某些互惠的行为的实施总是超越正义的界限。

【56】人们通常给予别人一些他们不"应得"的东西，等等。一些与互惠相关的美德和恶习与正义毫无关系。一个人可以成为公正的，然而不是慷慨的；一个人可以成为吝啬的或者小气的，然而不是不公正的。

就协议的"第三方"——这种重要的正义规则——本身受到质疑、有时甚至被作废而言，动态正义的出现推动了两方之间互惠的实践。尽管那些挑战旧的"第三方"的人总会提议新的第三方，但是只要新的第三方缺乏影响力，那它就不能强制实行社会制裁。因此，互惠的行动可以被称为两方"自由地选择的"互动。此外，伦理行为模式分层越少，人们就越能自由地选择另一方，选择给予和互惠的数量与类型，互惠就越能成为对称性的。稍后我将谈到对称性的互惠这一问题。

在现代社会中，起码再分配和惩罚的规则受法律的制约。在苏维埃模式的社会中，分配，有时甚至是消费也受到"第三方"（中央机构）的制约。每当人们取消这种法律或者规章的合法地位时，他们都通过反驳它们而进行，多半是在法律的框架内进行，通过在行动中不受它们管辖而进行（在西方社会中），或者通过推翻中央权威的决定不受它们管辖而进行（在苏维埃模式的社会中）。除了法律规章之外，现代日常生活中也存在着惯例，有时候甚至是讲究礼仪的惯例的模式。因此，在互惠中也存在着一种私人类型的"第三方"。然而，所有人都知道，当今根据这些规则的给予和互惠与正义绝对无关。之所以会这样，原因很明显。现代的惯例不是那种**构成**社会群集的规则，即便有时候这种规则**在某些社会群体内部**被接受和遵从（尽管这很罕见）。如果你获得了一个家庭的邀请但你没有回请，而是邀请了其他家庭，那么没人说你是不公正的——而是说你粗鲁没礼貌。邀请不"应给予"正在讨论的这个家庭。假如你有可以借出的钱，但是你并没有把钱借给需要它的人，你没有把它借给那个在你需要钱的时候曾经借给你钱的人，那么你将被视为吝啬的和忘恩负义的，而不是被视为不公正的。给予一笔借款并不是一种"应给予"他人的行为。互惠的礼仪性的行为是文雅或者礼貌的行为，然而，超出、多于或者外在于所有仪式或习俗的互惠的行为都**不**是礼貌或者文雅的行为，而是慷慨、友善、诚实、感激等的行为。两者都不包含正义的行为。

因此，当某些哲学家坚持当今伦理道德只剩下正义时，我将通过证明相反的趋势来回应。今天，大多数互惠的行为不再是正义的行为（即使它们在前现代是），而是礼貌、慷慨、友善等的行为。超越正义的诸美德在我们的生活中发挥着——或者起码能发挥——比以往任何时候都大得多的作用。【57】

"起码能发挥"这一附加条件涉及偶然性这个事实。正义的行为不能以与超越正义的行为同样的方式被选择。正义的行为与礼貌的行为之间的对比并不明显，但是正义的行为与慷慨的行为之间的对比却很明显。礼貌的规则还是规则，违反它们的人不会受到法律的惩罚，但会受到歧视或者遭受某些社会制裁。人们无须选择自己作为一个正派的人来做礼貌的行为。然而，如果说起慷慨和友善的行为，那就没有任何规则可言（除了在团体中，无论是宗教特色的团体，还是世俗特色的团体）。因此在没有什么可以遵从或者遵守的地方，就没有"第三方"在起作用。在现代社会中除了正义之外没有其他的美德留下来的这种说法就是建立在这种观察的基础上。其实，现代社会中，人们即使未曾做出一种友善的或者慷慨的行为或者感恩的行为，也能成功地再生产自己。然而，正是这种情况才使得人们如此**自由地选择**友善、慷慨和感激的行为。现代社会给这样的行为提供了大量的机会，但却没有太多人选择去做（不过，也不少）。正派的人们利用现代社会发展的这种可能性：正是他们才选择成为慷慨的、感激的和友善的。

现在让我简要地谈一下给予-接受-回报这种互惠的结构。一个人"给出"的东西是某些财物或者对某些财物——它们可能是天赋、物体、权力或者位置——的使用权（实践）。当然，双方可以是单一的或者多元的，也可以是个体的或者群体的。如果存在着任一种给予而没有接受或者存在着任一种接受而没有给予，或者如果给予-接受构成了一个（并不返回到它本身的）**真实的**链条，那么这种互惠的关系就会被中断。互惠在所有的不正义和忘恩负义的情况下（不管后者是否是不公正的行为）都会被中断（尽管仍然存在着一种关系）。

故意中断给予-接受的互惠或者中断这种互惠的关系就是一种冒犯，除非是惩罚的情况以及诸如不正义或者道德上恶的互惠的类型和关系。①

【58】　盗窃中断了互惠的关系，因为盗贼拿走（接受）而没有给任何东西，而且并不打算在将来还回已拿走的东西或者补偿它。强奸在双重意义上中断了互惠的关系。强奸犯在女人没有将自己物品的使用权自愿给予的情况下使用了被强奸女人的物品，同时女人接受了她已拒绝接受的东西（男人的精子）。在两个民族、群体或者国家之间的互惠的关系中，就胜利者拿走了战败者并不心甘情愿给予的东西（领土、财富、服务）

---

①　如果没有这个强有力的限制条件，人们会同意**黑手党成员**的伦理学。

而言，战争中断了互惠。然而，并非所有符合上述附加条件（不涉及任何惩罚，侵犯的习惯和关系既不是不正义的，也不是道德上恶的）的互惠的中断在性质上都是犯罪的或者暴力的。人们可以与拒绝回答的人说话（伯格曼［Bergman］的电影《假面》［*The Persona*］）；人们可以喜欢并关心那些拒绝注意到自己存在的人：这些都是积极的给予、消极的接受以及无互惠的典型例子。这个列表还可以被扩展。

在这点上，必须进一步具体说明这些附加条件。很明显，就惩罚而言，在不给予的情况下可以公正地取走东西或者服务（对已造成的伤害的补偿、没收财产，等等）。就第二个附加条件而言，人们可能想知道为什么要在不正义和道德恶之间进行区别。两者当然可以重叠，也可以不重叠。生活在相互怨恨这一共生关系中的人们永远也不会中断相互伤害和羞辱的关系；然而，如果说斯特林堡（Strindberg）笔下的人物不公正就太奇怪了。同时，人们可以把互惠的关系谴责为"不正义的"，即使它们并不被视为恶的，并且人们可以中止它们（在非制度化的框架中），尽管只是在某些情况下。

因此，我们可以形成如下的规范，一个正派的人肯定愿意赞同的规范。**除了在进行应有的惩罚，不要中断给予和接受中的互惠关系，除非这种互惠的类型和/或关系是不正义的或者是道德上恶的**。这是一条道德的规范，而不是一种引导性的道德原则，因为它规定着人们应该做什么或者人们应该避免做什么。在某些情况下，这些附加条件是否运用将是显而易见的，但是在其他情况下，有必要由实践智慧（良好的判断力）来决定这些附加条件是否运用、在什么程度上运用以及为什么运用。这是在给予和接受中互惠的一般性规范。

接下来，我将把我的注意力集中在给予和互惠的过程本身。考虑到我们一直效法现代社会中正派的人，并且集中于他或者她的英勇行为，以发现他或者她如何成为其所是的，即正派的，我们可以忽略所有非对称性互惠的非制度化事例。即使是我们中最优秀的人也会进入给予和接受的互惠关系是非对称的，起码在某些方面是非对称的机构中。（部队是一个有说服力的例子。）正派的人们对制度化的规则的态度是我们将 【59】

在第七部分中探讨的问题。在这里应该着重指出的是，在一个机构的框架内处于与另一个人的非对称性互惠关系中的正派的人应该与机构的框架之外的同一个人处在对称性互惠的关系中，这是一个至关重要的问题。换句话说，机构的框架内部的非对称性互惠的模式与该机构之外的互惠的模式没有任何关系，尤其涉及给予和接受的行为时。正派的人以天然的（natural）平等的姿态与其他所有人关联在一起，在这里"天然"代表"当然"（of course）。因此，给予和接受并不采取服务和资助的形式。不言而喻，天然的平等延伸至日常生活的唯一机构——家庭。正派的人们选择其家庭关系作为对称性的互惠关系（他们也选择他们与孩子的关系作为一种越来越少非对称性的互惠关系，尤其涉及给予和接受时）。

因为我们从我们的同代人——那些正派的人——的态度中提炼道德规范，所以在当前讨论中我们能自信地明确表达如下的规范。**在日常生活中，要在你所有的给予和接受的行为中严格遵守对称性的互惠，除非道德准则另有规定。**这是在给予和接受中互惠的具体规范。与给予和接受中互惠的一般性规范相似，这条规范是一条道德规范，而不是引导性的原则。尽管人们一直都很了解这条规范，当涉及日常生活中的给予和接受的事情（包括家庭关系）时，人们确切地知道自己不应做什么，以及应如何与其他人联系在一起，但是有一个附加条件：小孩儿不能完全遵从这条规范（当涉及小孩儿时，成年人也不能）。在临界境况中，"除非道德准则另有规定"这一条件将做决定和考虑移交给实践智慧这一权威。但是，它并不将这条规范转化为一种引导性的原则。

给予和接受中这条对称性互惠的规范并不主张给予和回报的东西或者提供的相互服务应该是等量的或者是同一类型的。这一规范只是排除了服务和资助的关系——通过给予、接受以及回报物品和服务的行为而建立或者巩固的个人依赖关系。存在着许多这种类型的关系；我将只列举一些。不应该忘记，除了家庭内的关系，上述关系都是非制度化的。

【60】

如下情形是错误的：

——如果某人为他人做了某事（给一件东西、提供一项服务、帮一个忙），然而却将他或者她希望回报的这类东西、服务或者帮助记在心里，或者做这些事情是为了获得他或者她希望的东西而没有向接受者坦露他的/她的目的；

——如果某人请求他或者她鄙视或者诋毁的人帮个忙（提供一项服务、给一件东西）；

——如果某人为了让另一方愿意提供一项服务、帮一个忙，或者愿意将一些东西转移给他或者她而伪装感情；

——如果对所接受的东西或者所提供的服务的回报是虚假的感情（真正的感激是正当合理的互惠）；

——如果一个人提供服务或者给予东西是为了得到感情的回报；

——如果在规则缺席的情况下，某人强烈要求（坚持）以先前已提供或者已给予的服务或者物品换取**特定**类型的服务或者帮助。

在上面列出的所有范例中，一个人把另一个人**工具化**了。其实，随着每个人把另一个人工具化，这种工具化的关系可以是相互的。然而，在这种情况下，双重否定不是肯定。如果一个人已经被工具化，那么互惠的关系，无论是怎样被违反的，都应该中止（见一般性规范）。反过来，把他人工具化是对于最初冒犯的错误回应，除非——即使在这里也存在着"除非"——相互工具化的**关系都没有**稳定下来。原则上，人们可以给冒犯者（使他人工具化的那个人）一个教训，让他或者她感到羞愧或者看起来像个傻子。但是在这里我们处在很棘手的境地中，最好还是把这样的场景留给喜剧作家们。

在已经排除了那些建立或者巩固个人依赖、服务和资助、相互工具化的关系的给予–接受–回报的模式后，我们仍然有如此丰富的各种性质不同的模式，以至于用最肤浅的方式讨论它们是不可能的。在我们的困境中能够帮助我们的是这种情形：假如我们需要弄清楚采取哪种行为方式更好（或最好）时，我们总能依赖引导性的道德原则。

尽管引导性的道德原则在给予–接受–回报的事务中的确提供了引导，但是它们是以如此含糊的方式提供的，以至于它们绝不能代替目前为止我们已经讨论的两条规范。然而，一旦违反那两条规范的行为模式 【61】

已被摒弃，那么每当人们在给予和接受的事务中做决定或者采取行动时，就可以依赖道德引导性的原则。然而，仍有一些遗留问题值得特别关注。

一个人给予另一个人多少物品或者服务，一个人应该给谁提供帮助，一个人从另一个人那里可以接受多少物品和服务，一个人应该如何回报已提供的服务，以及诸如此类的问题，在现代社会中都由给予者和接受者自行决定。在细节问题上没有哪个一般性的指导方针能有所帮助，有时存在着可能会有所帮助并因此值得参照的日常智慧的片段。这些智慧的片段并不引导我们，因为我们很可能决定不遵从它们，但是我们往往倾向于听从它们的建议。

在"多少"这个问题上，日常智慧通常建议要适度。一种象征性的服务根本不是服务。我们贡献太少的财物、时间和能力是吝啬的标志，吝啬是一种可鄙的（自私的）性格品质。忽略我们对自己的责任似乎也不明智。在物品和服务方面给予太多而使我们的生命、未来、幸福或者我们所负责的人（例如，我们的孩子）的幸福受到损害之前，我们应该三思而行。① 坦白地说，不忽略我们自己的利益——起码，不完全忽略是明智的。这似乎是毫无意义的建议，因为似乎人们不需要建议的一件事情就是考虑其自己的利益：无论如何他们都会考虑它。然而，这一建议并非完全无意义。许诺的行为通常——尽管不总是——先于给予的行为。人们能够一时冲动、非常轻率地许诺。不正派的人能够安然做这件事情。他们什么事情都答应，而且坚信对方无论如何都不会把它们当回事儿，坚信对方将拒绝他们所承诺的事情或者忘记他们承诺的事儿。然而如果他们自食其果，他们会干脆不履行自己的义务，会说是误会或者自己境况发生变化——任何想到的东西——但总是不兑现自己的承诺。正派的人并不如此，他们将信守承诺，即便是没有适当考虑而许下的承诺。因此日常智慧特别强烈地建议正派的人不要轻率地、一时冲动地许

① 在《超越主观性的道德》（*Beyond Subjective Morality*）（New Haven, Conn.: Yale University Press, 1984）中，菲谢肯（A. Fischkin）在叙述与他的学生谈话时表明，一旦涉及慷慨和大方的问题，人们就对于给予和接受之间的适度平衡有着非常敏锐的感觉，至少在理论的层面上如此。

诺——尤其是如果这种承诺是重大的且兑现它会严重限制这个人的自我 【62】
利益（或者他或她所为之负责的那些人的利益）。在康德的体系中，怀
着不快的（痛苦的）感情做正确的事情被视为值得称赞的事，但是正派
的人却不这么认为，他们可以通过更谨慎来避免这种痛苦体验。

日常智慧也建议我们如果我们不确信其他人拥有良好的品质，那么
与其接受一个提议，不如等等看，看是否这是真正的意思，或者是否在
其背后有一种隐秘的工具化的动机。日常智慧同样建议，如果我们确
信（或者几乎确信）一个人拥有良好品质，尤其是如果一个提议（任何
类型和量的提议）来自一个亲密的朋友，如果我们需要它，最好立刻接
受所提供的东西，而不要犹豫。人们应该学会有尊严而又礼貌地接受。

日常智慧也建议我们，如果我们需要某物（物品、服务，等等），
我们不应该等着其他人提出建议而应该请求帮助。我们首先请求那些与
我们亲近的人，我们把"不"（和"是"）看作一种回答。如果答案是
拒绝，那么只有理解力低下的人不能区分真实的和虚假的理由。因其拒
绝帮助而对一个人怀有怨恨是心胸狭窄的。但是，如果一个人请求帮助
并且这个请求已被同意，那么回报它不仅是一种道德职责（对每个接受
者而言），而且是一种道德义务。

日常智慧进而建议我们，无须以同样的方式回报礼物、服务和帮
助。礼物回报或者服务回报在正义的领域之外不能加以量化。即使是金
钱，作为一份礼物，也是不可量化的。如果 X 通过借给 Y 所需要的款项
而帮助他，那么偿还钱（同样数额的金钱）与礼物回报毫无关系；这是
正义的问题。如果下一次 X 需要钱，Y 借给她所需要的钱，那么回报开
始发挥作用。这种帮助绝对是回报的，无论 Y 借给 X 的钱是否与先前他
从 X 那里所借的一样多。回报的东西不是要同等（equal）而是要充
分（adequate）。"充分"取决于很多因素，例如每一方的需要和方式，
以及这种姿态的量（magnitude），其中"量"代表质量而不是数量。

感激是不能被要求的东西。能够被要求的东西、互惠的行为，不是
感激。感激不仅仅是一种行为，而且是一种情感，至少在现代，这种情
感总是"自愿地给予的""表达的"。它也是一件礼物，而且是一件人们

不能要求的礼物；人们只能要求"应得的"东西。感激肯定不是"应得的"，但同样肯定的是，忘恩负义是最丑陋的性格品质之一。①

五

　　哲学家们不再因"专业权限"的缘故而被迫回避使用诸如"美德和恶习"之类的道德术语，这应该归功于麦金泰尔（Alasdair MacIntyre）。日常行动者大量地使用着美德词汇和恶习词汇，如今，哲学家们自己也是日常行为者，也可以这样做。我已擅自这样做了。我解释了亚里士多德的格言：人们有道德，首要是为了其自己，以便使其为现代行动者所接受。除了正义的美德之外，我也已经谈到了诸如慷慨和大方的美德；谈到了诸如感激和得体的有道德的情感；谈到了诸如礼貌地接受某物的有道德的姿态；等等。我已谈到了一系列的恶习，包括吝啬、不负责任（在许诺时）、怨恨以及工具化他人（对此我们还没有发明出一个"恶习术语"）。如果在一种道德哲学中就这些词汇的使用出现异议，我将不会为它们辩护。只有在把美德和恶习的术语重新引入一种现代道德哲学的过程中，才能检验它们相关还是不相关。

　　麦金泰尔精准阐述道，在古代（亚里士多德的）模式中，一方面存在着人的感情、理智的以及其他性情这种原料（raw material），另一方面存在着完满的绅士、"具有各种美德的人"这一"目的"（telos）；"培养"（**教育**［paideia］）的目的在于将质料（matter）塑造成形式（form）。因为现代的男男女女们是偶然的，所以他们不能被塑造成这种现成的社会"目的"的模式；因此，对于他们来说，就仍然存在着这样一个过程而言，"成为有道德的"必定与过去的完全不同。

　　我们对"质料"和"形式"这两极的体验与理解是现代的，我们的

---

　　① 我们的大多数美德可以被称为"优美的"性格特质，我们的大多数恶习可以被称为"丑陋的"性格特质。但是在这里，"优美的"并不仅仅是"好的"意思，"丑陋的"也不仅仅是"坏的"或者"邪恶的"意思，因为这两种美学的价值范畴都强调一种美德或者一种恶习的一个单独方面。没有美德的性格特质也可以是优美的，而某些坏的性格特质也根本不被视为丑陋的。这个问题将在这一三部曲的第三部中，尤其在道德美学那部分中进行深入探讨。

体验和我们的理解处在不断的相互影响中。此外，我们的理解模式、类型各异，正因此，它们区分了体验的模式，反之亦然。存在着要求一种而不是另一种诠释（理解）的某些体验。① 我们可能在"质料"由什么组成这个问题上有分歧，正如我们可能在这个"质料"应该采取什么"形式"这个问题上有分歧一样。但是当麦金泰尔坚称，在偶然性的境况中，"美德"成为早已消失的一种物质的空壳时，难道他不对吗？

我并不试图定义"美德"这一不可能完成的任务，而是提出一个我用这个词想表达的意思的大致类似的定义。美德是使人们倾向于支持和保持某些价值（共同善［common goods］）的性格品质，而恶习则是使人们倾向于破坏和削弱，甚至是危及同一价值（同一共同善）的性格品质。因此，美德和恶习都与价值有关，不过这两者都不与一个特定时代的所有价值有关，更别提出现在一个单独个体视野中的所有价值了。在现代，在一般性的社会目的（一个人的"质料"应该被塑造成的"形式"）缺席的情况下，许许多多的价值与美德分离。这些价值主要是被优秀而不是被美德推动和保持。【64】

在确定我们的善如何是共同的之前，"共同善"这一术语表达着太笼统的意义。我们生活在一个价值多元主义、价值冲突甚至价值相对主义的世界中。"共同善"可以是我们的、你们的或者他们的；此外，我们能够成为许多"共同善"的持有者，因此，在这种（共同的）善的丛林中，"我们的""你们的"以及"他们的"并不是制定一种基本秩序的确切限定条件。用不同的术语表达这一点，在发生价值冲突的程度上，不仅我的价值（我在一种共同善中的份额和奉献）与你的价值（你在另一种"共同善"中的份额和奉献）可能不同，从而产生价值冲突；而且，我的一种价值可能与我的另一种价值冲突。如果要给"麦金泰尔问题"一个真诚的回答，那么除了其他问题外，这个问题应该被考虑，正如我将涉及的那样。

另一个需要考虑的问题涉及**价值多元化并没有产生美德多元化的结果**这一难以置信的事实。不用说，抽象价值中的决定性转变与美德和恶

① 《一般伦理学》的第一章中详细讨论了这个问题。

69·

习的进展中的决定性转变同时发生。现代社会的诞生目睹了一种据称"永恒的"抽象价值——社会等级制度，又名自然的、最好的、神圣的世界秩序——的最引人注目的贬值。许多美德与这种价值一起沉没了，或者失去了一般性的意义（它们中的一些——例如，谦逊——甚至被视为绝对的恶习）。然而，所有这些发展，以及在这里不能展开讨论的相关趋势并没有导致显著的美德多元化。在我们现代的社会中，谁能够列举人们打算推动、认同或者不认同的所有价值呢？相比较而言，列举我们的主要美德就非常简单。在抽象水平上，人们甚至看不出它们之间可能有什么矛盾。人们现在能够怀着忠贞和勇气推动任何价值。因此持相反的（甚至矛盾的）价值的人们也能够同意勇气和忠贞是美德（懦弱和不忠是恶习）。无论人们致力于哪种价值，慷慨总是一种美德，而吝啬总是一种恶习。

【65】 因此，美德是使人们倾向于推动和支持保持某些价值（共同善）的性格品质。如果已经陈述过的价值的多元化和美德的非多元化有效，那么一种"社会目的"、这种我们的"质料"应该被塑造成的形式的消失并不必然引起美德的消失。

让我们描绘一下如下开场的图景。人们被"抛入"世界中；他们是偶然的。在他们出生的时候并没有给予他们任何"社会目的"。他们随心所欲地选择自己的命运，他们拥有做出存在选择的可能性。假定他们选择自己作为正派的人，并且他们试图弄明白他们如何能成为其所是的：正派的人。如果他们留意环顾这个世界，正如我假设他们做的那样，他们将能够找到一般性的（道德的）引导性原则，也将发现其他所有的引导性原则，他们将弄清楚给予–接受–回报中的两条互惠的规范（"我的"和"你的"）。如果他们遵从引导性原则，一当他们已经弄明白它们，他们肯定会遵从，那么他们也将发展使他们倾向于以一种方式而不是另一种方式行动的某些性格品质。这样的性情肯定是美德，并且我们能很容易为它们命名。为它们命名的每个人将使用相同的或者密切相关的（相似的）表达，以便于我们都能互相理解。在谈到一个有道德的人时，我们很有可能把他或者她描述为善良的、友好的；描述为一个表现尊敬以及流露自尊的人；描述为一个看起来细心且得体、仁慈但不是利他主义的人；描述为一个似乎有良好的判断力，而又不怨恨或者嫉妒、愤恨或者虚荣的人；描述为一个慷慨且宽容的人——并因此，我们可以继续无休止地将其他的美德词汇加到这份表单中。毫无疑问，每个个体都以不同的方式实践着同样的美德；正如我们知道的那样，每个人都以其自己的方式是好的，这是一个作家一直熟知而哲学家有时忘记的事实。

然而，在谈到被主体实践的美德以及规避的恶习时，**还没有哪个单个的具体的目标是给予那个人的，没有哪个单独的具体的价值被他或者她进一步提出，没有哪种必不可少的活动是预先确定**给他或者她的，**没有哪种生活的形式被提出来**是他或者她必须符合的。仍然不在场的东西正是备受争议的把这个人的质料应该塑造成的形式。

已经选择自己作为好的偶然的人们在成为其所是的过程中也选择价值、生活中的道路、职业、公众参与、私人交往，等等。就他们选择自己的命运而言，他们选择着自己的形式。他们将自己塑造成的形式是他 【66】 们自己只为自己创造的形式。**在成为他们所是的（正派的人）中，而不是作为其结果，**他们选择着自己的价值、义务以及其他的一切。因为人们在许多生活方式中、在从事各种职业中以及在各种各样的义务中等都可以成为正派的，并且同样如此。顺便应该提到，对于依据差异的范畴绝对地选择自己的人们以及在这之上对善进行存在的选择的人们可以做出相似的陈述。

在这种论证中似乎在某个地方隐藏着一个悖论。已经说过，正派的人们拥有共同的一些美德，即使他们倾向于做某些事情而避免做其他事情的性格品质。也已经陈述过，所有的正派的人都是独特的（尽管他们拥有共同的某些性格品质，但他们都以其自己的方式是好的）。最后，也是最重要的，已经表明过，一方面是一个人践行的美德和规避的恶习，另一方面是同一个人选择和承诺的（生活的）形式，这两方面之间并没有直接的联系。为了消除这个似是而非的悖论，我应该更具体阐述。

为了简单起见，并且因为我是以接受麦金泰尔抛到道德哲学的竞技场的挑战开始的这一讨论，所以我已接受了三位一体的质料-**教育**-形式。既然我还没谈到第一极（质料）的问题，只是谈到了第二极（形式）的问题，那么我将修改目前的问题，并且背离"形式"这一极。在使亚里士多德向现代化转向中，我明确表示，偶然的人们，那些选择他们自己并因此选择他们命运的人（以成为他们所是的）是他们自己的"形式"的创造者。然而，这种表达似乎并非完全恰当。之所以如此，首先，是因为现代的人从未"完全被形成"——他或者她总是处在"生成"的过程中。此外，无论"生活的形式"可能是什么，都不能被任何一个人形成。正如复杂的人际互动之网一样，在诸机构中或者至少在重复的交往模式中沉淀，这些"生活的形式"一直都是集体的努力，它们塑造着单个的人的生活，如同单个的人也塑造着它们一样。

然而，说一个已经选择自己命运的人实际上能选择任何特定的生活形式显然不是真的。在做出一种存在的选择中，一个人并没有命定自己**仅有一种**（single）生活形式，但是这个人肯定命定自己有一种**特定的**（particular）**类型**的生活形式。参照道德引导性原则以及给予、接受和回报中互惠的规范的正派的人们，正如他们肯定做的那样，总是只选择基本上建立在对称性互惠的图式基础上的生活形式，在这种图式中，人们彼此承认对方的自主并尊重对方的个性。这很合理，因为除非人们在其所选择的对象中排除各个层面上使非对称性互惠的关系制度化的所有生活形式，否则他们不能同时既是现代的又是正派的。康德和黑格尔的法哲学都借助于这个前提。就一种肯定的模式而言，正派的（现代的）人们选择处在各种生活形式中，在那里，人际互动之网是由对称性的互惠构成，每个人对其他人的独一个性的尊重已经嵌入社交图式中。然而，已确立的生活形式有时达不到最低标准，而且在通常情况下，整个生活形式达不到最高标准。在这种境况下，"选择"一种而不是另一种形式以及将自己的"质料"塑造成"形式"意味着什么？显然，根本不存在等待"填充"的"形式"。涉及现代人时，完全理解亚里士多德的三位一体的质料-**教育**-形式似乎很困难。

【67】

因此，目前我建议修改三位一体质料-**教育**-形式中的一极——第二极，"形式"——并用"行为"（conduct）代替它。这种替换意义重大，因为它含有丰富的分支。尽管"形式"表明完美、实现、完整（例如，一旦质料被塑造成形式，**教育**就结束了），但"行为"却没有这样的内涵。行为是无预期目标的，持续不断进行的某物；它是存在和生成的同一。假设一个已经依据普遍性的范畴存在地选择其自己的人命定自己在生活中从事一种特定的行为过程。那个人因此从事这项特定的行为过程并且发展它，使它在其生活中的所有具体决定中，在每次体验、忠诚和承诺中更加丰富。如果我们以这种"行为"的方式思考，那么我们对于"形式"这一词语的疑虑——就它表明完全实现而言，它排除了"生成"，完全实现是与一个现代个体的生活经验和需要如此不相容的东西——将消失殆尽。因此让我们谈论进一步的目标。

一个人的确不能创造其自己的"形式"，因为一种生活的形式不能被一个单独的个体建立。然而，正如实际上我们都在做的一样，个体们能独自发展他们自己的行为。我更喜欢说"发展"（developing）一种行为过程，而不说"掌控"（mastering）或者"设计"（designing）一种行为过程，因为技术性的术语在这里非常不适合要表达的意思。甚至最热心的"理性选择"的理论家——罗尔斯也渐渐领悟到了这一点，他最初使用"生活计划"（plans of life），但最终不得不承认这样的"计划"也可以是无意识的。然而，一种无意识的生活计划很难被称为一种"计划"。当然也可以这样说，一个人的行为并不是"发展"而来的，而是以某种方式从其生命活动中"生长出来的"或者"展现出来的"。还有几个生物学上的比喻可以用来描述这种现象的全部内容。然而，我有意使用"发展"这一词语，因为生活的行为既不是一个自然的事件，这样它可以是无意识的，也不是一种生活的计划，并因此是完全有意识的和理性的，最终也不是两者之间的"媒介"，而是它们的结合物。正如我在第一章中主张的那样，存在的选择根植于一种冲动**以及**一系列的有意识的反思。作为一种跳跃，这种选择自身从来不是完全理性的这一事实本身与其后发生的事情没有关系。在已经做出一种存在的选择之后，人

【68】

73·

们甚至能想象设计出一种丰富而完整的生活计划。

无论如何，只有在依据差异的范畴做存在选择的地方——而不是在依据普遍性的范畴做存在选择的地方，生活计划的设想才能得以考虑。后者是正在讨论中的选择。把对善的存在选择说成是对一种好的生活计划的选择，因此将所有正当性的行为转化成如此多的实现这种计划的手段（理性的选择），这听起来相当病态。更准确地说，发展一种行为的过程意味着学习如何成为正派的。不仅我们的意识要学，而且我们的冲动、姿态和情感也要学。换句话说，我们是作为一个整体学习成为正派的人。发展一种行为的过程意味着发展整个人的行为的过程。不用说，这种发展不能只是一种准本能的和无意识的"趋向……生长"（growing toward）。在现代，在这个某些情境中要弄清楚什么是要采取的正确步骤都相当困难的时代里，在这个即使在日常生活的框架之内都需要更多的反思以避免严重的错误的时代里，只是自发地发展行为肯定会导致灾难。事实上，一开始存在生存选择的地方，男男女女们都是偶然的，如果不调动我们的反思能力，就不能发展一种正当的行为过程。

所有正派的人共有的美德与他们缺乏的某些恶习一起构成了所谓的一种正当生活行为的"支柱"。这一支柱显然不是整体，而是其他东西的支撑系统。每个人都是世界中的一个存在，沉淀下来的交往之网中的【69】一员，诸多机构中的一个参与者，一个职业男性或者女性，一个父亲或者母亲，一个男孩或者女孩，一个政治上坚定的或者不坚定的人，相应地投身于特定计划、目标、机构等的人。正是在所有的这些决定因素和自我决定因素中，已经依据普遍性的范畴选择自己的人致力于一种正当的行为过程。不同的人的不同行为过程随着其持续而变得更加丰富（也变得更加分化）。然而，支柱（有道德的品质）依然是经历、价值、价值承诺、个人的承诺等其他许多东西得以具体化的支撑中心。

看起来隐藏在我们论证背后的这种悖论实际上根本就没有隐藏在那里。麦金泰尔是对的。在我们的世界里，并不存在塑造现代人的固定"形式"。既不存在社会上给定的典型的道德形式，也不存在独自创造这种形式的人。在某种程度上，存在着决定品格的不同生活形式，但是它们并不决定现代有道德的品格。仍然存在着决定品格——无论有道德的还是恶劣的品格——的传统生活形式。最后，人们能够从一种生活方式移动到另一种生活方式并能不假思索地同时栖居在很多生活方式中。他们让他人为其选择。尽管正派的人只能选择某种特定的而不是其他的生活方式，但是就其选择而言，他们是不同的。然而，倘若他们正当地经营自己的生活，他们就仍然能栖居在所有的生活方式中，包括那些他们没有选择的生活方式。

我们因此能得出第一个结论：亚里士多德的世界秩序虽然已经支离破碎，但是它并没有将美德（和恶习）带到历史的坟墓中。

我们也能得出第二个结论，起码在日常生活的框架中，在我们的美德（我们的有道德的生活行为）和我们已经选择或者我们忠于的价值之间并没有直接的联系。当然，这是一个强烈的反基要主义的说法，它注定如此。如果一个女人决定堕胎，而另一个人对此反对，但两个人都以一种正当的（或者很不正当的）方式经营她们的生活。这同样运用于社会主义者和保守者、一夫一妻制的人和性滥交的人，等等。①然而，只有在一些限定条件下，人们才能够赞同这种强烈的反基要主义的说法。首先，只有在日常交往和承诺中，美德和实质性的价值之间的关联才是松散的。其次，一个正派的人赞同的所有价值必须由他与自由和生命的价值联系起来。最后，必须以一种真实的方式确立这种关联。【70】

我已经将美德和恶习称为性格品质，这是生活之行为的支柱。因此，美德作为良好的性格品质，构成了一种正当的行为过程的支柱。我们已经发现以非亚里士多德的方式重建"美德"的概念是可能的，也发现在现代生活中确实存在着我们可以称为"美德"的东西，尽管它不等同于预先确立的行为模式，所谓的一个人的"质料"可能被塑造成的"形式"。社会上预定的目的的衰落并不因此牵涉到美德（和恶习）的衰减。

---

① 显然，并非每种立场、世界观、哲学或者学术性观点都考虑到正派的实践（decent practice），它们中的一些比另一些与正派的实践的关系更密切。还有，许多立场为一些正派的实践（依赖于立场的实践）开辟了道路，尽管其中没有一个能，甚至是最好的都不能代替实践的正派性（practical decency）。

质料-**教育**-形式这一旧模式需要进一步修正，这次是与"质料"这一极相关。当今，世界观、理论和意识形态提供了对于"人性"的几乎无限多样的看法。就这一点使得为应该得以"形成"的"人的质料"提供一份单独的相关而又强烈的哲学主张变得不可能。然而，这种不可能性可以被视为提供了另一种可能性。

当我们存在地选择时，我们选择我们自己，不仅仅是我们"自己"的一方面或者另一方面。正如在第一章中讨论的那样，我们选择我们所有的冲动、感觉、情感、性格品质，等等。同样，我们选择我们自己的家庭、教育、社会地位，我们自己的才能和缺陷，我们的幻想和神经症。我们也选择我们自己对于"人性"的理解、我们自己的世界观、我们自己的自我观（就我们有一些而言）。存在的选择的惯用语如下："我将成为一个**如我所是**的正派的人，带着我所有的才能和缺陷、遗传的天赋和社会的决定因素。我自己主动承担所有的决定因素并将之转化成我的道德自主这种财富。"在使自己道德上自主的过程中，人们并不使自己完全自主。相反，人们证明自主的相对性（换句话说，他律的相对性）的正当性。在存在的选择这一模式中，正如"形式"对应**终极状态**一样，"质料"对应**原初状态**也是一个不恰当的词语。因为**原初状态**包括在存在的选择时存在于个人的决定因素中的所有东西，所以区分哪些东西是"自然给予的"以及哪些东西是"社会给予的"没有意义，或者至少是不相关的。我们选择如其所是的所有的它们，并且同等选择它们。为了所有实践的（即道德的）目的，我们是整体，除了采用整体的方法之外没有其他的方法。如果一个人不采用整体的方法，如果一个人并没有选择作为一个整体的自己，那么这个人就没有真正存在地选择自己，仅仅是碎片化地进行选择，这并不可行。作为一个整体的人几乎不【71】能被称为"质料"，无论这种质料可能是什么。应用在人上，这一术语毫无意义。处在**原初状态**中的人已经"形成"（如果人们必须使用这个词的话），无论这个人是否意识到这种境况。存在的选择可以在很小的时候或者很晚的时候做出，做出这种选择的"瞬间"可以突然发生或者经过一系列的反思和沉思而成为最终的直觉。因此，关于**原初状态**的一般化陈述要么是错误的要么是空洞的。

教育是一种正派的生活行为的发展，是每个正当的人的这种无止境的事业的发展。**教育**是学习的过程，在这一过程中，正派的人通过实践正当性而成为正派的。正派的人并不抑制自己发现自己身上的错误，因为他们选择如其所是的自己。然而，如果某些冲动和性格品质使你倾向于做错误的事情，那么你如何能做正确的事情呢？这个问题听起来很愚蠢，因为每个人都知道答案。首先，人们可以避免进入将会激活自己最糟情感的情境中。我们充分了解自己，可以猜到这些情境是什么。此外，如果最坏的冲动没有付诸实践，可以说，它们将像我们不使用的一个部位那样萎缩。正派的感情和激情能比非正派的更加强烈，并因此在生活事务中带我们走得更远——正如斯宾诺莎在抵消激情理论中论证的那样。然而，如果一个人做了错误的事情，那么这个人可以说"对不起"，也可以自愿给予补偿。正如定义表明的那样，美德（使我们倾向于做正确的事情的性格品质）的确是倾向，而不决定行动。即使一个人倾向于做正确的事情，但这个人因糟糕的判断或者相反冲动的力量仍能偶尔做错事。如果倾向如此强，以至于它们几乎决定行动的过程（即，与一种或者另一种美德相伴的行动类型），那么美德就成为我们的"第二天性"。这是**教育**的终点，但其实并非所有正派的人都能抵达其最后阶段。

所有这些都是常见的智慧，结果亦是：正派的人不是天使。他们可以生气、不公正、好斗、过分敏感、考虑不周、嫉妒、怀疑、好争论，等等。然而，因为他们已经选择了他们自己，他们也知道他们是所有的这一切，此外，他们还知道这些性格品质和冲动是错误的。他们并不因为自己所是的而责怪自己。他们与自己的缺点共处而没有内疚感，但是他们知道它们是缺点。他们并不为此感到自豪，就好像它们是美德和优点似的。"选择你自己"是"认识你自己"的现代版本。

让我最后一次提到亚里士多德的三位一体的质料-**教育**-形式。我对这个公式的结论就是它与现代的（偶然的）人的生活无关。如果你相信【72】诸美德（以及全部的美德）是把我们的质料塑造成的最终的目的（形式），那么我们的现代社会的确是"追寻美德"的。然而，为什么我们要赞同一个从不再属于我们的伦理道德结构中提炼出来的公式呢？为什么我们不稍微试探一下我们的新伦理道德结构呢？如果我是对的，那么我们只听从好人、我们的同代人，我们就可以从现代社会的道德中提炼出来一个不同的（新的）三位一体的公式。现在"质料"由自由选择的"决定因素的偶然性"（the contingency of determinations）所取代，而"选择的瞬间"（instant of the choice）已是**教育**的过程。并不存在"固定的"最终结果；最终结果是相对的，同时也是绝对的和具体的。因为它只是正当的生活的行为（在这里"生活的形式"是可变的）。这个最终结果也包含着**教育**的因素，因为生活经历围绕着正当行为的"支柱"被具体化，直至生命的终结。**教育**本身（两极之间的中介）是使作为正当行为支柱的基本美德得以稳固的过程。

在原来的模式中，一开始既不存在美德也不存在恶习，只存在不同质量和数量的"质料"。在终端根本就没有恶习。我们与拥有全部美德（这对每个绅士来说都是同样的，其余的不值一提）的完美绅士邂逅。在现代，美德和恶习呈现在所有的阶段。在一开始可能既存在着美德也存在着恶习，在不同的稳定性阶段上有不同类型的美德和恶习。在**教育**的过程中，某些恶习消失或者无效，某些美德出现将不断地被践行。然而，并非所有的不良性格品质都消失，也并非所有可能的美德（除了形成一种正派的现代品质的支柱的那些美德之外）都会出现。最终的结果（如果有的话）是没有人成为"全部美德"的贮藏所，也没有多少人没有不良的性格品质或者严重的人性弱点。然而，在各个行业中的每个人将是同样正派的。因为假如所有的人都选择成为他们所是的，他们就都能成为正派的。而且每个人都以独一无二的方式成为正派的。

六

存在的选择是每个人为其自己所做的一个决定。无论这种选择是心血来潮做出的还是长时间反思之后的最终结果，这个人总是独自处在生存的选择中。选择的瞬间是隔绝（isolation）的瞬间。在选择自己时，一个人将自己与"以前"和"以后"隔绝开来。这个决定不仅仅在比喻 【73】的意义上是"永恒的"。此外，它并不位于空间中：从某种意义上说，选择的主体周围的世界都被抹去了。这就是一种存在的选择的瞬间经常与**死亡**（dying）相连的原因。我们想起了歌德的座右铭"死与变"（stirb und werde）（"死亡与变成"［die and become］）。克尔恺郭尔的术语是"渐渐消逝的即时性"；托尔斯泰的更传统的惯用词语提到了"复活"。经历过瞬间的永恒之后，一个人**变成**（其所是的），同时世界也"生成"。尽管一个人已经选择自己回到自己"从前"的世界，但是只要他找到与在其中可以过正当生活的可能地带同样的世界，那这个世界就变成了"（这一选择）之后的世界"。人们以前的所有关系和联系仍然在"那里"。人们住在同一个城镇、街道和房子，与同样的人在一起，面临着与以前一样的同类约束，参与到与以前一样的工作日程中。然而，通过做出存在的选择，个人的态度发生了改变，一切都会变得不同。

一个人选择如其所是的自己，也选择如其所是的世界（个人自己的世界）。然而，选择自己（以及自己的世界）并不等同于选择自己世界里或者自我中的一切作为一种价值。一个人并不选择自己所有的性格品质以及冲动或者自己的世界中发生的一切作为有价值的。确切地说，情况恰恰相反。"死亡"的比喻（"死与变""渐渐消逝的即时性""复活"）表明在选择中原来的自我的各方面消失了。这一比喻也表明某物诞生或者复活。选择之后的这个人发展其最欣赏的性格品质，并且开始发展其认为有价值的联系、友谊、日常活动，而抛弃那些被视为毫无价值的联系、友谊、日常活动。

正如先前所提到的，一个正派的人首要的是为了其自己而践行美德，但是在与其他人的关联中、在照顾其他人中践行美德。我将美德描述为使人们倾向于推动、支持和保持某些价值（共同善）的性格品质。需要补充的是，这种描述必须被视为一种非常粗略的最接近的描述。然而，它仍能满足之前章节的目的，其把反驳"追寻美德"的论点当作中心。然而，在这个阶段，必须进一步具体化这种描述。

【74】 价值可以是**具体的、抽象的和普世的**。只要我们讨论日常生活中一个好人的活动、态度或者美德，我们就无须采用普遍价值。抽象价值总是"共同善"，因为不同的人群都有共同的应加以推动、支持和保持的信念。（当然，抽象价值不同时是普遍价值，因为并非每个群体都将拥有它们。）抽象价值，例如家庭、宗教、宪法、美丽、健康、独立、友谊、爱、安全、进步和科学，类型各异。我们大部分的共同美德（和恶习）与抽象价值有着不是直接的而是间接的关系。在推动具体的价值中（或者在反对推动其中的一种中），我们可能参与辩论（讨论）的过程，以证明我们的决定、态度或者行动有道理。正是在辩护的过程中，我们才涉及抽象价值，从我们求助于它们或者我们对它们的诠释中获得合法性。在现代生活中，这种辩护的过程已经获得了巨大的动力。在我们与抽象价值的直接关系中，总的来说，我们选择调动理智美德（intellectual virtues），因为它们显现在辩护的过程中，而所有其他的美德都将在与具体价值关联时得以践行（或者忽略），而这些具体价值则被抽象价值证明是合理的。在这条规则中只有公民美德（civic virtues）例外。为慈善做充分论证的人还不是慈善的。所做出的牺牲不是为被称为"慈善"的抽象物，而是为一群人或者一个机构，因为人们珍视被称为"慈善"的这种共同善。这举例说明为什么美德与具体的价值直接相关，而与抽象价值只是间接相关（公民美德总是除外）。

如果抽象价值与其相关，所有社会上创造的、设想的以及居间促成的东西，所有社会的、政治的和个人的关系，所有的事态，等等其他的东西都成为具体的价值。

如果至少一个人群中的成员都有一种特定的善应被推动、支持和保持的信念，而且他们互相都希望通过契约和实践推动、支持和保持这种特定的共有的共同善，那么具体价值就是共有的善（communal goods）。在提到共有的善时，我们是以复数形式来谈的，谈到"**我们**国家的宪法""**你们**国家的革命""**他们**国家的宗教传统"。如果我们以单数形式来谈，那么我们会谈作为一个团体中一员的一个人，谈履行（或应该履行）一项共同的价值承诺的某个人。

如果至少一个人群中的成员珍视相似的但不同一的善，那么具体价值就是**个人的善**。财产是一种抽象价值。我们的财产是一种具体价值，并且就其本身而言，是一种共有的善。我的财产是一种具体价值，并就其本身而言是一种个人的善。我增加并维护我的财产；你增加并维护你的财产；他同样如此，等等。我珍视友谊（"友谊"是一个抽象价值）；【75】我尽我最大努力增进并维系**我的**友谊，而不是一个陌生人的友谊。

我的价值是**我的**社会关系，无论它们是共有的还是个人的善。我被嵌入属于"我的"个人关系网中。与属于"我的"个人关系一起，在这一关系框架内，我支持或者反对它们。如果美德的确是使我倾向于推动某些价值的性格品质，那么美德就是使我倾向于为属于"我的"东西尽力而为的性格品质。克尔恺郭尔指出，我的（mine）不是属于我的某物，而是我属于它。"我的朋友"和"我的人民""我的上帝"都不属于我，而是我属于他们。我们不一定接受克尔恺郭尔的激进逆转的姿态。我们可以停在中间，这在这种情况下是相互关系。我推动的价值总是我的，就它而言，你们、他们都属于我；我推动的价值总是你们的、他们的，就它而言，我属于你们、他们。在推动这种价值的时候，我调动了某些将我和你以及你和我结合、联系、维系起来的性格品质。我并不"拥有"这些性格品质。它们属于你、他、她、他们，属于那些我属于的人。然而，我仍然"拥有"它们，因为它们是"我的"。

性格品质（character traits）（其中的美德和恶习）不同于一件事情的倾性（propensities）。它们是（人的，个人的）关系。严格说来，性格品质的实施以**相互理解**为前提。你的性格品质必须是他人清晰可辨的、易懂的、可以理解的。否则，性格品质就不能成为真正的美德；它们依然是特质（idiosyncrasies）。传统的失落、偶然性的增加，以及因此每个正派的人都以其自己的方式是正派的这一众所周知的现象，都使得在存在的选择之后试图相互理解成为绝对不可或缺的。

让我回到"死与变"的"瞬间"。一当一个人进入"生成"的过程，某些东西就开始"消逝"。"消逝"的东西是未付诸实践的性格品质；处在生成过程中的东西是在实践中被固定下来的美德。在我们的简短迂回中，对于这些美德，我们已经知道了一些东西。我们已经知道它们不是个人的财产而是人的关系，也知道一个人在和人们达成某种理解之前，几乎不能使美德固定下来，而这些人的美德也是他们自己的关系，他们也如我们一样都是偶然的。即使涉及遵守基本的道德引导性的原则，但如果偶然的人面对其他偶然的人，尤其是如果这种关系是亲密【76】的、深厚的和个人的，那他们也能完全迷失方向。

自从传统的（三位一体的）模式进入分解阶段，道德理论家们就一直把他们的注意力放在这个问题上。一个与道德起源相去甚远的范畴——即**本真性**（*authenticity*）这一范畴——已经上升到了这场道德讨论的中心。

"本真性"是一个个性术语，而不是一个道德术语。真正说来，它是多方面的，并且被过度诠释了。但是不知为什么，所有的诠释都以"成为真实的"（being real）而不是"成为一种复制品、赝品"（being a copy, a fake）这层意思为中心。本真的人可以说是一个"真正生存的人"，而非本真的人是"不真实的"；这样的一个人**存在**但却**没有生存**，活着但却没有生活。①本真的人被视为成为"他自己"或者"她自己"，而非本真的人则被视为一个影子、一个木偶，他做别人通常做的事情（他/她是**常人**［das Man］）。本真的人被视为"深厚的"，非本真的人被视为"肤浅的"。本真的人照管这个世界，而非本真的人，引用歌德的话，"你只是暗淡世界中的一个沮丧的过客"（nur ein trüber Gast auf

---

① 本真存在和非本真存在之间的区分成为 20 世纪存在主义的中心主题之一。从这个角度看，海德格尔（Heidegger）的《存在与时间》（*Being and Time*）属于存在主义的趋势。然而，这种区分早于存在主义的首次萌芽，可以追溯到启蒙运动，尤其可以追溯到狄德罗（Diderot）和卢梭。

der dunklen Erde）。哲学主题化（thematize）了这个问题；文学描绘了它。

由于新生的偶然性的意识是这种意识的一个症候，而且是这种意识的一个重大症候，本真性和非本真性之间的对比已经获得了动力。如果在某个人的生活中没有嵌入任何社会目的，这个人的可能性几乎是无限的，然而同时也是空的，那么这个人为了避免被所有偶然性的潮流冲走，就必须努力地通过揪自己的小辫子脱险（就像拜伦·孟豪森[Baron Münchhausen]① 一样）。

本真性不是一种美德；更不用说它是全部美德了。非本真性不是一种恶习。本真性和非本真性都是生存的形式；它们都是偶然的人的生存的形式。我一直预先假定这个二分法，直至现在没有使用"本真的"和"非本真的"这两个术语。在第一章的第一部分我就假定了这个二分法。同样，在那里我开始讨论存在的选择，我用了这个二分法论述，但没有提到它的名字。选择自己是本真性的标志；让别人为自己选择是非本真性的标志。但是为什么以前没有使用这些范畴，而现在却使用了呢？

正如已经提到的那样，"本真性"是个多方面，同时也是个被过度诠释的个性术语。对"本真性"的大多数诠释都与"非凡的"有关。我们中只有一些人能够获得本真性；只有"伟大的个性"才是本真的；本真性需要调动大量的反思能力或者调动独一无二的力量。因此，本真性常常隐含着与"平庸"相对照的"高贵"、与"平民"相对照的"贵【77】族"、与"社会性"相对照的"自我隔绝"。这就是在明确我实际上正在讨论它之前，我首先必须提出我自己对于"本真性"的解释的原因。

存在着两种本真性，而且都产生于存在的选择。大多数的本真性理论都会想到我所说的依据差异的范畴做的存在选择。这些理论中的一些主张，每个人都有成为"完满"的能力，主张人们能通过选择自己的能力成为自己。因此，它们减少了"本真性"这一术语中的高贵的内涵。

----

① 拜伦·孟豪森（Baron Münchhausen）是《终极天将》（《吹牛大王历险记》）中的一个人物。他在摆脱土耳其人追赶的途中，掉入沼泽里。在连人带马下沉的过程中，最后只剩下假发上的小辫子还翘在外边。他急中生智，靠惊人的臂力揪住自己的小辫子，将自己和马一起拔了出来，脱离了沼泽。——译者注

不能以上面的措辞强迫人们成为本真的，因为在这一类型的生存选择中意指的正是差异。

先前我支持依据普遍性的范畴进行存在选择。以这种方式选择自己，人们不需要成为例外。本真的道德选择向所有人开放。它并没有高贵的内涵；它不要求调动巨大的反思能力。依据普遍性的范畴做的生存选择是对自己的选择，并因此引起本真性。按照释义，一个过正当生活并成为其所是的人是"本真的"。然而，这种本真性并不是隔绝的，它是"社会的"；它并不与"自我的技艺"的实践相协调，而是与某些美德——良好行为的支柱——的实践相协调。其他人可以跟以这样的措辞成为本真的人讲话，这种人也能跟其他人讲话。所有像这样已经选择自己的男男女女也已选择自己作为**公共的-政治的存在**，而不是作为一种特定技艺的从业者，无论他们是否意识到其选择的这个方面。

"本真的"这一术语还有某些尚未提到的重要内涵。它不仅指个性、态度以及行动，而且指个人的理解——尤其是个人对自己的理解。本真的人了解他们自己（就这是可能的而言），并且根据他们更深层的自我而行动或活动。尽管他们不必坦露这种对其自我的理解，但是他们通常会坦露给其他本真的人。因此，本真的人在相互向对方坦露他们各自的自我中（成为相对透明的）互相交流，尽管他们通常不向非本真的人坦露自己（在这方面他们依然处在一种隐匿状态中）。相互理解是本真的存在的相互理解。然而，如果一个本真的人与一个非本真的人交流，那【78】么结果就是相互误解。对于本真的人来说，与非本真的人避免接触，尤其避免亲密接触更可取。然而，如果本真的人不能避开非本真的人，他们就必须解决相互误解，并且在他们隐匿的围城内遭受这种相互误解的折磨。他们有时也不得不忍受扮演一个滑稽人物。

"认识你自己"是个所有本真性的哲学都会为之留下空间的道德指令。它们也明确表达了这个指令的巨大力量，人们必须与以往一样实践这条指令。然而，一个人越是偶然的，这个人在认识自己的过程中遇到的困难就越大。

用伦理学的术语，我们需要知道哪种情境要避免，哪种情境要参与，以使得我们最糟的冲动保持无效并逐渐减弱、萎缩、消失，也使得我们最好的冲动被调动起来并因此发展，直至它们成为"第二天性"。无论我们多么不同和偶然，我们都需要了解他人，因为只有这样，在我们代表他人或者朝着他人的方向或者与他人一道行动时，我们才能弄清需要稳定哪种性格品质或者需要调动哪种美德。其实，"认识你自己"的同时也要了解与你亲近的人，好像他们就是"你自己"一样，并帮助他们，以便于他们也能认识你。

自我认知的来源是行动的说法以及其他人有时比你更好地认识你自己的说法是古代的智慧，它与"认识你自己"这个指令一样古老。坦率（candour）、真实（truthfulness）、值得信任（trustworthiness）以及真诚（sincerity）同样是古老的美德。如果真实缺乏，那么相互理解就会遭到破坏，或者用哈贝马斯的话说，真实是旨在相互理解的理性言语的三个条件之一，这是几千年来对道德知识和经验的理论化总结的智慧。在我们的时代中，所有的这些美德对于正派的人都是至关重要的这一说法并不令人惊讶。相反，令人惊讶的是理论对这样的事情关注不够这个事实（尽管有创造力的作家们，尤其是易卜生和陀思妥耶夫斯基，熟悉它们的一切）。我现在将转向这些问题。

一个人在下述条件下不能成为一个正派的人：

（a）如果一个人不显示自己所是的（或者不相信自己是所是的）——如果一个人的"本质"从不"显现"；

（b）如果一个人从不向任何人坦露自己，甚至从不试图让自己对一个单独的"他人"显而易见；

（c）如果一个人习惯性地隐藏自己的行动和态度的动机；

（d）如果一个人的行动或者表现是假装的（除了避免恶果之外）；

（e）如果一个人不信任任何人；

【79】

（f）如果一个人习惯性地怀疑其他人并把不良动机和意图归结于他们；

（g）如果一个人习惯性地拒绝给他人知识或者信息；

（h）如果一个人拒绝给他人知识或者信息，以减少他们的自主（除了避免恶果之外）；

(i) 如果一个人许下不想信守的诺言（除了避免恶果之外）；

(j) 如果一个人习惯性地许诺，而不考虑是否能信守它们；

(k) 如果一个人能够信守一个至关重要的诺言，但他却不信守；

(l) 如果一个人泄露机密信息（除了避免恶果之外）。

坦率的、真实的、值得信任的人是绝不做这些事情的人。此外，这种人应该信赖（某些）其他人，期望他们也是坦率的、真实的、值得信任的。尽管坦率、真实、值得信任看起来是"单向的"美德（"**我**是坦率的、真实的、值得信任的"），实际上它们是"双向的"美德，因为如果不将相似的美德归因于（某些）他人，我们便完全不能实践它们。

上表中所列出的一切都是常识：每个人都知道正派的（好的）人并不会做出这些行为。因为自正派的人存在以来，我仍然沿着"可能的"正派的人的道路，所以我没有试图创造新的美德和恶习或者构建新的公式。我正严格遵循好人已做过和想过的事。

但是以否定的方式阐述正派的人的**做法**（即，这样的人不/不应该做什么）的原因是什么？而且，如果这是我的方法，那么传统的禁令（strictures）（"不要撒谎""不要欺骗"，等等）为什么缺失了？答案是我只阐述了限制（restrictions），而不是抑制（inhibitions）。其实，只有观点（1）本来可以作为一个明确的禁令（"不要背叛一种信任"）来阐述。

正派的人们，我们的同伴们，寻求引导性的而不是绝对禁止性的（prohibitive）规范。尽管在极端情况下，他们的确赞同禁律（prohibitions）（例如，"不要谋杀"），但是他们不愿意在一种拥有多种不同禁律的浓厚的伦理环境中安排他们的生活。如果现代正派的人可以以其自己的方式成为正派的，那么一种"生活的行为"是唯一可想象的。这适用于所有与道德相关的问题，尤其涉及诸如直接的人际关系或者关联这样细微的问题。尽管属于"真实"（truthfulness）群集的美德辐射的范围远远超出直接关系和关联的领域，但是正是在这样的关系中，它们才最常被展现、实施和预期。"不要撒谎"这一禁令无疑是正

[80]

确的。然而，一个人并不仅仅通过表明自己知道是不真实的而撒谎。一个人也可以通过不显示自己所是的、通过根本不努力让自己显而易见，通过假装行动或者表现也能撒谎。一方面，撒谎是一个没有任何禁令能完全"禁止"的非常复杂的问题。另一方面，在琐碎的事情上谁未曾撒过谎呢？我们中间存在着已信守了所有承诺的人吗？因此，当提到真实性这一美德的时候，对现代人来说，最好是大致知道什么是不能逾越的界限，知道在这一限度内仍然存在着"更多"和"更少"、"这种"和"那种"、"更好"和"更坏"、"完全地"和"不十分完全地"。这些限定条件不是向我们的"人类的弱点"做出妥协，也不是过多考虑我们的"罪恶本性"。它们在所做的（如我们所是的）选择我们自己是好的这一开放空间中是适当的衡量标准。**对真实这一美德的所有肯定表达按照释义都是基要主义的。**

为简单起见，我已将"真实的美德"这种美德称为如前面提到的"双向的"美德。就此而言，它们在直接的（面对面的）关系中，尤其在私人的关联中最常见。也已经提到过，作为偶然的人们，我们只能在与其他人的期望不断互惠中发展美德。因为在这种互惠缺席的情况下，人们能够形成特质，而不能形成有道德的性格品质。现在可以把这两个命题联结起来。

援引"至少向一个人坦露自己"这条指令将是愚蠢而多余的，因为自我坦露是一般性的且难以消除的需要。通常我们渴望向至少一个人坦露我们自己。自我坦露的需要是一种相当复杂的需要。它可以包括需要被关注、需要亲密的言行、需要与其他人分享顾影自怜或者自我放纵，或者最终，需要谈论自己——一个对众多人来说最重要的话题。它也包括需要认知、共鸣、同情、自我理解、自我澄清，以及其他事情。这个长长的目录似乎揭示我的列表中的前两点是多余的。当人们不管怎样都要坦露自己并且兴致勃勃这样做时，为什么提到需要坦露自己呢？

关于自我坦露已经陈述过的一切是为了表示一种**本真的**自我坦露。自恋的人不想认识他们自己；他们站在"跳跃的面前"（并且很可能保持这种姿态而不曾跳跃）。自恋者也不想认识其他人，而且不能建立一

【81】 种本真的联系。非本真的坦露或者是自恋的或者是工具化的或者是两者兼而有之的。这种特征在陀思妥耶夫斯基的主人公中如此频繁出现，被他称为"过度的（非本真的）忏悔"（"inordinate ［inauthentic］repentance"）。

　　所有的那些已经生存地选择自己（已经选择成为其所是）的人都是本真的人。① 依据差异的范畴已经选择自己的男男女女们按照释义也是本真的。然而这种人傲慢地把自己作为例外，除非他们也选择自己作为正派的人。他们对他们的同胞充满蔑视或者置若罔闻。通常，这类人并不向任何人坦露自己；他们不想在别人面前成为透明的。相反，他们对自己的"自我"、自己的善的以及恶的冲动、自己的感情以及自己感情的缺乏"守口如瓶"；他们将之珍视为秘密。使用克尔恺郭尔的术语，他们处在"缄口不言的矜持"（closed reserve）中。并不是哲学、音乐或者文学创造了"隐匿"。相反，是依据差异的范畴选择其自己并处在"缄口不言的矜持"状态中的，用来为沉默的约翰尼斯（Johannes de Silentio）②、罗恩格林（Lohengrin）③ 和斯塔夫罗金（Stavrogin）④ 树立榜样，也为所有的做了同样的选择但其选择并没有成功的小培尔·金特们（Peer Gynts）⑤ 树立榜样的隐匿的人们、偶然的人们创造了"隐匿"。正是在这样的背景下，有关自我坦露的原则获得了意义。对于一个人来说，成为他自己是足够的这—培尔·金特的格言对于正派的人来说是不够的。因为正派的人如果没有"支持他人"以及如果没有"其他人支持他/她"就不能成为其自己（即正派的）。如果一个人对另一个人坦露自己知道的自己，那么这一自我坦露的行为使这个人比以前更好地

---

　　① 要避免一个经常发生的误解：成为自己不等于成为自我中心的。此外，一个人的个性之内核的坚不可摧并不使这个人成为单中心的。如果存在着完全单中心的人（我表示怀疑），那他们肯定是非本真的。

　　② Johannes de Silentio（沉默的约翰尼斯）为克尔恺郭尔写作《恐惧与战栗》（1843）一书时所使用的笔名。——译者注

　　③ Lohengrin（罗恩格林）是德国民间故事中的人物，后来著名作曲家瓦格纳根据这一故事中的人物创作了歌剧《罗恩格林》。——译者注

　　④ Stavrogin（斯塔夫罗金）是陀思妥耶夫斯基的小说《群魔》中的人物。——译者注

　　⑤ Peer Gynt（培尔·金特）是易卜生的戏剧《培尔·金特》中的人物。——译者注

认识自己。而且在相互坦露的过程中，参与的人们将以不同的方式认识他们自己、认识彼此。

相互自我坦露不同于忏悔，不是"内心的倾吐"（outpouring of souls）——**它是实践的解释学**。内心的表露在默默的祈祷中也能发生，但是只有别人能和你一起参与实践解释学的过程。任何人无论对他自己/她自己还是对他人绝不是完全透明的，这一点无论如何重复都不够。①此外，在所有类型的解释性实践中都很常见的是，无论理解了多少，依然有很多未被理解的东西。除所有的透明性之外，始终存在着不透明性。误解也是理解所固有的。然而，对人类正派性的探寻不是对绝对真理的追求。如果你对你自己的认识足以使你发展基本的美德并阻止你犯严重的道德错误，那就足够了。 【82】

不用说，实践解释学可以是完全的（total）或部分的（partial），并且它可以是不同程度的后者。完全的实践解释学使人在最亲密的关系和关联中感觉到它的存在。它要么以基本的信任为前提，要么由基本的信任确立。尽管孩子们尚不能区分实践的解释学、忏悔和内心的倾吐，但是每个孩子都知道完全的坦露会产生友谊。人们通过一系列痛苦的经历认识到这种区别。非本真的人将永远不会意识到这种区分，并因此他们要么失去其羞愧感，要么在过后会不断地尴尬。当然，本真的正派的人们也会犯错，尽管可能不是在他们自己的坦露行为中，而是在他们对向其坦露自己的他人的判断中。无论如何，亲密的关系在任何人的生活中都很罕见，更别提所有的亲密关系会为全部的实践解释学留出空间，或者由一种完全的实践解释学所确立了。不管怎样，太多都会是太少。因为完全的实践解释学并不是一种"偶发事件"（happening）（然而忏悔或者"内心的倾泻"可能是）；而是互相关联的平等者之间的相互理解

---

① 我所说的"透明"不是指心理上的透明。如果我们在另一个人面前展现我们自己就像在我们自己面前展现自己一样，那么我们就使我们自己成为透明的。人们可以互相进行精神分析，但是在这里这种可能性与我们丝毫没有关系。把自己的自我提供给他者进行诠释通常并不需要使用任何技巧，甚至是自由联想的练习。使用这样的技巧，或者谈论碰巧进入我们脑海中的事情，都可能对真诚的相互关系产生不良影响，尤其是它可能伤害到其他人的感情，无法修复。

关系，而且它是一个持续不断的过程（an ongoing process）。"持续不断的过程"这一术语不应被误释为"每天偶发的某事"或者"每天一段用于分析的时间"。这样的时间可能只有一次，也可能许多年都没有。然而，这种关系是并且依然是一种完全的实践解释学。

部分的实践解释学并不要求亲密的关系或者亲密的言行。它在任何面对面的关系中都能进行。它需要的是坦诚（openness）和真诚。如果你想避免误解，那么你就开始"讨论澄清问题"或者留意发起这种讨论的其他人。非本真的人屈从于舆论。依据差异的范畴已经选择（命定）自己的人通常藐视舆论。正派的人并不屈从于舆论，因为他们并不让他人为其选择——但是他们也不藐视舆论，因为毕竟舆论也是一种他们留意的"他人的观点"。这就是正派的人加入实践的解释学这种关系的方式。他们讨论舆论库并且要求澄清问题。他们向评论、批判、赞同、不赞同敞开自己。在这种讨论中，相互理解要么成功要么失败。但是正派的人尽力达成相互理解。从某种意义来说，部分的实践解释学与完全的实践解释学相比甚至是一件更需技巧的事情。开启讨论澄清问题的姿态可能被他人以"侵犯隐私"或者以"这与你无关"的反驳而拒绝。正派的人从不抱怨"侵犯隐私"，或者反驳道："这与你无关"，除非完全的实践解释学是在没有以前的亲密言行或者鼓励的情况下开始的。如果他们害怕没有澄清问题的事情可能带来危险的后果，那么他们将不介意"干涉别人的事务"。然而，如果这件事情无关紧要，那么在对方明确表示愿意进入这一进程之前不要开始部分的实践解释学的过程将是明智的。

【83】

实践的解释学实现了真实的美德的"调整"。我已经论述了制定这些美德的原则作为**限制**的理由。在诸多限制的界限内，仍然存在着"更多"和"更少"、"这种"和"那种"、"更好"和"更坏"、"完全地"和"不完全地"。这是一个开放的空间，在其中，选择（如我们所是的）自己可以做得更好。此外，正如已经阐述过的，真诚、真实、值得信任、信赖、坦率等并不是"单向的"，而是（至少是）"双向的"美德。最后，难以消除的前意识因素（情绪反应、性格模式，等等）加入所有这些美德的实践中。我们在选择我们自己中选择着这些前意识因素；我们选择它们，因为我们在我们自己的不可通约的自感性中选择成为正派的。

因为这种复杂而异质的心理学的背景，所以人们可能准备实践一种类型的而不是所有类型的真诚；他们可能避开所有类型或者只有一些类型的秘密，并相信这是所有的男男女女"生性"如此的方式。如果一个人进入和他人的关联中或者和他或者她开启任何实践解释学的过程，那么在所有类型的误解中，这是一种必须首先澄清的误解，除非这种"解释学"的心理构造非常相似。正是在这种实践解释学的过程中，人们才学会去理解真诚、真实和信任对另一个人来说意味着什么。并且正是如此，他们才相互"适应"，他们才"适应"一种特殊的关系。在这一过程中，他们在诠释和实践真实这一美德的方式上达成和解。如果没有这样一种相互的"调整"过程，他们将不能捕捉到他人传递的信号。

理解他人就是在"调整"的过程中捕捉他人传递的信号，因为这一过程本是相互的，所以理解就是相互的。正是在这样一种相互理解的场域中，男男女女们才朝着对方行动。然而，因为"调整"并不引发同一性——即，以完全同样的方式诠释和实践真实性的美德——相互理解并不等于共识。共识也不是相互理解的条件。共识可能是这一过程的结果，但是它不是明确的目标。因为在超出正义的范围的问题上试图达成共识与道德引导性的一般原则（"照顾他人的自主"）相互误解。【84】

正派的人也有性格缺陷。然而，存在着四种不能和正派性结合的性格缺陷。它们是嫉妒（envy）、虚荣（vanity）、愤恨（resentment）和懦弱（coward）。选择自己的人们可以选择成为懦弱的、愤恨的、虚荣的和嫉妒的。但是可以说，这些性格品质在对善进行了存在的选择之后都不再被运用而萎缩了。攻击性、猜忌、傲慢、伪善、放纵以及如此多的其他性格上的缺点会使人偶尔失去做正确事情的能力。然而，嫉妒、虚荣、愤恨和懦弱是四处弥漫的性格缺陷，以至于使人经常不能做正确的事情。在建立相互理解的关系时，它们会阻止人们踏出第一步。它们阻塞人们通向自我理解的道路。它们也使一个人无法认识到自己的道德错误，从而纠正自己的错误。恶习不是可以量化的。然而，如果它们可以量化的话，那么每个人都会赞同残忍是一种比嫉妒更严重的恶习。正派的人通常不能成为残忍的。要是他们遵从一般性的道德引导性的原则，他们就不会成为残忍的。但是，我们是否残忍地行事并不只依赖于我们自己。有时正是别人将残忍强加于我们（例如，当他们并不照顾我们的自主时）。在其他时候，如果不残忍地行事，就不能实现正义。说一个人偶尔残忍地行事而不成为残忍的几乎是老生常谈。但是嫉妒、虚荣、愤恨和懦弱是包罗一切的恶习。尽管它们中存在着"较轻的恶习"，但是就它们使人们倾向于做所有错误的事情而言，它们在所有的恶习中可能是最严重的。

尽管并非总是这种情况，但在现代肯定是这样的，当我们发现规范的诠释而不是这些诠释被呈现给我们时，当相互理解的准则并未被一种遗传的和传统的背景共识一劳永逸地确定时，当有关性格的知识变得至关重要时，并且最终，当相互理解需要本真的愿意"适应"别人传递的信号时。一个沉醉于阿谀奉承的虚荣的人生活在一个非本真的梦幻世界中。一个嫉妒的人除了做噩梦之外也生活在梦幻世界中。①自我陶醉式的虚荣尽管总是非本真的，但很少是恶的。然而，被嫉妒强化的虚荣可以释放毁灭和自我毁灭的恶魔。愤恨，这个嫉妒和憎恨的产物，在现代作为一种性格品质（不是作为不明确的感受）已经获得突出地位。愤恨吸收着意识形态，或更确切地说，吸收着它们的未被理解的部分，并且它借助于意识形态将憎恨和嫉妒结合起来。基本上，愤恨在政治领域中释放其自身的恶魔。然而，正如嫉妒的人或者通常的虚荣的人一样，愤恨的人，这个说到底像其他任何人一样是一个日常行为者的人，将不能享有本真的人类关系、实践真实性的美德、做好相互理解的准备。

人们曾告诉我们，我们的罪恶是肉欲之罪。今天人们告诉我们，人

【85】

---

① 鉴于这个虚荣的人的美梦因对现实太过主观的构建而产生，焦虑和不安全感就能轻易渗入那些梦。特殊的性格特质（例如虚荣）与其他各种各样的模式组合，道德的和非道德的都一样，以至于人们几乎不能对它们做出任何一般化的表述。小说在描绘复杂的人的性格方面做得更好。然而，我仍然打算在这一三部曲的最后一部中探讨这种主观性的"梦的世界"和它的道德相关性。

类生来就是具有进攻性的和破坏性的。然而，如果我们只是环顾四周并相信我们自己的经验，那么我们将看到人类所犯的所有罪行有一半是由于懦弱，看到如果能够阻止人们不以懦弱的方式行事的话，就能够阻止相当多的罪行发生。

要有勇气，要勇敢。

存在的选择是勇气的问题。践行这一选择也是勇气的问题。要过一种正当的生活依然是勇气的问题。要过一种好的生活同样是勇气的问题。要有勇气，要勇敢。

在根本上，要勇敢很简单。一旦一个人知道怎么做才对，他就会去做。借用克尔恺郭尔的表达，知道怎么做才对发生在瞬间：绝没有"以前"和"以后"。一个人不再考虑失与得；一个人不再想象对他自己来说将会发生什么。在"瞬间"中只存在这个人和永恒。你闭上眼睛，把你的手从你曾经紧握的栏杆上松开，而且这就行了。一旦落入水里，你就游泳。要有勇气，要勇敢。

当提到做对的事情（以及避免错的事情）时，一个正派的人需要勇气。在与道德无关的事情上，人们可以盗用"勇敢的姿态"，例如游泳中——非比喻性地解读这一比喻。因为勇气的美德对维护重要的价值至关重要，所以最好使勇敢成为一种习惯，尽管心理学上的勇气绝不是正当性的永久条件。（如果处在危急关头的事情关涉道德，那么在别的事情上很胆小的人也会变得如狮子般勇敢。）

如果一个人知道**这就是应该做某事的契机**，如果他知道这就是自己应该做的**事情**，那么，如果他有勇气，他就能毫不犹豫地做这件事。那【86】么是什么阻碍着人们做应该做的事情呢？

尽管真实美德和勇气美德在性质上不同，然而它们在正派的男男女女们的个性中是内在地交织在一起的。本真的人试图认识自己。他们既不害怕认识自己，也不害怕向朋友、他们所爱的人或者"他人"的监督坦露/暴露自己。真实、真诚和值得信任都需要勇气，以与道德勇气需要真实、真诚和值得信任同样的方式。这种联系在现代已发展。这就是在亚里士多德对勇气和所有相似的性格品质进行全面讨论中并没有谈到这个问题的原因所在。

回到游泳的比喻或者松开栏杆的比喻中，我们可能提到亚里士多德的准则：如果一个人准备在需要的时候运用这种品质，那么他或者她就是勇敢的。假定诸价值在性质上是异质的，即便在一个领域之内也类型各异；更进一步，假定在社会中也在一个单独个体的生活方式中存在着一个明确的价值层级——勇气的美德并非"包罗一切的"美德。一个人不必松开握栏杆的手、暂停自己的记忆和想象、忘记自己的过去以及把自己的未来放在对别人无关紧要的价值相关的行动中。勇气总是值得赞美的，但是只有当有对的事情要做、现在要做，尤其是需要你做时，对它的需要才成为紧急的。你，连同其他人，必须弄清楚什么时候需要你们或者什么时候你们必须勇敢地行动。我将在第三章和第四章回到这个问题。

当我们讨论世界上的恶时，当关于我们的原罪和天生的攻击性的话题已经枯竭时，下一张王牌肯定会是我们天生的自我中心论。人们跟随着他们自己的利益；他们做有利于自己而不是伤害自己的事情。的确如此，但在其中根本不存在恶。

让我们再次回到一个具体的道德决定的"瞬间"。这不是选择的瞬间，因为我们已经知道怎么做才对。而且，因为我们已选择我们自己做正派的人，因此我们已选择做正派的事情。所以，在决定的"瞬间"，没有留下任何选择。这种选择在很久以前已经做出。这一"道德决定的模式"（moral decision pattern）不同于"道德选择的模式"（moral choice pattern），两者仍然不同于"存在选择的模式"（existential choice pattern）。在存在的选择中，这个人隔绝其自己：瞬间即一种永恒，因为它是自我选择（"死与变"）的瞬间。相比较而言，所有道德的选择都发生在交流、讨论、反思的过程中。这种选择本质上是理论的，不是实践的：我弄清楚对我来说做什么是最好的；我们共同弄清楚对我来说做什么是最好的。让我们假定我知道做什么是对的。如果真的如此，那么我应该只是闭上我的眼睛并松开握栏杆的手就行了。这一特定的决定行为，这种有勇气的行为，不同于"弄清楚正确的事情是什么"的模式，也不同于

【87】

"存在选择的模式"。我之所以将自己与我的过去和将来隔绝开来，是因为不管我的行动对于我自己的生活可能造成什么后果，我都行动。（**注意**：这是正派的人的定义之一。）我因此将我自己从存在于过去的所有决定因素中，从迄今为止我已经获得的一切以及在生活中已经支持我的"栏杆"中解脱出来。然而，我并不将我自己与世界隔绝开来。正相反，我积极转向一种价值。我放开自己**以**游向某物。我游向的"东西"可能是一个非常具体的东西；它也可能是我的荣誉和尊严。但是，无论我游向哪里，我总是朝着可能的道德世界中最好的世界（the best possible moral world）游。接下来的听起来可能是对绝对律令的可笑模仿，然而我将把它记下来：正派的人是那些松开栏杆、闭上眼睛游泳的人，就好像每个人都在与他们一起游泳一样，就好像在他们积极投入可能的道德世界中最好的世界的过程中每个人都伴随着他们一样。他们无须意识到这种投入。我们人类太过平凡，不考虑干一番大事，然而，以这样的方式放开其自己的每个人都在积极投入可能的道德世界中最好的世界的过程中已经这样做了。

道德勇气的这种姿态与自我牺牲的姿态并**不**相同。前者可能与后者相伴而生，但这很少发生。除了必然发生暴死，否则没什么可以被称为"牺牲"。因为在做一种道德决定时，在放松自己时，尽管一个人完全意识到自己抛下的究竟是什么，但是这个人无法确切知道自己在将来会获得什么或者失去什么。毕竟，正是在扫罗（Saul）寻找他父亲的驴时，获得了他的王国。[①]在这方面，做一个道德决定就像做任何其他至关重要的决定一样。勇气就是勇气，在决定期间一切都危若累卵。

就非道德决定的模式而言，提到"冒险"是很贴切的。在这里人们致力于生命的赌博中；人们充分意识到自己要么输要么赢，但总是希望

---

① 扫罗（Saul）是《圣经》中的人物，他身材高大、才智出众、武艺超群。有一天，扫罗的父亲丢了几头驴，他就吩咐扫罗带几个仆人去寻找驴。在找驴的过程中，扫罗遇到了撒母耳，撒母耳是按照耶和华的神谕选拔以色列国王的。撒母耳看见扫罗的时候，耶和华就对他说，这人就是我对你所说的，他必治理我的百姓。于是，撒母耳命扫罗把仆人打发走后，将膏油涂在他的头上，亲吻他，并将神的话转告给他。扫罗回到家七天后，撒母耳把百姓召集起来，开始通过抽签选国王，结果抽到了扫罗。——译者注

赢。没人会说在冒险和一场赌博中，人们为了更高或者更高尚的某事而
牺牲其自己的利益，或者说他们实践与他们的最大利益相悖的勇气。然
而，就"道德决定的模式"而言，这一模式在主观上是不同的。尽管一
【88】 个人通常意识到自己在冒险，但是这个人并不赌博。一个人之所以做他
所做的事情是因为他相信做的是正确的事情，不计得失。然而，如果我
们不考虑主观动机，即**道德**，并主观地看问题时，我们将看到在这种情
况中，一个人的确进行着一场赌博。人们可以失去一切，可以重新获得
已经失去的一切，可以赢的比失去的更多，可以像扫罗一样赢得一个王
国。人们做自己所做的事情不是为了赢，甚至都没想过要赢——尽管这
个人肯定也不想输；人们抑制自己的想象而不是释放它。那么，引用古
代道德理论家的话，这类人既没有希望也没有恐惧。然而，既然两种模
式都有同样的客观结构，既然客观地讲人们在两种情况中都在赌博，那
么当人们不做正确的事情时，不就是"利益的收缩力"（the "retracting
force of interests"）在阻止他们做正确的事情吗？但是他们如何知道其
利益所在呢？诚然，他们可以"知道"自己的过去，但是就其决定的结
果而言，他们肯定全然不知。实际上，并不是其"自利"将男男女女们
拉回来，使他们紧紧抓住栏杆，留在原地并躲避他们应该或者能够做所
有正确的事情。相反，是懦弱、完全赤裸裸的恐惧（fear）做了这项工
作。正是恐惧，我们人类失去我们已经获得的一切，不论是财富、地
位、荣誉、信念、信任、与我们亲近的人，还是其他的什么。当我们沉
思，如果在一种善的姿态中我们失去无法弥补的、因生命的短暂而没有
时间重新获得的某件东西将会发生什么时，我们就会感到战栗。要是我
们只知道事情不会变得那么糟糕，我们将会得到补偿，我们将至少获得
世人的尊敬，我们将幸存下来就好了——但是我们不知道。因此我们想
象最坏的情况并紧紧抓住栏杆。

七

在职能性分工已经成为主流的现代社会中，男男女女们作为某些职能的执行者而参与到"社会系统"、社会再生产的循环中。为实施这样的职能做准备以及实施这样的职能都发生在也可以被称为子系统——学校、车间、大学、工厂、百货商店、银行、规划机构、政府机关等特定机构的框架内。基本上，工作场所与家庭已经分开，而且日常生活的中心机构——家庭——已经日益转换为私人消费的地点以及承载亲密关系 【89】 的场所。对于大多数人来说，即便是工作（狭义上的）耗费的时间比以往任何时候都少，但是在诸机构（又名诸子系统）中从事工作的境况把这些机构转换成了"第二栖居地"（secondary habitat）。"第二栖居地"这一术语意指人们真正居住的地方，它小于一座住宅但大于人们只是偶尔花些时间停留的空间（例如，电影院）。"第二栖居地"是一个人们自愿进入的（因为一个人可以离开一个并进入另一个）、对其成员会提出要求的学习或工作的机构。进入一个机构需要承担诸多义务。无论一个人热爱还是憎恨自己的工作或者学习，只要这个人依然是这个机构的成员，就必须承担。只要人际互动还没有卷入其中，机构的习俗这方面与道德哲学无关。然而，如果特定机构的规范和规则扩展到人的行为和互动，如果在遵守或者违反这种规则和规范的过程中，人们做了一些有利于或者不利于其他人的事情，对付他们或者被他们对付，与他们合作或者行为具有破坏性——也就是说，如果正派的人有问题，并寻求"对我来说做什么是对的？"这一问题的答案——那这就已是道德哲学的范围。

在之前的章节中，我们一直沿着处在对称性互惠处境中的正派的人的路而行。已经强调过，无论他们的制度化的关系可能是什么，正派的人们都将其与他人的关系理解为机构框架之外的对称性互惠的关系。然而，当在机构内部执行其职能时，他们能够实现同样的互惠吗？职能性分工既有横向维度也有纵向维度。横向维度上，诸关系都是对称性互惠的，然而纵向维度上它们却不是。即使讨论中的办公室也不是按照军队的模式组织的——也就是说，按照指挥-服从这一纵向关系——给予和接受指令的严苛是正常的。即便它们借助于礼貌性的仪式，用一个人"请求"而另一个人得体地接受"请求"进行装饰，并因此在某种程度上得以缓和，但这种纵向关系的特征依然是非对称的。

一个在所有其自由地选择的关系中只参与到对称性互惠关系中的人在这种机构的框架内——在这里非对称性互惠看起来不可避免——很明显会局促不安。是这样吗？

【90】让我们假设，我们的正派的人是一个处在从属位置的女人。她在保持正派的同时，能不能在机构内与她的老板建立对称性互惠的关系呢？正义要求所有的下属（属于同一下属群，他们当中有我们的"正派的人"）都应该被同等对待。在与她的老板建立对称性互惠的关系中，我们的正派的人为自己创立了一种优先权。因此，她对给别人带来不公正、伤害别人的感情，更重要的是，对毁掉别人的机遇而心存内疚。此外，她可能，并且很可能在她的同事中引起最坏类型的感情：猜忌和嫉妒。现在让我们假定我们的正派的人处在上级位置上。作为一个老板，她和自己的下属建立了对称性互惠的关系，而同样横向维度上的其他老板没有一个这样做。然而，这种对称性的关系只是表面上对称的。倘若这个老板（我们的"正派的人"）将她的民主制度化为一个特例，她之所以能够这样做只是因为她是一个老板，那在特定群体内的这种关系本质上就是部族的，讨论中的这个老板依据定义将是一个族长。在一个群体中父权制（或母性主义）创造了非正式的依赖（informal dependency）。

无论我们的正派的人是作为一个老板还是作为一个下属员工，在一个机构的框架内进行建立对称性互惠关系的试验，她都将必然得出这样的结论：**最好避免在基于纵向层级的机构内个人私下消除非对称性关系。**

遵守机构的规则的义务既包含对称性的也包含非对称性的互惠关系。一个完全民主地运转的机构受到规则的约束并不比准独裁地运转的机构少；其实，它更受规则约束。机构的规则是为需要、义务、权利和程序而设置的。它们规定了一个人期望从他人那里得到什么（不期望得到任何东西，或者期望得到更多）。它们也规定一个人应该给另一个人或者他人提供什么（不提供任何东西或者提供更多）。所有的"提供更多或者其他"、所有的"期望更多或者其他"都应该发生在机构的框架之外。假设 X 帮了 Y 一个忙，Y 在这个制度的框架内回报了这一帮助，这种回报通过安排 X 在更应得到奖励的候选人之前获得一份奖励。这种互惠姿态的形式看起来与给予–接受–回报这一道德规范完全协调。然而我们都知道，尽管形式协调，但是回报的给予行为是错误的，甚至是不正当的，因为它是不正义的。就它违反了这个机构的基本规范之一而言，它是不正义的：如果优秀是奖励分配的基础，那么任何其他的标准绝不应该干扰这一原则。最优秀的人应该获得奖励。一旦正派的人完成 **【91】** 从日常框架到机构框架的过渡，他们就将得到这样的结论：**机构的规范比日常的给予–接受–回报的规范更强。如果这些规范和制度化的规则之间存在着冲突，那么在这个机构的框架中后者优先于前者。**对于传统的家庭来说，这种优先性似乎是错误的，因为在家庭中人们希望每个人都将为自己家庭中的成员帮忙，家族的规则而不是机构的规则优先。然而，对于偶然的正派的人来说，严格遵守这种优先规则肯定是作为民主制度的先决条件。此外，我们这里涉及的是**优先规则本身**，因为这种规则只有在忠诚（loyalties）和效忠（allegiances）相互冲突的情况下才有效。如果根本不存在这样的冲突，那么日常的回报规范也在机构内依然有效。

在现代机构内严格的职能性分工并没有将大量的人际互动（以及关系）转化成职能性的。可以将一个机构单元描述为一个系统或者一个系统的子系统。然而单独的个体们，即使人们严格地将其理解为子系统中的成员，也永远不可能将他们充分描述为更广背景内的不可分的和最小的子系统。通常"组织人"（organization man）① 被刻画为"机器上的螺

---

① 学界普遍认为，"组织人"这一术语是美国社会学家威廉·怀特（William Whyte）在 20 世纪 50 年代中期明确提出来的。他在书中表达了一个事实："个体什么都不是，组织才是一切。"——译者注

丝钉"。然而，这种夸张的修辞却传递着一个重要的信息：人的意愿和理性不应屈从于系统的限制。无意中，这个口号也冒犯了那些以它的名义提出抗议的人：在任何机器中从来不是纯粹螺丝钉的人们，具体的个体们。在每个机构的框架内，他们依然是负责任的主体。的确，就他们的工作是由系统的中介链接在一起而言，他们彼此起到了纯粹手段的作用。然而，在所有面对面的接触中，那些直接互惠的接触，无论他们本质上是合作的还是冲突的，他们彼此的联系不仅仅是就职能而言的，而且是就人而言的。或者，起码他们**能**以这种方式彼此联系。在每种面对面的情境中并非每个人与任何其他人的联系都能就人而言的。某些人总是被视为只是一项职能的执行者。然而基本上，在诸机构内人对人的（person-to-person）关系是可能的，而且机构的-功能的框架并不阻止男男女女们遵守绝对律令的实质公式，一条建议人们应该将另一个人不仅仅当作纯粹的手段也当作目的（以他或者她的人格）的公式。

【92】 由此可见，机构的-职能的关系并不阻止任何人遵守引导性的道德原则或者践行之前已经讨论过的所有的美德。正如先前所提到的，甚至可以遵从给予-接受-回报的规范，除非对它们的遵从与机构自身的规则相冲突。当我们从日常生活转向机构的语境时，涉及那种改变的并不是规范、原则和美德（或者恶习）的**类型**，而是对诸原则的**诠释**和**应用**以及某些价值得以实现的**方式**和**强度**。因为人们在机构内并不以他们的"整体"（wholeness）彼此相遇，仅仅是以他们存在的一个或者另一个方面彼此"接触"，所以他们不能以直接的个人联系中的正常强度转向彼此。事实上，如果他们这样做了，就更加荒谬。倘若哲学家、社会理论家和评论家都知道其他每个人在做什么，我就会为还提这样一种陈词滥调而感到完全羞愧。但是他们讨论着"机器上的螺丝钉"、纯粹的职能或者角色扮演者，其自我就像挂在衣钩上的外套一样。正是由于他们，人们才不得不考虑显而易见的问题。

在本章第三部分中已经提到普遍的引导性的道德原则（"照顾其他人""不要故意伤害他人"）不能被抛弃，尽管对这一原则的某些具体的诠释，就它们与机构的规则相冲突而言，可以被抛弃。（也已经提到，如果对这一原则的遵守与普遍的准则、规范和法令相冲突，那么它可以被抛弃。）顺便说一句，如果我们再次简要地看一下对这一普遍的引导性原则的诠释目录时，我们看到，实际上很少有具体化的原则能与对机构的规则的遵守相冲突。在大多数情况下，我们更是注意到在较低层次的参与、承诺和情感投入上，强（strong）原则变成弱原则，加强语气的（intensive）原则变得没那么强了，而且在这里我们需要达成相互理解的事务变得不那么紧迫或者重要了。人们应该既在机构的框架内也在机构之外的私人交往中真正顾及他人的脆弱性；这种不同在于人们如何显示这种关注。在两种情境中，人们不应该使另一个人难为情和遭受嘲弄，或者蔑视另一个人（除非道德上有正当理由）；并且在两种情境中，也应该帮助另一个人"保全面子"。在这两种情境中，人们都不应该操控别人或者使他人处在监护中。然而，引导我们如何回应别人对作为一个整体的人的我们的需要的原则脱离了机构内的语境，而建议我们学会表达我们感情的原则只能以非常低调的方式应用。（例如，人们不应为 【93】 了利益而对自己不佩服的人表示钦佩。）真正考虑他人的自主在机构内与在机构外一样关键。再一次，随着应用于大多数的机构中，对这一原则的一些具体诠释听起来很奇怪或者脱离了语境（例如，即便分离引起痛苦，仍建议一个人离开）。最后，无论我们是偶然还是选择在一起的，无论我们想要充分的还是仅仅部分的相互理解，还是根本不想相互理解，无论我们的关系是永恒的还是暂时的，在所有的这些情况中，我们仍然被普遍的引导性的道德原则影响着。用另一种更清晰的表达，选择成为正派的人的那些人也将在机构的框架中遵从一般性的道德方向的原则——尽管可能是**弱的**而不是**强的**，但是他们将仍然遵从它们。

遵从一般性的方向性的原则的**弱**版本被称为"礼貌"（civility）或者"文雅"（urbanity）。谦恭（courtesy）和有教养（politeness）也是顺畅而不招人讨厌的人际互动的模式，但是它们并不包括**现代的**因素。礼貌和文雅是美德，适用于人类所有类型的邂逅、互动和交流，因为它们的核心是人们应该对彼此的"人格"给予**应有的尊重**。这一态度的"现代要素"正是给每个人的"人格"以应有的尊重/承认。文雅和礼貌因此蕴含着对称性互惠这种必要的成分：拥有自尊的人尊重拥有自尊的他人的人格。一般性的方向性的原则允许并建议更强的诠释。由更强的诠释引导的实践除了包含礼貌和文雅的美德之外，还包含很多美德。如果一般性的道德方向性的原则只以**弱**版本引导实践，那么一个人将以礼貌的方式行事，而不参与到任何比这要求更多的关系中。一个全方位礼貌和文雅的人遵守着这一道德方向性的原则。然而，他或者她并不一定对任何其他人有强烈的兴趣，或者有很深的关系。

一个正派的人以文雅而礼貌的方式与他人联系。在一个机构内，不需要更多；尝试越多有时反而以得到的相当少而告终。然而，文雅和礼貌并没有因人们在没有注意到它们的情况下坚持它们的一些手势或者修辞手法而穷尽。戴上适宜的面具或者排演合适的角色并不会使任何人真正礼貌或者文雅，因为没有任何面具正好遮住脸，常规的微笑表达着淡漠。真正的友善（friendliness）不能被排演，因为排演改变了其风格并且因人而异。广告代理商比很多社会学家更能意识到这一基本的人类事**【94】**实。他们知道我们不能被计算机化的文雅姿态所欺骗，因此他们通过假装他们是独一无二的人面向我们而欺骗我们。因为诸机构是建立在职能性分工基础上的，所以"注意"的姿态在它们中并不深厚，但是深度的缺乏并不等于无个性（impersonality）。我对你讲话，我以礼貌的方式对你讲话，而且在某种程度上这不同于我对另一个人讲话，明天我将以不同的方式对你讲话，这取决于手头的事情、你的情绪或者心境，等等。这听起来要求很高，但事实并非如此。戴上面具并确定它没有脱落下来比真正关注另一个人一会儿——即便不一定强烈关注——可能要求更高。

因此，日常生活的所有规范和原则在机构内部都依然有效。给予-接受-回报的规范亦是如此。即使某些回报的行为被优先规则在机构的框架内禁止，但回报的规范仍有效。在给予和接受中互惠的第一条一般性规范建议，除了在惩罚的情况中，人们不应发起中断给予-接受中的互惠关系，除非预期的互惠类型或者互惠关系本身是不正义的或者恶的（或者两者都是）。如果互惠关系（回报的行为）是不正义的，那就应用优先规则。因此优先规则与这种规范的一般有效性并不矛盾。（在给予–接受中）互惠的第二条规范最初仅限于日常生活（非职能性的、机构之外的形式）。然而，对于这条规范的几种诠释在机构内部也保持着其规范力量。

在一个平常的机构背景中并不会调动"全部美德"这一说法是一个无须阐述的道理。某些美德，尽管有时被调动起来，但并不经常被实践。人们在办公室或者在工作场所给年轻人讲授技巧而不需特定的酬劳是慷慨的。我们可以并且应该谈得较多的是"真实"的美德。在第六部分中，我列举了严重违反坦率、真实、值得信任等美德规范的典型模式。我也阐述了缺乏本真性的"个性价值"。为了避免基要主义，我介绍了诸多限制（一个人永远不应该跨越的边界、界限）；而且我已经避免了严格的禁律和戒律（即使是建议）。尽管前面的诸多限制谈论了"作为整体的人"（在其所有的人际关系中），但是在机构化的情境中它【95】们中的一些是完全相关的。以下是一些例子。习惯性地拒绝给别人知识或者信息的人（与机构的规则相反）不能成为正派的。一个许下诺言但不打算信守它们的人，或者一个假装行动和表现的人，或者一个习惯性地怀疑别人的动机和意愿、只认为他们有负面的动机和意愿的人也不是正派的。虚荣、愤恨、嫉妒和猜忌，这些日常生活中常见的恶习，在机构内比在日常邂逅中甚至更危险和更具破坏性。与别人不断地进行比较，这一众所周知的嫉妒的推动力（有时也是猜忌的推动力）在这里最得心应手。之所以如此，是因为机构的规则本身通过职能而对人们进行等级分类就会引起不断的比较。

纯粹个人的猜忌、嫉妒或者愤恨能对一个人或者一些人保持异常依恋。但是这种最初是非个人的、职能性的猜忌、嫉妒或者愤恨，因为根源于（机构化的）比较的实践，因而是综合性的和非依恋的。它很少爆发，而是被积淀为一种持久怨恨的性格品质，它会真正消耗人们性格中的健康而正派的内核。一旦它们成为恒定的，那么与琐碎的问题相关的纯粹卑劣的感受就能获得恶魔般的维度。在本章的第五部分中，我谈到了众所周知的正派的人们的"技能"。他们避开将会激活其最坏的情感意向的情境。如果他们避开很长时间，那么这样的意向在实践缺席的情况下就开始"萎缩"；最终，它们将成为毫无症状的。创造嫉妒、猜忌和愤恨的情境在一个机构中几乎不能被避开。因此，正派的人发展了一种"逆向的助记忆技能"（mnemo-technique in reverse）。助记忆技能（mnemo-technique）教给我们如何记住难以记住的东西。相反的技能教给我们如何在我们的记忆中放下问题，否则这些问题在我们的内心中挥之不去，会毒害我们。最后，本真性对于劝阻我们勿要不断比较有极大的帮助。因为本真的人并不特别想将自己与别人比较：他们就是他们所是的。

勇气是全部美德的一半。它是独立的美德，并且它支持所有其他美德的实践。假设人们接受了一个机构的框架，他们就必须保证一贯而持续地应用这种规范和规则，因为正义应该被实现。每当对规范的运用有缺陷时，正派的人都要站出来保护正义的事业。而且他或者她为了这样做就需要成为勇敢的。有时他或者她必须非常勇敢，因为在正义的事业【96】中的抗议行为可能会受到社会的制裁——尤其是处在顶层的人是不正义的来源时。

迄今为止，我们一直沿着正派的男男女女们的路径而行，这些人像其他每个人一样，离开家度过工作日，在不同的场景中、在机构内部，他们像其他每个人一样执行着一项职能。在这种一般的层面上，所有的机构都要求这样。然而，各个机构之间、各个机构中执行的职能之间存在着决定性的不同。而且，某些职能的履行隶属于其他的、相关的机构的成员身份——无论它们是社会的、政治的或者宗教的组织、社团还是工会，还是其他别的什么。① 无论这种隶属关系的性质是什么，事实依然是一个人卷入拥有另一套规则的另一机构框架中，而这些规则可以以

---

① 在极权社会中，非政治机构中的成员通常也不得不成为政治机构中的成员（例如：在典型的斯大林主义的国家中，一个工人一定是一个工会成员，一个管理者一定是一个党员）。这样的强制结合大大缩减了这个人的自主，在道德判断中无疑应该考虑这种情况。超功能的机构在极权社会中绝不存在。当一个社会开始去极权化的进程时（即多元主义在社会领域中、即使不同样在政治领域中，得以接受而不只是容忍时），某些超功能的机构就能出现，即使国家依然是极权的（即政治多元主义依然是非法的）。

一种公正或不公正的方式被运用。此外，存在着拥有自己的或松散或严密的规则集的超职能组织。即使并非所有起步阶段的（工作）机构都充满着一种习俗（尽管加布尔雷思［Galbraith］提醒我们它们通常都充满着），但是与职能相关的辅助机构和超职能的机构都要求某种推动或者假装推动它们的诸规则、原则和理念忠诚。如果某人意识到在成为一个机构的一员和执行另一个机构的职能之间的不一致，那么看起来产生碰撞的通常并不是两套规则，而是两种不同类型的习俗，或者看起来是一套规则的总体精神与另一套规则相冲突。在这种冲突中，无论这种习俗是紧密的还是松散的，都并不相干。

两个机构的成员身份引起的冲突能够强加在一个人身上。但是，如果冲突不存在，那它们究竟是否产生就是一个感知问题了。未曾选择自己而是让别人为其选择的人们很有可能没有意识到这样的冲突。严格说来，对于他们来说根本不存在冲突。他们将成为学会在每个机构中都稳妥行事并因此失去自我的角色扮演者。正派的人的道德性格中的某些品质将使他们敏于这样的不一致。这些品质是真诚、自知，以及最重要的是愿意问"我应该做什么？"或者"对我来说做什么事情是对的？"这种决定性的问题，进而，他们将寻找这一问题的答案。

如果这种问题是出于道德上的动机（不过不是从道德上提出的），那么一些选项就向正派的人敞开着。他们当然可以离开其中的一个机构。在这样做的时候，他们肯定会消除道德的不一致。假设他们可以离开两个机构：他们应该选择哪一个呢？让我们进一步假设两个机构的任【97】何一个的习俗本身并没有问题，但假定一个人完全不能同时接受两类习俗。如果是这样的话，决定在本质上将是实用的，而不是道德的：这个人遵循自己的品位、兴趣，等等。但是，就因为这样，一个人必须首先弄清楚是否真是这种情况，是否一个机构的习俗本身或者两个机构的习俗本身确实不存在问题。①如果事实证明其中一个机构的习俗本身的确存在着问题，那么正派的人的决定将确定无疑，不受所谓的实用考虑的影响。但是，如果它们两者中都确实存在着问题会怎样呢？正派的人应该

---

① 对于细节，参见《超越正义》第三章。

从一个还是两个机构离开？人们如何解决这种困境？

我们的正派的人有第二个选项：决定待在两个机构中，但是违反其中一个的某些规则并因此消除道德的不一致（通过"私下"放弃纵向划分的机构的非对称的特征、不服从命令或者避免下命令）。因为这种态度包含着违反规则的道德风险，所以它比在第一种方案中弄清楚哪种机构规范在道德上有问题或者错误更为重要。但是就制度化的规范和规则而言，什么是"正确的"和"错误的"衡量标准呢？如果它们确实存在，那它们有多强呢？

还存在着第三个选项。我们的正派的人可能得出如下结论："我将不会不服从；我将不会避免下命令；我将不会试图'私下'放弃机构的层级规则。但是我将转向那些与我处境相似的人（一种对称性互惠的行为），并试图使他们信服集体行动的必要性。"然而，我们的正派的人应该弄清楚在两个机构的哪一个中他或者她应该需要集体行动，以便于做正确的决定。因为就一个其机构的规则是非正义的机构而言，不服从是正当的，然而，如果其规则是正义的，那么不服从就不正当。

第三个选项中既有最小的也有最大的道德风险。规则或者规范的正义与否很大程度上依赖于根据这些规范和规则生活的行动者的感知。如果对需要集体行动的回应是热烈而广泛的，尤其是如果其他人已经质疑相关的规则的正义时，那将几乎不牵涉任何道德风险。相比较而言，如果集体行动极力反对一条规则，而这条规则的正确性尚未受到质疑，如果集体行动的发起者努力征募他人参与到他们还没有真的想要发起的集体行动中，那么道德风险是巨大的。诸行为或者这种行动与一般的道德方向性的原则（"照顾他人的自主"）公然对立。

最后，存在着第四个选项。我们的正派的人将不会离开任何一个机构，不会私下或通过发起集体行动而违反任何一个机构的规范。相反，他或者她将转向公众并对一套特殊的有效的规范和规则提出强烈反对，表明它们需要被改变，也指明它们需要改变的方向。他或者她将提出充分的理由指出（"证明"［prove］，在动词**证明**［*probare*］最广泛的意义上）有效的规范是不正义的，甚至是道德上恶的（这比不正义的更糟），并且表明应该改变它们并用可替代的（正义的和善的）规则和规范代替它们。

这就是伊曼努尔·康德在他著名的论文《什么是启蒙?》中提出问题的方式。众所周知，康德区分了我们理性的私下运用和公开运用（the private and the public use of our reason）。康德表明，在一个机构内，我们处在一个限制我们理性运用的"私下的"领域中。我们不得违反我们所属机构的规范，即便我们深信其规则是不正义的和错误的。如果我们不离开我们自己的自由意志的机构，那么我们更应该做的就是转向公众并为改变规则而辩论。当然了，康德假设每个人都熟悉一种真正的道德争论的标准。但是我们的主角，正派的人，还没有达到这个阶段。他或者她要知道这样的标准应该存在，否则人们将不能进行一场论争及提出令人信服的理由证明一种不正义（或者道德上错误的）的规则的无效性以及正确且正义的规则的有效性。

向正派的人敞开的这些选项的清单已经令人信服地表明这样的结论，所有的他或者她寻求的切实可行的选项总是以"我应该做什么?"这一问题结束，这是一个他或者她在一开始，在意识到从道德的视角看不同套的规范和规则之间存在不一致就提出的问题。正派的人在那种境况中面临着各种各样的选项，包括确定哪一套规则比另一套"更好"以及它们中的哪一套更正当。此外，他们必须弄明白每当给予–接受–回报的规范与机构的规则相冲突时，它们是否应该真的被放弃。他们必须弄清他们是否应该在每个时刻都遵守机构的规则，或者是否存在着一些违反这些规则比遵守它们更好的时刻。他们必须弄清是否以一种私人的姿【99】态或者以集体的行动违反不正义的规范更好，也必须弄清何时他们应该从这些选项中选择一个。他们必须找到确切表达最合理的论据以证明某些规范是不正义的以及阐述哪种替代的规范会是正确的和正义的方式。这些问题是异质性的：它们在不同的关头出现并且在一般性和具体性的各种层次上被确切表达。在我们努力朝着正确的方向前进中，就需要一根拐杖来支持我们。

在这里经验规则（the rule of thumb）无济于事，因为一个人必须首先有正确的方向。因此正派的人可能转向以一般的道德方向性的原则（连同所有对它的或多或少的具体诠释）为引导。因为这一原则是一般性的，所以它为所有可能的情况、所有与道德相关的可能时刻提供引导。然而，这一原则是方向性的这种情况须提醒行动者要伸手去够一个道德拐杖：方向性的原则没有资格作为普遍的衡量标准，因为我们不能应用它们以**确定**哪种规范或者行动是正确的以及哪种是错误的。"照顾他人"；"不要故意伤害他人"。如果在一项行动中你是一个参与者，其目的是将人们从他们的家园中驱逐出去（倘若这是你的工作），那么你仍能照顾他人（甚至照顾那些被你驱逐的人），你仍可以通过说你不是故意伤害他们而抚慰你的良知。唉，你做了你不得不做的事情，他们做了他们不得不做的事情。一般性的原则因此仍然可以引导你，尽管以一种不太显著的**弱**版本。然而，从这里并不能推出：驱逐人是正确和正义的，或者你不应该对它存有疑虑，也不应该思考管理住房的规则以及住房分配的规则是正义的还是不正义的、对的还是错的、比可能的选择方案更好还是更糟。

此外，确切表达引导性的原则是有附加条件的，大意是说：一个人不应该做 X 或者 Y，**除非道德上有正当理由**。这很有意义，因为存在着不止一条与任何特定的情境相关的引导性的原则。多条原则能够导致困境——例如，在"表示蔑视"的情况中。人们通常不应该对另一个人表示蔑视，但是在一些场合中，这在道德上有正当理由并因此是不可避免的；因此一个人必须权衡情境并选择。原则，它只是一方的选择，不能同时充当决定优先权的标准。

在第三部分中，在列举出一些引导性原则的地方，我们无意中发现某些也可以充当**一般性规范**的原则，就此而言，它们本质上不是引导性的（orientative），而是**构成性的**（constitutive）。我假设，当一个正派的人开始寻找更多一般性的衡量标准时，他或者她将精确地找到那些熟知的禁令（"不要谋杀""不要强奸"，等等），尤其是源于一些引导性原则的唯一的构成性原则。这规定了，"不要侵犯他人的身体或者灵魂；不要因其种族、性别或者其他群体的成员身份而操纵他人或者监护他们"。

我们已经使好人处于困境中。他或者她感到了，甚至意识到了，成为两个拥有不同类型习俗的机构中的一员存在着不一致，每一个都与另一个相互矛盾。在寻求解决办法的过程中，他或者她逐渐懂得首先要做的事情就是找到"对我来说做什么是对的？"这一问题的答案。这一问题不能通过依赖于日常生活的道德资源、经验规则或者一般的方向性的原则来回答。熟悉正派的人的每个人也都知晓他们的道德直觉有多好这一事实。因此他们中的一些人可能在这样的冲突中仅仅依赖他们的直觉就可做出正确的选择。然而，即使最好的直觉在无法预料的情况中或者在任何人还未曾获得日常或非日常经验的全新的机构中也能够失败或者犯错。直觉如果以生活经验作为后盾，那么它是好的，否则它就是不稳定的。认识自己是偶然的以及意识到现代社会的偶然特征的正派的人们肯定不敢依靠单独的直觉。因此他们找到迄今为止唯一的呈现它自己的解决办法。他们将得出这样的结论，应该使用唯一的普遍的衡量标准、由我们自行支配的单一的构成性的道德原则："不要侵犯他人的身体或者灵魂；不要因其种族、性别或者其他群体的成员身份而操纵他人或者监护他们。"一个人依赖这个拐杖能走多远还有待观察。然而，如果事实证明它是一个可靠的拐杖，那正派的人就会使用它。实践就是经验：人们越是学着应用一种衡量标准，就越会应用它，积累的经验也就越多。因为新获得的经验，正派的人的直觉可能再次出现并成为一个好的向导，与它在日常事务和情境中已经证明自己是一样的。

八

哲学是一座由哲学家们管理的城池。一座想象之城很容易管理：人们梦想的东西可以被梦想为完美的。但是想象源于经验；哲学的想象亦如此。正如黑格尔评论过，柏拉图的《理想国》的线索就是希腊的伦理。通常，前现代的道德哲学家们保持着自己伦理世界中的正直的【101】人（好人）的态度。现代道德哲学可以延续这一传统并同时在新的路径上寻求突破：它可以向所有偶然的人讲话，无论这些人是什么伦理中的一员。在第一章中已经谈论了很多这种态度的结果。在这一点上，应该加入一些新的思想。

在现代道德哲学中，偶然的人跟其他偶然的人讲话。正是由于这一原因，著名的"权威的问题"是可以消除的。但是并非每个与我们共享世界的人都是一个偶然的人。在这里已经谈论的关于正派而偶然的人的许多事情——但不是所有事情——对于正派而非偶然的人也适用，无论他或者她自己的特定的伦理如何。在一种传统中得到认同的东西在另一种传统中可能完全被拒绝。然而，我希望这里所说的一切对于现代的、偶然的和正派的人都很适用。这不是说要对这种道德哲学普遍赞同。而是我希望所有偶然而正派的人都与我有相同的信念：我一直在描绘的这种人是**好人（正派的人）**。他们可能仍然拒绝这种哲学，认为它是无聊的、太普通的、最繁杂的、最抽象的、幼稚的、雄心勃勃的或者其他的什么。**然而，在我的哲学中我寻求的并不是共识，而是赞同，**赞同我声称的"好人现在存在"这个句子是真的，以及赞同我对"他们现在是如何可能的?"这一问题的答案的真实性。

在我关于正派的人的所有陈述中，我已经假设我们的人栖居在一个**现代的**伦理世界中。我已因此假设伦理（共同的价值，以及与其相连的所有合宜行为的规范和规则，包括美德规范）不是同质的，而是分化的，有时是碎片化的。我也已经假设它可以是松散的，也可以是非常紧密的，或者在一个领域中是松散的，而在另一个领域中是非常紧密的；并且假设我们的人可以选择从一种伦理转移到另一种伦理，或者可以同时处在几种伦理中。最后我假设在偶然的人的生活中不同的伦理之间可能会产生冲突，这些偶然的人都处在选择、接受、拒绝和改变中。为了不混淆这些问题并保持准叙述的讨论风格，只是在讨论这种冲突中，我首次提出了正派的人处在**道德反思的状况中**。然而，正派的人即使在最基本的日常生活的场景中也采取道德反思的姿态。这种情况始终被预设，从对一般的道德方向性的原则的解释中所加上的许多限制条款，必【102】然明显看出这一点。要弄清这些条款是否适用，需要道德反思。再倒退一步，我们得到了对善的存在的选择：选择自己就是认识自己；自我认识是自我反思的，而且在这种情况中也是道德的。自我反思属于正派的人存在的内在本质。

反思（和自我反思）很少与行动分离。它可以先于行动，可以与行动相伴，或者可以呈现为"事后想法"。倘若反思在一种特定的伦理的框架内得以进行，那它与直觉完全相连，以至于没有任何理论上的剪刀能将它们分开。然而，如果涉及两种伦理之间的冲突，那么反思就不能诉诸一种或者另一种伦理。道德反思因此必须与直觉分离；在反思持续期间，行动本身应该被搁置。

一旦我们有了相互冲突的偏好（conflicting preferences）（因为我们不能同时采取两种行动方案）或者我们被卷入了道德冲突本身中（两方都有一定程度的好，但是我们不能同时选择两者），我们就会寻找一种**比较的标准**。我们需要一个标准来决定哪个选项更好——实用的、道德的或者其他的。就道德冲突而言，这个标准一定处于更**一般性**的水平上：通过使用一个抽象的规范（或者多个抽象的规范）来比较两个具体的规范；通过使用一个一般性的规范来比较两个抽象的规范。为了达到这样的目的，一个标准越一般，它就"越高"。就冲突而言（无论是道德冲突还是其他冲突），人们试图基于完全理性的理由做决定。要么其他人告诉你应该做什么（在这样的情况中，你没有选择），要么你不受地位较高的人的指导，而是为自己自由选择——然而你需要一个和假设的地位较高的人一样"高"的标准，或者至少比你自己高的标准。它是使你做出一个正当选择的客观的"更高的标准"。

"更高的"规范（一般性的，普遍的规范）并不能给予我们决定的自由（因为它们的存在毋宁说是这种自由的结果），而是它们提供给我们在道德优先权可以确立的情况下去确立恰当的**优先权**的机会。因为当没有任何道德优先权可以被确立时所出现的问题直到第四章才会讨论，所以我们将把讨论限制在比较可能或确实会引起确立这种优先权的情况中。

现代的男男女女们已经发明了一些一般性的（普遍的）规范、准则和原则作为道德决定中，也作为那些其内在拥有道德方面的社会的–政

【103】 治的决定中的最高的（客观的）权威。他们之所以发明它们是因为他们需要它们，是因为他们需要从广泛的价值、美德和规范的范围中进行选择，而且是因为他们必须弄清应该给它们中的哪一个以优先权。他们之所以已经发明了一般性的-普遍的规范，是因为面对着相互对抗的各种规范（社会的、政治的、法律的），他们需要弄清哪一个最好或者最正义。他们之所以已经发明它们，也许是因为他们已经决定使一套特定的价值优先于其他的价值，并且想要证明他们已经做出了正确而真实的决定，证明它们的优先权是被理性地创建的。他们需要那些一般概念（universals），因为他们已经拒绝接受某些传统的规范，认为它们是低级的、不正义的、有缺陷的以及不完美的。而找到更高的规范（比较的标准）似乎是证明这种预判正确、正义和真实的路径。没有哪个本体论的-形而上学的理由称一般性或者一般概念"高于"特殊性或者个体。就它们**对于我们而言是**更高的，它们就是更高的，因为作为现代人，就我们需要某种标准而言，我们需要它们更高。我们不需要一个以单一的（而不是普遍的！）人的身份体现出对我们有支配权的**领袖**。把一般概念放得"最高"可以表明在理性论证中的一种立场。我们正是在这种意思上运用普遍的和一般性的断言，而且正是我们才使用它们。当我们缺席时，它们中将没有任何东西能使它们内在地高于任何其他的东西。思考人类是否比一个人"更高"甚至听上去有些愚蠢：人们根据什么能比较它们？一般性的（或者普遍的）术语、范畴、规范和准则以其能使其他的范畴、规范、规则或者价值**可以比较**的能力来帮助我们。比较的目的是获得优先权这一问题（即，人们应该记住的正派的人的问题）的答案。然而，如果一个人将一条一般性的规范和一条特殊的、一条具体的规范进行比较，或者将一个普遍的概念和一个特殊的或"个别的"概念进行比较，那么这种比较就变得毫无意义——而且，也是误导性的。它不能引出与道德优先权相关的决定，毕竟，这是比较的要点。

　　概而言之，现代的男男女女们之所以已经发明了某些普遍的规范、准则、规则、原则和更多其他的东西，是因为他们需要它们。实际上，每个人都需要它们，但是正派的人比其他人更需要它们。因为如果在有效的规范和规则以及好人的直觉都不足以确立优先权的情况下出现一种冲突，他们只有依赖一般概念和准则的判断，才能保持正派的。

哲学家们，毕竟是与其他人一样的现代男男女女们，都有这种需要【104】和经验。正是由于这个原因，他们才对"自由"和"生命"这两种价值的普世性提出充分的理由。正是这样，他们已经"发现"——更确切地说，已经提出——普遍的准则、规则以及类似的比较的标准。他们并没有"发明"那些一般概念；发明是一种集体的行为。然而，他们已经以一种易懂的方式确切表达了它们，对它们的明确表达已成了不同哲学的标志。现代伦理，肯定属于上述意义上的那种普遍主义，已经被转换成哲学体系和命题。所有的这些碎片都被拼接在一起做成了各种各样奇妙的拼图游戏。然而，当谈到伦理学时，这样的拼图游戏就存在着问题。一般概念、准则，甚至是诸如"自由"和"生命"这样的普遍价值，都是现代的男男女女们支持的并通过他们的行动和创造具体化的**我们的形象**和**我们的生活形式**。哲学太推崇它们了。一般概念被崇拜并且被视为本体论的实体。它们被盲目崇拜，而我们，单独的个体或者个人的事业，应该给它们鞠躬。一般性的规范和准则被理解为一种诉求的法庭，不是被理解为人类事务中人造的至高无上的裁决者。这种对一般概念的小题大做当然已经引起了一些怀疑并引发了对人们的一些尖酸刻薄的评论，评论这些人在其对世界历史和人类的终极承诺中，从来不帮助、尊敬或者关爱单个的人。现代男男女女们，这些已经提升并提取规范和价值，而且把它们用作（比较的）普遍标准的人，并不准备让自己消融在抽象概念中。就他们是正派的而言，他们也不愿意让其他人消融在这样的抽象概念中。因为正派的人一直将一般的道德方向性的原则及所有的具体的引导性的道德原则记在心中。人们无法尊重抽象概念的敏感，无法减轻抽象概念的痛苦，无法信任抽象概念，无法注意抽象概念的脆弱性，无法善待抽象概念，无法帮助抽象概念保全面子。然而，人们需要所有的那些抽象概念。因为如果人们没有它们，那么在最困难的（有时是最关键的）选择境况中几乎不能区分好与坏。

除了一般概念的最终具体化之外，哲学拼图游戏有第二个令人怀疑的特征。这个特征同时也是它的长处：在拼图游戏中，所有的碎片都很合适，因为它们被组装在一起。好的哲学是总体的和整体的；它们应该依赖其自己的根基。没有哪种**完整的**哲学对较少感到满意。它属于被称为哲学的语言游戏，这种游戏必须将一般概念呈现为体系内在的抽象概念。一般概念的普遍性，无论它们是价值、规范还是准则，都应该得到证明。坚称一般概念已经被我们确切表达，坚称它们是我们能完全遵循（因为我们肯定遵循）的有用标准是对体裁的严重冒犯。一般概念必须被**先验地演绎**，以其"道德律"的身份，我们**发现**它但我们并不为自己立法，以其先验的人的语言、人的行动、人的创造的条件的身份——取决于人们创造的范式。现代的新新新康德伦理学在创造普遍的准则和规范时非常巧妙；我已经通过提出至少五个普遍的原则、一些一般性的规范等发挥了我的作用。

【105】

要重复这部分开始时的说法：每个哲学家都管理着其自己的城池（其自己的哲学）。因此，如果哲学家愿意，那么他或者她就能在特定的体系内一致而清晰地推演出一般概念。这样的推演在哲学体系中是重要的：就一个人玩一种（语言）游戏而言，这个人必须遵守规则。哲学是一场壮观的语言游戏；它也要求我们以我们自己的方式把拼图的碎片拼在一起。然而，就一般概念（准则或者普遍的规范）本身而言，**它们究竟是被先验地推演出的，还是被简单地"宣布的"，还是被（经验地）"指出的"完全无关紧要**。如果它们是以"让我们提出一般概念和准则作为标准，通过它来比较可供选择的几套行动规则或者模式，以弄清楚怎么做将更好或者最好"为主题的版本，那么一个普遍的公式就和另一个一样好。在使用这些一般概念时，我们甚至可能忘记了最初推断出、润色、绝对化以及尊崇它们的哲学。只存在一种例外：实质性的绝对律令的公式。即便康德没有别的构想，那他将依然是现代哲学的最伟大天才。他发现了所有其他东西都源于此的基本准则（或者律令）。人们即使对康德的哲学一无所知，也能完全认同这个公式。人们不需理解其哲学基础，就能认同他能想到的这条**最简单的**、最激进的、最清晰的以及最庄严的普遍的准则，它规定了人们永远不应把他人当作纯粹的手段，也应当作目的。

最好的准则也是一种哲学构想的重要性的最好例证。这条实质性的绝对律令的公式不是由康德而是由他之前的现代男男女女们"发明"的。理查逊（Richardson）的女主角克拉丽莎（Clarissa）① 已经确切表【106】达了它，而且理查逊本人也许已经从他的密友那里学到了它，他的密友对他说了女人的命运、担忧、美德和爱心。康德用一整套体系证实了这个公式。他先验地演绎它，将之作为绝对律令这一主要公式的一个说明，因为它太形式化了，以至于无法作为现代的男男女女们的好的指南——这就是他使它在那些学习他的哲学的人心中留下深刻印象的方式。后者，就其自身而言，保留并传播了这一公式，而其他的准则和普遍的律令都被忘记了或者被边缘化了。**这一"手段-目的"公式是构成性的道德原则的普遍化并同时是它的绝对化，其自身从用作一些与其他人的自主相关的引导性原则的禁止性版本中获得其合法性。**

对于我来说，尽管康德的公式看上去是不可超越的一般准则，因为它以某种方式包含着所有其他准则，但是我并不主张我们赞同它作为比较的**唯一**标准或者作为一种特定的"行动选择"的唯一指南。这听上去可能很奇怪，但即使一般的准则也需要明确规定它们的**用法**。这条准则告诉我们，"我们永远不应将一个人视（treat）（利用）为纯粹的手段，而同时，要一直将之视为目的"。但是我们可能会问，我们实际上**在什么时候视**（利用）一个人为纯粹的手段？在百货商店里，当我们从女店员那里买一双袜子的时候，我们"视"这个人为纯粹的手段了吗？我们肯定将女店员当作达到我们自己目的（买一双袜子）的纯粹手段，因为我们完全可以从一台自动售货机那里买到袜子。人们可以声称，在从女店员那里买一双袜子的过程中，根本没有视（利用）这个女孩为纯粹的手段，换句话说，这个人既没有将她视为手段也没有将她视为目的。此外，视某人"为目的"是什么意思？如果我们用与自主相关的引导性原

---

① 塞缪尔·理查逊（Samuel Richardson）（1689—1761）是英国18世纪重要的小说家，克拉丽莎（Clarissa）是其代表作《克拉丽莎》（又名《一位年轻女士的生平》[1748]）中的女主角。——译者注

则的术语来诠释"目的",那么肯定的和否定的表达都似乎太强,以至于在这样的情境中讲不通。在买一双袜子中,正常情况下,我不可能给对方造成肉体上的伤害、使之受到羞辱、抑制至关重要的信息、给对方施加影响、运用我的领袖气质、使对方产生经济上的依赖、让对方受到监护,等等。此外,依据释义,引导性的原则把情境的评估留给我们自己斟酌,这是绝对主义的表达不应做的事。然而,在这种情况下,正是"手段–目的"这个公式,而不是与自主相关的引导性原则在其应用中需要我们自己斟酌。"视某人为目的"的一个弱定义也得以提出。在这种理解中,被认为是理性的行为者和独立的人(正如那个女店员的确是的那样)的每个人都被视为目的。然而,这样的诠释使这个公式太弱

【107】 了——实际上它是如此弱,以至于除了奴隶制、农奴制和完全的暴政之外,它可以用来授权给几乎所有的行动和人际关系。

所有的这些不是对康德的反驳,他已经敏锐地意识到了这种窘境。为了避免窘境,他提出了这一空泛及形式上的绝对律令的版本,并且提倡把非矛盾性作为我们准则之正确性的唯一而完全的标准。就我而言,我宁愿直面"手段–目的"公式的挑战。**我建议接受"手段–目的"这一公式作为普遍的准则**。我主张的是每当我们希望弄清楚这个或者那个特定的行动方案是正确还是错误的时候;如果冲突出现时,这个还是那个机构的规则应有优先权的时候;每当我们拒绝接受或者否定现存的规则和规范,将之作为不正义的或者错误的,并且主张可供选择的规章为正义的(更加正义的)和正确的时候,我们都应该牢记这个准则。**然而我建议接受"手段–目的"这一公式作为绝对的和引导性的普遍的准则**。这个限定条件听上去是反康德的、非哲学的以及有失风雅的,也许它是这样。然而,我提出这样一个并不规范的公式的动机既不是优雅也不是哲学精致。我一直记得那些好的男男女女,他们想要弄清楚他们何以能成为他们所是的——正派的人们。我充分意识到他们的困境。他们生活在一个多元化的道德世界中,并且作为偶然的人们,需要弄清楚采取哪种方式。这就是他们在努力朝着正确的方向(如果这样一个方向确实存在的话)前进时寻找一个拐杖来支撑他们的原因。

这一"手段-目的"公式很好地充当了普遍的拐杖，但是必须有附加条件，即对于"看待"和"视某人为目的"的行为的诠释则由行动者自己斟酌（它使准则成为引导性的）。如果行动者愿意，那么他或者她能给这条准则以一个非常强的诠释。最强的诠释在人类交往和联系中将很可能盛行。但是，如果最佳的选择是一种需要最弱诠释的行动，那就允许选择一种最弱的诠释应用的行动方案（或者机构）。这绝不是做过于琐细的分辨。本质上是政治的或者社会的选择中，绝对主义可能会引发灾难。只容许对准则做最强诠释的人将不能根据其提供的自主的程度来比较诸多机构。在下一章中我将讨论，如果没有一定剂量的相对主义-实用主义，政治实践何以变得不可能。接受"手段-目的"这一公式的绝对主义版本实际上意味着对其绝对断言的严格限制，以至于使其完【108】全无效。因为在这个公式中的确存在着一个绝对的断言：它**绝对禁止**做违反其最弱诠释的准则的行为，或者**绝对禁止**接受这种依据释义**自开始**就使人们工具化的机构、组织或者规则群。一方面，正派的人能舒适地依赖这根拐杖。另一方面，一根在哲学的车间中被雕刻得如此完美、如此优雅的拐杖在使用中将会断裂，因为对于日常应用来说它太精致了。

我们永远不应该把其他人视为纯粹的手段，而且要视为目的本身：正派的人在**道德反思**的过程中牢记这条准则。道德反思不是独自的事务（就像对善的生存选择一样）。男男女女们讨论议程表上的问题；他们互相咨询，他们寻求建议。在选择的特定情境中，是对绝对的方向性的普遍准则进行强诠释——也许最强的诠释有道理，还是对其进行最弱的诠释有道理，通常并不是由一个特定的行为者、一个社会的单子单独决定的，而是通过集体的或者准集体的商议来决定的。在这种商议过程中，男男女女们都构想一些可以被视为对绝对的-普遍的引导性准则进行诠释的一般指导方针和原则。以一种更谨慎的表达，可以说并非所有这些指导方针都将具有这种资格，但是它们中的一些有。哲学家们，如果他们非常想的话，将能从绝对的-普遍的引导性的准则中（在逻辑上）推演它们，能够把它们（毫无矛盾地）与这条准则关联起来，并阐明它们仅仅是对它的诠释而已。正派的人们（真正的人类行动者）并不经常进行获得哲学一致性的尝试。他们反而对这样的原则有一种"感觉"，这些原则将充当可靠的指导方针，以及阻止我们在处理某个政治问题或者社会问题时，在一种或者另一种境况中工具化其他人。

尽管正派的人们完全能意识到，人们可以认同最精彩和最完美的原则，但是如果他们缺乏决心和能力，一切都无济于事。在所有的道德事务中，决心和能力需要美德。美德的发展需要某些美德规范和其他道德规范在场。因此，正派的人还将反思这个问题。如果保持自主态度的某些美德也能被普遍化，那么普遍的准则就可以被遵守，并因此持续下【109】去。正派的人将调动其想象，以找到那些应该被普遍化的美德，使普遍的准则继续存在。

接下来，我将推荐某些被普遍接受的准则。然而，在我冒险提出这样一个略显不谦虚的提议之前，首先想要澄清我所说的"我推荐""某些准则"以及"普遍接受"的意思。

就我推荐某事而言，我是作为一个已经参与到一场和其他偶然的人进行的关于现代**习俗**的讨论中的偶然的人做这件事的。我知道的有关伦理道德的一切都是从我父亲以及其他的我所熟悉的正派的人那里——而不是从哲学书本中——学到的。后者只是帮助我将我已经知道的东西表达得更好。大量的偶然的人以与我同样的方式思考——这是我的生活经验。我没有发明我将要列出的这些准则；我把它们从别人那里接管过来。这些准则中的一些首先被康德所表达，尽管他也没有发明它们。还有一些准则是直接从正派的人的实践中提炼出来的。

我推荐**某些**准则；通常我并不推荐准则。如果人们相信有一种**永恒的道德律**是绝对的，它可以被发现也可以不被发现，但它永不会被修改或者改变，进而，如果人们相信所有的准则都能从这个永恒的道德律中（逻辑地）推演出来，那么他们就能理所当然地声称已经提出了所有的道德准则。然而，如果人们相信普遍的准则是由已经在**普遍性**的范畴下选择自己，由那些需要准则是因为他们想要成为他们所是的，即正派的好人发明的，尽管这些人是偶然的也因为他们是偶然的，那人们就不能宣称已经提出了所有的普遍准则。人们宁愿邀请其他偶然的人将自己的建议增加到这份清单上，或者对别人已经阐述的关于准则的普遍性主张表示怀疑。因为我属于第二个群体，所以我推荐接受的只是某些道德准则。没有人知道，而且也没有人会知道，在**我们的**无知之幕背后是否隐藏着一条我们只是偶然瞥见的永恒而绝对的道德律。无论对这个想法进行思考是多么值得的一项任务，它都毫不增加偶然的人的正派性。偶然的人的最大道德志向是**如果一条永恒的、绝对的道德律存在，就推荐这样的可以从这条道德律中推演出来的普遍准则**。①

　　运用"普遍的接受"，我并不是指每个人都接受这条准则的有效性主张。在一种道德哲学的框架内，"普遍的接受"是一个更为适度的说法。因为对普遍准则的需要是从偶然的人的道德境况中产生的，所以只是偶然的人接受它们就等同于普遍的接受。普遍的准则概括了现代偶然【110】的人的实践和规范。他们将其概括到如此高的程度，以至于这些普遍的准则能够占据"最高的"位置。宣称对普遍原则的普遍接受只是重复在这种道德哲学一开始做出的那种**姿态**。一种道德哲学回答"我应该做什么？""对我来说怎么做才对？"这些问题，它只能对准备问这些问题的人讲话。对于所有其他人，其中包括那些把伦理道德嘲笑为过时衣服的人，道德哲学用单一的姿态来面对：选择你自己！（依据普遍性的范畴）选择你自己作为一个正派的人。"普遍接受"的说法正是重新表达了这一最初的姿态。

　　人们可能对"普遍的准则"这一词汇感到担忧，因为如果这样的准则都没有被所有偶然的人普遍接受的话，那么何谈普遍的准则？因此在澄清时人们应该加上"普遍的"这个术语，其在这里并不代表"被每个人"，而是代表"朝向每个人"。实际上，正派的人们在其与每个人的关联中遵守着普遍准则，无论这些人是现代的还是前现代的、正派的还是非正派的。如果不把相关联的每个人都当成真正自主的人，或者至少不把他们成为自主的看作依赖于我们的，那人们就不能信守引导性的自主的原则。要是只有一个人创立并且宣称其因经验的普遍化而具有普遍

———————

　　① 桑德尔（Sandel）提出了一个相似的主张。尽管我与桑德尔以"社群主义"批判罗尔斯（Rawls）的正义论的实质不同，但是我觉得这一构想很好。

性，那这条准则是否真是普遍的则是一个学术问题。实际上，存在着大量使这样的普遍准则成为可接受的正派的人。

在这种必要的迂回之后，我将如承诺过的那样，开始推荐某些普遍接受的准则。我已经建议把"手段－目的"这一公式接受为绝对的－普遍的引导性准则。其他的普遍准则可以被视为对"手段－目的"这一公式的**解释**或者对其的具体化。运用"具体化"，我并不是指准则是具体的（这将是无意义的），而是指它们可能与生活的一个特定领域或者部分有至关重要的关联，而与其他的领域或者部分较少有关联。一个个的准则被视为对"手段－目的"这个公式的解释的事实反映了如下情况：所有的准则（包括手段－目的这一准则）都是由正派的人们在其日常生活中通常实践、遵守、发明、润饰、修改及特别珍视的基本规范、美德规范、原则的一般化/普遍化。这反过来亦如此。这种"形成中的普遍的准则"在日常生活中根深蒂固；它们在这种生活中形成并且修改着规范和道德实践。形成中的普遍准则允许偶然的人在其日常生活中遵从某些原则，并从传统中提取适合现代框架的美德和规范，同时让其他的美德和规范在遗忘中消失。

【111】

我在**第一次序的准则**（*maxims of the first order*）和**第二次序的准则**（*maxims of the second order*）之间进行了区分。第一次序的准则是（a）**禁止性的**（*prohibitive*）以及（b）**命令式的**（*imperative*）。①

---

① 在这一点上，那些已读过我的著作《超越正义》的人将发现一个明显且很严重的矛盾。尽管我在以前的著作中列举了完全同样的格言，但是在那里我不仅列举而且推演了它们，而在这里我根本没有推演它们。已经受过哲学训练的人一看便知，如果一个人已经设计出一种语言游戏，那么这个人总能推演自己的原则。当我开始这个计划——在正当的人们的生活之路上伴随着他们并且探究他们走过的路，想要弄明白对于他们来说怎么做才对之际，我故意放弃推演这些原则。从普遍原则中推演我的准则是对这本书的理论要点和道德要点的严重违反。我提醒康德的《道德形而上学的基本原理》（*Groundwork of the Metaphysics of Morals*）的读者们，我并没有试图通过提及哲学权威来为我在非基础主义方法上的尝试的可行性辩护。康德从日常推理的视角开始讨论道德，接着讨论道德形而上学，接着再讨论实践理性批判。在这里存在着三种不同的理论方法，然而实践结果在第一阶段就已实现。

禁止性的准则

1. 不要选择不能公开的准则（或者规范）。

2. 不要选择对其遵守原则上涉及把他当作纯粹手段的规则（或规范）。

3. 不要选择对其遵守不是目的本身的**道德规范**（有约束力的规范）。

命令式的准则

1. 同等承认所有人都是自由和理性的存在物。

2. 除了那些对其满足原则上涉及把他人当作纯粹手段的需要外，承认所有人的需要。

3. 只根据其（道德的）优点和美德而尊重人们。

4. 在你所有的行动中保持你的尊严。

对禁止性准则的详细说明

准则1 这条准则来源于第二组引导性的道德原则（"真正顾及他人的自主"）以及真实（真诚、值得信任、坦率）的美德，或者与之最为密切相连。第二组引导性的原则包含着**操控的禁律**（"不要为了使他人做令你高兴或者符合你利益的事情而隐瞒信息［不要撒谎］，即使这种行为是善的"）。与真实性这一美德相连的规范也是限制性的：例如，"如果一个人习惯性地拒绝给他人知识或者信息，那这个人就不是一个正派的人"；"如果一个人习惯性地隐藏自己的行动和态度的动机，那这个人就不是一个正派的人"。无疑，从禁止性的原则和规范中提炼与抽象出来的一条准则本质上同样是禁止性的（而不是命令式的）。

"不要选择不能公开的准则（或者规范）"是一个比我们之前遇到
【112】 的**更弱**的禁律。它因其一般性而更弱。这一准则必须被这样表达，以使
它在面对面的关系中、在制度化的相遇中以及在公共领域中将是有效
的，使它能够有资格作为直接的、交往的和判断的行动的指南，并因此
在机构的规则或者领域内部的规范彼此冲突时，能够以高级诉求法庭的
身份服务我们。在这种一般性的语境中，不坦露我们动机的一个**强**禁律
会给我们以基要主义者的印象。总的说来，如果一个人不完全坦露其动
机，那么他或者她也可以是完全正派的——例如，当提到一个机构里或
者政治领域中的特殊决定时。一方面，习惯性地拒绝给予知识或者信息
通常是错误的，但是这里也存在着例外。例如，战时，正派的人会养成
向敌人隐瞒信息和知识的习惯。另一方面，以支配其行为的准则不公开
的方式进行一场战争是绝对错误的，因为，如果一场战争是正义的，那
么按照释义，支配那场战争行为的准则可以公开。

准则 2　我已经建议把康德的"手段-目的"公式接受为绝对的-普
遍的引导性的准则。所有第一次序的准则都是对这条准则的解释。就第
二次序的准则而言这最为明显。然而，这条准则不是引导性的，因为它
严格规定了一个人应该避免的事情。在进入一个机构之前，人们应该首
先弄清楚这个机构的规范和规则本身是否要求或者规定把他人用作纯粹
的手段。如果一个决心遵从绝对的-普遍的引导性准则的人加入一个自
开始就把人们用作纯粹手段的机构中（例如，一个极权主义政党或者一
个秘密服务组织），那么这个人就陷入最严重的道德冲突中。正如已经
注意的那样，道德准则是作为想要过一种正派生活的正派的人的最高指
导方针或者诉求法庭而被发明的（构想的）。准则 2 提供了这样一种指
导方针，并且它也可用作这种诉求法庭。它建议人们在自愿进入一个机
构之前应该当心。如果那个机构的规则和规范要求违反绝对的普遍的准
则，那就不应加入。准则 2 也建议，如果人们发现自己是其成员的机构
原则上要求把其他人或者群体用作纯粹的手段，那就应该立即离开它。

某些机构的规则和规范**允许**，但是**没要求**自开始就把他人用作纯粹
【113】 的手段。准则 2 并没有禁止我们进入这样的机构中。倘若大多数的机构

允许——即使它们没要求——把他人用作纯粹的手段的话，那么这种禁令将是过度的基要主义的。这种禁令完全违背常识。此外，这种极繁主义（maximalism）的正当性也是可疑的。正如我所做的那样，在阐述准则2时，我对一场两百年的论争已完全表明了立场。正是卢梭设计了现代遁世者的典范，即通过远离社会的-政治的生活的"喧嚣"而保留其善并保持其纯洁性的人。正是狄德罗意识到了过多道德义愤的令人讨厌的特征，他反驳道，回避由他人所构成的社会的人自己是不能成为正派的。

准则2支持狄德罗与一般的引导性的原则"照顾他人"是完全一致的。一些具体的引导性的原则建议我们，不要蔑视他人或对他人表现出我们的蔑视（除非道德上有正当理由）。一个正派的人，像其他人一样，选择进入至少一个机构。但是隐居者，即做自己的事情而不与任何人交流的人、独自度过所有时间或者把时间用在不明确的会面上的人，与正派的人的通常形象并不一致。当和其他人交往时，不可否认的是，人们面临着与正派的人也与非正派的人相伴的风险，面临着可以把规则用于工具化的机构环境的风险。然而，因这种正派的人和非正派的人的混合而躲避其他人是对他人厌恶、蔑视的最明显证据。蔑视从来不是出于道德上的动机，除非其他人值得蔑视。加入并没要求而只是允许把其他人用作纯粹手段的机构不是一种道德上的越轨，它不值得蔑视。如果一个人加入这样的机构，但是并没有把他人用作纯粹的手段，那么普遍的方向性的原则**和**绝对的-普遍的引导性的原则就一起被遵守。

准则3 与准则1和准则2相比较而言，准则3没有提到一般意义上的规范，而只提到**道德的规范**。因此它不能扩展至包含社会的和政治的规范和规则。例如，在决定共同关注的问题时，人们相信多数人的决定不是目的本身，而是最好的规则、最正义的程序（手段）。道德规范本质上是超群组的，即它们并不构成社会的群组。此外，它们是无论实用的结果如何都应该被遵守的规范。这种情况是道德规范的**诸释义**之一；"道德规范具有约束力"这一表达只是这个释义的简略表达。从这【114】个释义中应该很清楚地看到，对道德规范的遵守是目的本身，因为只有一种行为（或者一系列的行为）被视为目的本身，人们才能也应该不计后果地从事它。

现代的男男女女们出生在一个道德规范网中。他们再次选择其中的一些，也摒除或者忽视其他的。要求他们在遵守是目的本身的条件下遵守道德规范将是极繁主义。虔诚的父母的孩子们只在其父母活着的时候才遵从某些宗教的－道德的规范，因此**不会**无视某些后果。对于他们而言，遵守不是目的本身，而是一种爱的姿态；为了其他人而做这件事。毋庸多言，如果正派的人这样做不违反绝对的－普遍的引导性的准则，他们可以以这种方式行动。引导性的原则有时建议我们完全以这种方式行动。

准则 3 将所有实质性的目标和善都排除在道德规范的理想国之外（康德会说，排除在目的的王国之外）。如果一条规范**因为诸行动实现**同样被视为善的目标而禁止这些行动，那么人们就不应该将这条规范认同为一条**道德的**规范。最终的状态是最大多数人的最大幸福、社会主义的胜利、我们国家的强大力量还是任何别的什么，**并没有什么差别**。无论如何，没有哪个实质性的目标能产生出对其遵守是目的本身的道德规范。只有一种目的内含于道德规范本身：可能的道德世界中最好的世界。这个世界不是一个实质性的目标，因为正是在道德的行动中，即作为一种目的本身而去行动的话，可能的道德世界中最好的世界的承诺才能继续有效。

因此，第三条准则排除把功利主义作为道德原则，并因此排除所有能产生道德规范的功利主义的准则。然而，这条准则并不排除其角色产生道德规范以外的规范（例如，社会的和政治的规范）的功利主义原则。人们建议正派的人不要基于功利主义的理由来选择道德规范，但是并不会建议他或者她基于这样的理由来反对某种社会的和政治的规范或者规则。

就准则 3 排除伦理道德本身的工具化而言，它也是对绝对的－普遍的引导性的准则的进一步具体化。伦理道德的工具化容许**以道德的理由**对我们自己也对他人工具化——这也许是对**绝对的**准则的最严重违背。

准则3禁止伦理道德的工具化。然而，它并没有把目标和善排除在 【115】
道德考虑之外。最终，共同的目的和善都是**价值**，而且**美德与价值相
关**。就践行美德规范是**一种目的本身**而言，美德规范的行为方式与其他
道德规范是同样的。同时，"为了"——例如，为了推动一项事业、为
了减少不正义、为了保卫我们的国家，人们也践行美德。推动一个目标
不应成为道德规范本身。但是，在遵从道德规范中，人们确实推动了某
些目的和事业。其道德内容是目的本身的行动应该会带来有价值的
结果。

对命令式准则的详细说明

准则1 这条准则是对绝对的-普遍的引导性准则的一种说明，也是
对普遍的引导性原则（"真正顾及他人的自主"）的一种概括。"同等
的"（在"同等的承认"这一复合词中）这一词汇并不代表"等量"或
者"同样的程度"。正如这条准则规定的那样，应该知道承认既不是数
量也不是程度。每个人都应被承认为自由而理性的存在，无论他或者她
的行为是否自由而理性。

这条准则不是那种从实然语句（is-statement）中推演出来的应然语
句（ought-statement）。不是因为男男女女们的确生而自由的以及的确
"被赋予"理性，他们就应该被承认为自由而理性的存在。正派的人依
据普遍性的范畴已经选择了他自己或者她自己；因此他或者她作为**道德
的行为者**是**自由的**。每当正派的人问"对我来说怎么做才对?"这一问
题时，他或者她都准备倾听良好的建议。因此，他或者她也是**理性的道
德行为者**。正派的人在其日常生活中参与到与所有其他人的**对称性互惠**
的关系中。尽管正派的人在某些机构中也参与到非对称性互惠的关系
中，但是他或者她把它们的非对称性质归因于**机构的规则**，而不归因于
依据这些规则履行其职能的行动者这个"实体"。如果人们在如上概述
的意义上是自由而理性的道德行为者，如果人们和每个这样的其他行为
者都处在对称性互惠的关系中，那么就**应该**承认其他人也是同样自由而
理性的人，否则就会使自己陷入一种**矛盾**中。而且，这是一种**生存的矛**

125 ·

盾，因为它取消和排除了存在的选择本身。其原因在于，一个不承认所

有人都是自由而理性的人的人不可能依据普遍的范畴选择其自己。他或者她仍然能是，并因此能够成为"道德大师"（将道德姿态培养成一项专门能力的一类人），但不能成为一个正派的（好的）人。

准则 2　尽管第一条命令式准则规定了对**相同性**的承认（作为自由而理性的存在，我们都是同样的），但第二条命令式准则规定了对**差异**的承认。生活的形式是多样的，人们是独一无二的，需要在质量、数量、关系和形态方面是不同的。一个非偶然的人只知道一种正当的生活方式：他或者她自己的生活方式。这就是他或者她在正当的和不正当的、现实的和脱离实际的、真实的和虚假的需要之间进行区分的原因。正当的、现实的和真实的需要是那些在其自己的生活方式中已产生的需要；所有的其他需要依据释义都是虚假的、脱离实际的以及不正当的。我们"自己"的需要应该得到承认；"其他的"需要不一定必须得到承认。一个偶然的人缺乏区分"真实的"和"不真实的"、"正当的"和"不正当的"需要的权威。在存在的选择这一姿态中，正派的人将其决定因素接受为自由。他们选择自己作为"有各种需要的人"，并因此放弃贬低其他人的需要的权利。

准则 2 是所有方向性的原则的概述。然而，应该注意到已建议接受的许多引导性的原则都有个附加条件：除非道德理由另有规定。可能存在着确实另有规定的不同的道德理由，然而其中的一个理由来自对绝对的-普遍的引导性准则——一个人不应该充当另一个人的纯粹手段——的遵守。如果存在着一种不把另一个人用作纯粹手段就无法得以满足的需要，那么这种特殊的需要必定不能得到承认。在承认所有的（其他的）人的需要中，人们不能承认工具化其他人的需要。这再次涉及一个矛盾：我们不会承认那些不想被工具化的人的**自主**的需要。

准则 2 命令承认所有的需要（带有上述的附加条件）。承认包含着三个方面。依照承认，人们公认的是这种需要是现实的（不是想象的），它们不是不正当的（不道德的）以及它们都有权要求满足。然而，这条准则并没有规定对所有这种需要的实际满足。这条准则绝没有强迫哪个

人必须满足他或者她能满足的所有需要，因为他的或者她的自己的需要
与其他人的那些需要有同等地位。如果另一个人想让你满足他或者她的
需要，但你不希望遵从，那么你有权拒绝满足，但是你无权拒绝承认。【117】
在这种情境中并不需要指责、嘲笑、斥责或者告诫。回答很简单："我
知道你需要我，但是很抱歉，我不需要你。"请求满足自己需要的这个
人并非必须用论据支持这一请求，因为所有的需要都应该得到承认；只
是说出它们即可。然而，拒绝请求的人必须给出理由，除非这种拒绝受
一种需要的缺乏或者另一种需要的存在的驱使（因为我们现在知道我们
并非必须为了需要进行论争）。

从日常生活的范围移入公共领域中（或者诸机构的领域中）并没有
修改上述的模式。例如，公共讨论中的每个参与者都应该承认其他所有
人的需要（带有上述的附加条件）。然而，并不能由此得出，参与到这
种讨论中的正派的人也应该对同时满足所有要求满足的需要提出有力的
论据。可利用的时间和资源、缺乏热情等诸多问题可能使之不可能。因
此，必须衡量比例并确定优先次序。

命令承认所有的需要，尽管并不是满足所有的需要这条准则也起到
了一条**本真性**准则和**真实性**准则的作用。因为就正在讨论的需要满足了
道德附加条件而言，以等待满足的需要是"不真实""不正确""虚构
特征""道德败坏"这种虚假的理由而否认需要的满足既不真实也非本
真。它毋宁说是不希望满足对方需要的男男女女们开始污蔑那些需要的
一种自然的姿态。本真的人尽可能少地去"合理化"。他们从他们的世
界观中尽可能地清除意识形态（强修辞）。这条准则帮助我们保持本
真的。

准则3 所有的人都应该得到同等的承认；所有的需要都应该得到
承认：当谈到承认的姿态时，第一条和第二条命令式准则禁止"根据"
公式的运用。相比较而言，第三条准则重新引入这个公式。承认不是
"根据"任何东西应得的。然而，尊重却是，它是根据人们的道德优点
和美德应得的。

不仅是尊重，连认可（acknowledgement）都是"根据"某物应得

【118】 的：即根据优秀。"要根据他的或者她的优秀分配"是一个正义的观念，①而不是第一次序的道德准则。正义是正派的人的一种美德。然而，拒绝认可卓越和优秀并不总是完全不正义的。无论是仇恨还是愤恨、猜忌还是嫉妒都不会阻止一个正派的人认可其所看到的卓越和优秀。然而，在一种特定的优秀领域，缺乏良好的鉴赏力或者良好的判断力就是正派的人的缺点，同样也是其他人的缺点。但是，为了认出善，正派的人并不需要特殊的鉴赏力、技巧、理解或者专业的判断。在道德问题上，每个正派的人都有能力成为评判者；每个这样的人都能区分善和优秀，反之亦然。

现代性诞生于英雄崇拜。前现代的英雄是其自己民族精神的英雄，现代的英雄是处在任何类型的民族精神之外、超出或者在其之上的孤独的英雄。偶然性容许人们依据差异的范畴选择自己，而不同时依据普遍性的范畴选择自己。依据差异的范畴选择自己的人们可以成为伟大的，甚至他们可能具有重大的历史意义；然而，与此同时，他们在道德上依然是模棱两可的或者是完全危险的和有破坏性的。从这个特殊的视角看，无论这个"英雄"是政治人物还是一个艺术的"天才"都没有多大的差别。考虑到偶然性是我们的（现代的）人的境况，一个把偶然性转换成命运的突出例子而引人注意、捕获着心灵和情感。偶然性的巨大自由在"命运的主宰者"——正如人们称呼拿破仑那样——身上彰显出来。尽管几乎不存在"命运的主宰者"，但却存在着大量的英雄崇拜者，他们都认为自己的梦想能在他们的英雄的行为中实现。为了使这个梦持续下去，从平庸的人的质料中成批制造了许多"英雄"，然而，英雄崇拜者们依然崇拜着这样的平庸之才们。因为偶然性是我们共同的人的境况，并且因为存在着两种主要的把偶然性转换成命运的方式，所以英雄崇拜者们会把**道德优点**归于他们的英雄们。他们将优秀视若美德，他们将成就的伟大错当成品格的伟大。好人是有品格的人；好人有伟大的个性。这种伟大是真实的，因为它无法被伪造；它一直都是本真的。技艺高超的人、成功的人、在某事上伟大的人也能成为一个正派的、好的

---

① 在《超越正义》第一章中，我已经比较详细地讨论了正义的思想。

人。而且，如果他或者她是正派的、好的人，那么根据其美德和优点，而不是根据其成就、成功或者创造，这个人应该受到尊重。【119】

准则 3 并没有阻止任何好人衷心地认可别人，但是它涉及尊重和自我尊重，而不涉及认可。在工作中我们欣赏我们的能力；我们既为我们的成功又为我们的才能受到认可而感到高兴。但是，如果我们的自我尊重是建立在这样的认可基础上，那么我们就不是正派的。而且，通常，我们将成为完全愚蠢的。

准则 4 就这条准则将道德与**一般的行为连接起来**而言，它在性质上稍微不同于所有之前的准则。准则 4 "属于"恰当行为的理论，而不属于道德哲学。然而，正派的人对这种推断的细节不感兴趣。尊严是过去常常所说的"荣誉"（honour）的**现代版本**。在现代的和前现代的生活方式共存的地方，我们仍能提到"荣誉和尊严"。"荣誉"在所谓的"耻感"文化中是一个中心范畴，在这里一个团体中的所有成员都处在他人的注视下。在这种文化中，如果一个人做了人们应该避免的事情，那么这个人就会感到羞愧并**失去自己的荣誉**。相反，荣誉可以通过长期而艰难的努力得以恢复。遵从自己团体的期望（或者至少看起来遵从它们）的人们保持着他们荣誉。有些具体行为会立刻使人蒙羞，而有些却不会：用**荣誉准则**（*code of honour*）的标准来衡量，它们只是轻微的瑕疵。

因为现代的人是偶然的，所以他或者她并不根据一种特定的荣誉准则生活。① 曾经属于荣誉的东西如今已变成尊严。对于已变得多元化的伦理道德来说，并不存在"尊严准则"；除了在机构里，规范就像规则一样比过去少很多；道德个性日益成为异质的（"每个人都以其自己的方式是好的"）。尊严比曾经的荣誉更深地扎根于个体的良知中；然而，它仍然不是一件完全内在的事情。就人们**值得**尊重并拥有自我尊重而言，他保持着自己的尊严。如果人们的行为方式值得别人和自己尊重，

---

① 违反荣誉准则会引起羞愧感。只要违反者不把他的**失礼**视为道德之事，那就不会感到良心不安。尽管荣誉准则在偶然的人们的道德世界中并不发挥显著作用，但是仍然有这种准则存在的机构。偶然的人们能够进入这样的机构或者与进入这样机构的人保持密切关系。如果我没有弄错的话，军官队伍仍然保留着一套传统的荣誉准则，其他的一些机构亦如此。

那他就能保持自己的尊严。有时人们理应得到尊重，但却没有受到尊重。正派的人应该根据其美德和优点（而不是根据别的什么）尊重他人。如果一个正派的人是完全孤独的，那么他或者她将仍然值得尊重，尽管目前讨论的这种尊重不可能是其他人的尊重，只是自我尊重。自我尊重不是自鸣得意，不是无休止的道德愤慨的一种形式，而且不与自我怜悯相伴共存。自我尊重是**力量**；如果一个有尊严的人没有受到尊重，那这个人不需要自鸣得意、自我怜悯或者道德愤慨——这些都是道德软

【120】 弱的所有症状。

再次强调：保持我们自己的尊严与持久严厉的和道貌岸然的无关，与把我们自己奉为自设的完人无关。讽刺和机智、幽默和玩笑、自暴自弃和自我屈从可能很容易与尊严相伴共存。然而，某些态度和实践并不与尊严相伴共存，即使它们不是完全不道德的。无休止地抱怨"人性"和自己的命运、自恋式的自我显露、得意的自吹自擂、爱丧失冷静、喜欢高声争论、对性格一贯判断错误——总之，所有使人成为嘲笑的自然对象的那些东西——都不利于人的尊严。

上面讨论的三条禁止性的准则和四条命令式的准则是由试图解决其生活中出现的道德冲突的正派的人们发现的。我并没有发明它们中的任意一条；我只是时常以非康德的方式仿效康德，确切表达了它们中的一些。我没有自诩已经提出了第一次序准则的全部目录，尽管我有充分的理由相信，仅仅这些准则就能为在强道德情境中需要做决定的男男女女们提供可靠的引导。

此外，人们可以表述大量的**第二次序的准则**。正如第一次序的准则一样，第二次序的准则是**元规范**；它们也是**普遍**的和**一般性的准则**，尽管带有一条限制。然而，第一次序的准则无须被检验（因为它们可以检验所有其他的规范），而第二次序的准则需要被第一次序的准则检验。与第一次序的准则相矛盾的规范都不应该被选择——这个一般性的禁令也包括第二次序的准则。

无法列出第二次序的准则。我并不接受康德的建议，即如果不遵守元规范包含着逻辑矛盾，那这条元规范就有资格成为道德准则。人们可

以把"帮助需要帮助的每个人"选择为自己行动的准则，并且希望所有需要帮助的人都将获得帮助。但是，如果某人拒绝在这条准则的指导下行动，而是在别的准则"帮助值得帮助的每个人"（因为我们人都希望值得帮助的每个人获得帮助）的指导下行动，那绝对不存在逻辑矛盾，也不存在任何的道德错误牵涉进来。一个人选择"准则 a"并希望每个人都遵从这条准则行动，与另一个人选择"准则 b"并希望每个人都遵从那条准则行动之间没有任何矛盾。他们两个人都能成为正派的人。尽管准则是不同的，但是生活的形式和正派的人自身也是不同的。

其实，这是这个命题的康德的角度，只有当人们认为如果每个人被【121】一条最高的（元）规范引导是好的时，他或者她才应该在其引导下行动。这样的最高规范证实着整套的规范。我们选择或者遵守的具体规范绝不能与最高规范（元规范、准则）相矛盾。正派的人通过理智直觉"发现"其最高的（元）规范。

对于我们的理智直觉，只存在着一种限制。我们不能为我们的行动选择与第一次序的准则相抵触的最高的（元）规范（为了检测和比较规范体系）。这就是我们通过理智直觉获得的准则在这里被称为"第二次序的准则"的原因。例如，我们既不能选择"自我牺牲"，也不能选择著名的"不予还击"作为普遍的准则。这些是超义务（supererogation）行为。而依据释义，超义务的行为不能被一般化或者普遍化，我们也不能希望它应该如此。"自我牺牲"这一准则（至少）与第一次序准则的第二条命令式的准则（"承认所有人的需要"）相冲突。另一个熟知的格言，"无论对错，吾爱吾国"（"My country，right or wrong"）也经不起第一次序准则的检验。

因此，最终，我没有抛弃康德的非矛盾的标准，只是将之转移到另一个水平上。仍然存在着检验第二次序准则的东西。然而，绝不存在着检验第一次序准则的东西。我建议以一个**姿态**接受第一次序的准则。

已经依据普遍性的范畴生存地选择自己的正派的人必须找到如何成为他们所是的：正派的人。当其在日常生活、人际关系和联系中寻找道德方向时，我们追随着他们。在他们试图理解有关给予–接受以及互惠的规范时，我们追随着他们。我们已经看到他们如何找到究竟哪种美德与他们以及他们的生活相关、他们避免哪种不良的性格品质以及如何避免。我们已经与他们一起进入了现代社会的机构中，并且已经弄明白了他们如何在这样的机构中保持正派的同时，仍然保持作为完整的人的正派。这样看来，我们已经将日常生活抛在了后面，却又在一个更加复杂的背景中回到了它。因为在伦理冲突的迷宫中，正派的人要做正确的事情就需要更普遍的规范、甚至是元规范。他们需要元规范作为他们的普遍标准，其既能应用于机构内也能应用于机构外——在日常生活中、在

【122】 政治中，同样在社会冲突中。由于他们是正派的人这个事实，他们发现了他们需要的道德引导——通过做正确的事情以及试图通过——并不总是成功地——避免做错误的事情。从现在起，我们将在现实生活的境况中伴随着他们，观察当事情进展顺利时**以及**当关键时刻到来时他们的行为、举止和感受是怎样的。

第三章 担忧的人、好公民、守护世界

一

　　普遍的引导性的原则在其日常生活中引导着正派的人们。这些人关心人。他们并不故意伤害任何人。他们真正顾及他人的脆弱、自主、道德以及苦难。因此他们关照他们认识的人、他们遇到的人、与他们生活在一起的人。但是他们会关照那些他们根本不认识的人吗？他们对浅层的泛泛之交和陌生人会采取一种正派的态度吗？具体原则对这些问题几乎不能提供引导，因为大多数的具体原则在如下的假设中有效：正派的人的行动及态度和他人的健康、内心的宁静、自由等之间存在着一种直接的联系。例如，在第二章列出的那个表中的原则2的（e）建议人们应该帮助他人获得更大的自主。然而，该原则由一些只在面对面的情境中有意义的子原则所限定。子原则4（b）中的（ii）建议，人们应该付出适当部分的时间、金钱和精力来减轻可补救的苦难。但是它并没有具体说明人们应该寻求减轻的他人苦难是局限于认识的人，还是也包括不认识的人。

　　因为我表述了这些原则，所以如果结果是含糊的、不确定的，在一些情况中太细致，而在其他情况中又太不具体，那我只能怪我自己。我有意这样安排的，以便于在沿着正派的人的路径时，从日常生活到诸机构的领域，在表述普遍准则成为一件"必须做的事情"的地方，不会妨碍我们。正派的人在这条路上来回走动；与他们相伴的我们亦如此。接下来，我希 【124】望弄清楚正派的人在他们的旅程中如何关照那些他们不认识的人，如果他们目睹因社会弊病和政治弊病而遭受苦难的人们，他们如何行动。我们跟随并试图理解的主体是作为**担忧的**（concerned）人的正派的人。

　　亚里士多德区分了好人与好公民。好人擅长于所有的美德，而好公

民参与到国家的事务中；他是他所在的城邦根本法律（constitution）的典范。如果这个城邦的根本法律是不完善的，那么好人不会是最好的公民，然而，如果根本法律是完善的，那么最好的人也将成为最好的公民。也存在着古代叙述的现代版本。[①] 好人和与公民并不同一；即使在所有法律都是最正义的情况下，两者也不会变成同一的。考虑到现代生活方式的多元性，人们能够**以他们自己的方式**成为好人。然而，公民们应该有共同的某些美德，并且就他们有而言，他们**同样**可以成为好公民。一个好人不需要是一个好公民，反之，一个好公民也不需要是一个好人，因为他或者她并不需要践行一种超出共同的（公民的）美德之外的任何额外的美德。然而，也存在着依然未受亚里士多德叙事的现代化和改良版本所影响的现代生活的某种维度。我想到的是对我们世界和我们机构的偶然特征的意识（awareness）。

一个人的偶然性意识源于已"被抛入"一个世界的意识，在这个世界上，没有任何贯穿生命始终的路为新生儿预设。偶然性（contingency）包含着除了一般的出生的偶然性（accident of birth）之外的更多东西。就没有任何遗传密码预先决定一个孩子在一个特定的时间出生在一个特定的世界中而言，每个人的出生都是偶然的。出生的偶然性因此是一种本体论的事实，一种经验性的人的普遍性。偶然性是一个偶然，又是它的扬弃（扬弃［Aufhebung］）。这种偶然是双重的，不仅出生在某个世界中的我的存在是一个偶然，而且我的整个存在都成为一种完全的可能性（一堆几乎无限的可能性），并因此成为不确定的。然而，恰恰是由于后一方面，现代的男男女女们才成为偶然的，并且同时意识到他们的偶然性（这两方面同时发生）。因此，他们发现了出生的偶然这一经验的普遍性。[②] 偶然性以如下方式扬弃出生的偶然。我们生而偶然，因为

---

① 我已经在我的《羞愧的力量》（*The Power of Shame*）（London：Routledge and Kegan Paul，1985）一书的论文《好人与好公民》（The Good Person and the Good Citizen）中比较详细地论述了这个问题。

② 出生的偶然性是一种经验的普遍性，原因很简单，遗传模式（遗传密码）并不决定婴儿的社会命运。遗传密码中没有任何东西预先决定人们出生在一个特定的时间、一个特定的地方和一个特定的社会阶级、阶层、等级或者种姓中。人的存在的两种先验（社会先验和遗传先验）如何嵌接的、由此产生哪些类型的张力以及许多相关的问题都在《一般伦理学》中讨论过。

我们可能出生在任何社会里、在任何特定规范的管辖区域内、在任何的历史时期中。然而，只有在现代社会中，偶然性才成为我们的运气（lot）。除了在现代，我们不可能生来就作为偶然的人。偶然性意识（contingency awareness）也是**历史意识**（*historical consciousness*）。它同时是对历史性的意识以及对那种历史性的历史特征的体验。①　【125】

　　以如此轻松的方式谈我们时代、世界和诸机构的偶然特征几乎是荒谬的。毕竟，正是现代才创造了我们自己的（历史的）决定性和自我决定性之宏大叙事。我们是那些知道正是在我们现代世界精神已朝着其自我实现的方向发展的人。我们也知道生产力和生产关系在整个历史中已经（逐渐地）发展到所有人的需要都能得到充分满足的程度，并且另一个发展阶段——真正的人类历史——能开始自然发展。然而，如果现代的人们不曾经历其世界和机构的偶然性，那么他们肯定不会发明如此强大而全面的关于我们自己的历史决定性的叙事。在宏大叙事的层面上发生的事情也发生在微观叙事的层面上（宏观世界和微观世界一直紧密相连）。正因为意识到了我们自己个人的和双重的偶然性，才触发了弗洛伊德对我们精神、个人和人格的强大决定性叙事的版本。社会科学也已尽其最大努力给现代的男男女女们提供事实和相关的理论，以便于减缓因偶然性意识而产生的焦虑不安。最近，这种对我们世界和个性的偶然性的修修补补已经变得羞怯而歉然。就像一个惊慌失措逃命的人突然转身面对袭击者一样，现代的男男女女们在试图让自己摆脱其偶然性意识之后，转身面对其真实的历史条件。只要我们不迎接挑战，继续靠决定性的叙事修补我们偶然的生存，偶然性就会使我们充满焦虑。如果我们下决心将我们的世界视为偶然的，那么我们至少可以开始将世界理解为不仅仅是一系列的必然性，而且是诸多可能性。

----

　　①　历史意识是对社会的-政治的时间的感知和意识，而历史性则是对人（生命时间）的短暂性的感知和意识。在《历史理论》（*A Theory of History*）（London：Routledge and Kegan Paul，1982）中，我区分了先于我们自己的五种主要的历史意识类型。当代对历史意识和历史性的混淆因人们一起讨论它们而产生，虽然它们绝非同一。布鲁门伯格（Hans Blumenberg）在他的重要著作《生命时间与世界时间》（*Lebenszeit und Weltzeit*）（Suhrkamp，1986）中，既从现象学又从历史的角度论述了同一问题。

【126】　一旦世界被视为偶然的，那么它就充满着可能性、开放性，失去内在的终极目的和不确定性。一个偶然的世界甚至可以被视为一种无限可能性（unlimited possibilities），正如一个偶然的人是一个无限可能性的人一样。不言而喻，无论在偶然的世界还是在偶然的人那里，"无限可能性"这一术语都不代表"一切皆有可能"。只要我们从内在性以及排除神迹和救赎的角度思考，那么有些事情就完全不可能。而且，一场"人类学革命"以及能满足所有需要的充裕似乎都不是我们真实可能性的一部分。此外，偶然性不应被理解为诸决定因素的"缺乏"。正如有些决定因素能存在于一个人的生活中，而这种生活不被"决定"一样，诸决定因素可以存在于社会生活中，而世界的进程并不被它们完全决定。正如我们用我们自己的决定因素所做的那样，我们可以在更广阔的世界中用决定因素做同样的事情：我们能**选择**它们。在选择我们自己的过程中，一般的惯用语大致是这样的："我选择我自己作为一个出生在这里、出生在这个特定的时刻、出生在这个特定的家庭、生而拥有这些特殊的天赋……的孩子，我选择所有这些决定因素，**同样**，拥有我所有的决定因素，我将成为这个特定的人（或者一个正派的人）。"我们可以以同样的姿态选择我们世界的某些决定因素。这就是我们几乎一直在做的事情，但没有以存在主义的术语概念化我们正在做的事情。我们经常说："这些是我们世界的铁的事实；某些特征内在于其历史中。"那就让我们**选择**我们世界的历史、所有"铁的事实"以及诸限制，它们完全如其所是的那样，是无限可能性的工具和前兆。让我们选择它们并且使这个世界成为一个更好的生活场所。这种思考方式并不暗含着唯意志论，存在的选择亦如此。转身面对我们的偶然性不是唯意志论：相反，它使决定因素转变并将其转换成我们的**实践的**自由。尽管我的论点与黑格尔的-恩格斯的把自由等同于"对必然的认识"这种观点有一些表面的相似，但是它基本上与这种备受争议的理论遗产毫无共同之处。只有在偶然性要么从人类历史中被消除，要么被视为一种纯粹表象、充当必然实现的中介时，自由等同于"对必然的认识"这一观点才有意义。"必然"，应该被认识并因此被熟知，实际上被展现为历史的目的。自由因此被转换

成沉思的（领悟已命定的）行为。如果沉思型的行为引导行动，那么行动本身变得要么与实用主义、要么与意识形态相称。

在我的模式中情况恰恰相反。我们选择我们世界的决定因素，并因此我们必须尽可能地熟悉它们。正是这种选择才使我们自由地转向现在，也转向未来，以便于在我们生活和行动的条件范围内，使一直隐藏的作为众多可能性之一的事情成为现实。知识只是选择的一个条件（更确切地说，是选择的一个方面）；然而，选择本身不完全是合理性【127】的。（我选择我所居住的世界的唯一理由就是我恰好居住在这个世界中。）这种不完全合理性的方面使这种选择主要是**实践的**：我选择我**居住**的这个世界，因为只在我**居住**的世界中我才能**行动**。我的自由是我"转身"的姿态，是我以"在推动某种可能性而不是其他可能性实现的过程中，充分利用我的偶然性、我的生命"的姿态接受偶然性挑战的姿态。总之，自由十分显著地是实践的。它就是**实践**（*praxis*）。

为了避免误解，我将补充道，对我们世界的选择**不**是一种存在的选择。我能**完全地**选择我自己，因为在我的选择中绝不存在其他方，即使其他方不断地出现在存在的选择"之前"和"之后"。在选择我自己的诸决定因素中，我决定**如我所是**（as I am）的人将成为**我所是的**（*what I am*）。当我选择**如其所是**（*as it is*）的我的世界时，我就使自己致力于那个世界的某种可能性而拒绝其他可能性。然而，因为一些原因，这类选择不能成为绝对的。对世界的认知与自我认知有一些共同点：两者都是一类认知，同样都是近似的认知，因此为一种选择提供的理由并不充分。然而，认识我自己不同于认识我的世界；"近似值"是太含糊的一个范畴，以至于不能把这样一个复杂的问题放入适当的视角中。注意到我们邻居的观点不会使我们理解我们社会的某些决定因素。我们还必须收集超越日常生活世界的知识，并且进行批判性的反思。内省在这个问题上也没有太大的帮助。此外，就我而言，我无法做出好的选择，但在一种存在的选择中（在选择我自己中）我肯定能做。

所有的这些都是完全明显的，而且我能进一步阐述这种主张：对我们（偶然的）世界的选择不等于存在的选择，尽管两者之间存在着诸多相似。相似源于对偶然世界的选择深受存在的选择影响这种状况。已经选择其自己的人，把他的或者她的偶然性转换成了命运。选择我们自己就是选择我们的诸决定因素，选择成为"被抛入"一个偶然世界的偶然的人；因此，对偶然世界的选择与选择我们自己作为偶然的人同时发生。

对偶然世界的这种选择因此内在于自我选择的姿态。我们之所以选择我们的偶然世界是因为我们选择把我们的偶然性转换成我们的命运，而不是因为我们选择转换世界。然而，准备把我们偶然性的世界选择为**不是**我们自己生活的境况而是其他人生活的境况，是一个完全不同的命【128】题，无论那些其他的人是否已经存在地选择他们自己，是否我们认识他们，是否我们目睹了他们的痛苦和欢乐，是否他们会了解我们。

已经选择其自己并因此已经将其偶然性转换成命运的偶然的人们，已经选择这个偶然的世界作为其生存选择的条件。这种存在的选择因此是把这个世界选择为偶然的前提条件。

细心的读者可能已经注意到，在这个讨论的过程中，我一直笼统地谈论"存在的选择"，而不是谈论依据普遍性范畴所做的存在的选择。这并非偶然。对偶然的世界的选择中伴随着每种存在的选择。在依据差异的范畴选择自己的过程中，男男女女们将其偶然性转化成他们的命运，正是在这种方式中，他们选择着偶然的世界，至少是间接地选择着。

从这一切中能够得出正派的人——我的受众——相当感兴趣的一个初步结论。正如已经做出任何其他类型的存在选择的人一样，已经依据普遍性的范畴选择自己的正派的人已经间接地选择了这个偶然的世界。他们通过直接选择这个偶然的世界，从而使这种选择成为明确的。换句话说，他们选择采取行动，这种行动能被且肯定也被已经依据差异的范畴选择自己的男男女女们采取。后一种选择不会使任何人成为正派的；那些做出这种选择的人是不讲道德的人，甚至是完全不正派的人。所以，采取第二步行动——直接地选择这个偶然世界——的正派的人，必须意识到由此引发的某些困难。正如在日常生活中通常发生的那样，他们不仅必须与不讲道德的以及完全不正派的人交往和联系，而且必须与他们联合起来追求共同的目标，与他们一起行动，与他们共享忧虑、欢乐和悲伤。对于这种联盟，正派的人必须做出决定，无论他们所做的决定是支持还是反对，都必须面对后果。

当然，正派的人不能也不会故意违反普遍的准则。在从事一项行动、融入一个机构之前，他们会思考其应该遵守的原则、规范和规则，并且看那些规范是否与普遍的准则相矛盾。正因为现代的男男女女们需要那些准则，他们才首先发现并建立它们。然而，对普遍的准则的遵守不见得会阻止正派的男男女女们与非正派的和不讲道德的人共同行动。【129】例如，普遍的准则之一建议一个人不应成为一个其规则原则上需要把他人用作纯粹手段的机构的一员。如果一个人遵守这种规则而确实没把他人用作纯粹的手段，同时又敏锐地意识到自己的战友同样想改变社会安排时确实把他人用作手段，那他可以自由地加入这样的机构中。当正派的人与恶棍联合起来追求共同的目标时，普遍的准则有时会保持明显沉默。

偶然性意识是以过去、现在以及将来为导向的。这表明已经发生的一切也可能以其他方式发生；存在的一切也能以其他方式存在；在将来一切皆可能。这种可能性几乎是无限的。偶然性意识也伴随着可能性能被转换成命运的意识。尽管一切可能以其他方式发生，但它以（大致地）已经发生的方式发生或者一切（大致地）以目前的方式发生，这**不仅仅是偶然**。它不仅仅是偶然，**因为存在着已将某些可能性转换成现实的人**，同时也存在着其他未这样做的人。错过的可能性产生着新的可能性，此外，正是偶然的人实现着其中一些或者另外一些可能性。人们在既定的条件下（在该处，我补充道，那些条件只不过是诸多可能性）创造他们自己的历史这一马克思的准则概括了现代的偶然性意识。这一准则的作者在历史目的、必然性的历史动因这些概念和（必然的）进步的思想中寻求庇护，而不是转身直面我们偶然性，这是另一个叙事。因为，一旦面对偶然性，结论就是现成的：**不存在"理性的狡诈"，只存在我们自己的理性的狡诈**。

无论现代的男男女女们是完全正派的、有些正派的，还是根本不正派的，他们都是偶然的。每当他们偶然遇到他们不赞同的、认为不正义或者不正当的事情时，他们相信这件特殊的事情可能会是另外一种情况。①他们之所以经常将诸制度、分配方式以及其他的东西视为不正义的，正是因为他们坚信事情会朝着不同的方向发展。这个世界的不道德和弊病被人们视为偶然事件，只要它们由人们来解释，它们就被解释成这样的。只要我们以社会**原因**解释苦难和恶，我们通常就认为我们世界的具体苦难和恶是可以避免的。当涉及表述一般性的世界观或者哲学时，就未必是这种情况。然而，在日常反思的水平上肯定是这样的。甚至疾病的扩散经常被归结为社会不公、疏忽、医疗开支不足，或者不守规矩的社会实践。现代救赎范式②借助于预言通过人类行动减少，甚至是消灭各种类型的苦难、不正义以及恶，把偶然性的意识推向一个极端，理由是它们都源于单独的社会原因。

【130】

人们不必是一个特别正派的人，也能敏于社会的弊病。正派的人的确怀有同情心；然而，他们主要的情感状态是一种担忧，而不是一种同情（尽管不排除同情感）。担忧是愿意理解那些社会安排以及制度的本质的品性，而这些社会安排和制度是人们怀疑其成为他人不该得的不幸之根源。它也是愿意围绕这些"社会原因"做点事的品性。担忧的范围非常广泛。人们可以担忧城市状况、移民法、人们办公室中不正义的规章、乡村学校的教育状况、非洲一个地区的饥荒、遍及世界的公民权的践踏——并且同时担忧很多这样的问题。处在担忧中包括愿意"围绕它做点事"。这不仅仅是，而且应该与为形势感到悲痛以及对那些受影响的人感到同情区分开来，或者与对担忧之事形成一种正确的判断区分开

---

① 正义不是一种制度包含或者不包含的东西。是行动者的见解和主张使诸制度正义或者不正义。我已经详细描述了非实体主义的、视角主义的公正概念，它非常依赖我的非实体主义的、视角主义的合理性概念。参见《超越正义》和《羞愧的力量》中的"日常生活、理性的合理性、理智的合理性"（'Everyday Life, Rationality of Reason, Rationality of Intellect'）。

② 在探讨现代救赎政治时，我非常依赖费赫尔（Ferenc Feher）的著作。参见费赫尔和赫勒的书《东方左派和西方左派》（*Eastern Left*，*Western Left*）（Oxford：Basil Blackwell，1987）中他的文章《政治哲学中的救赎范式和民主范式》（Redemptive and Democratic Paradigms in Political Philosophy）。

来。"处在担忧中"意味着参与并向有需要的人提供积极的帮助。因为一个人积极关注的问题数量是有限度的，所以正派的人必须决定多少问题以及哪类问题应该引起其担忧。在这里，实践智慧是裁判者。

在这一章的开始，我回顾了在第二章中列出的引导性的道德原则的目录。我评论道，这个目录并没有明确规定某些原则是否只应用于日常生活以及与我们认识的人的交往，或者它们是否应该在一个更广的框架内被诠释。我回顾的原则是（1）"帮助他人获得更大的自主"[2（e）]，（2）"无论他人漠不关心还是公然敌视，无论结果如何，都应该进行道德评判"[3（c）（iv）]；以及（3）"付出你适当部分的时间、金钱和精力来减轻可补救的苦难。"[4（b）（ii）]。在讨论作为**担忧的人**的正派的人这个阶段中，应该假设道德方向的原则就其本身来说既可以在更窄的框架内也可以在更广的框架内加以诠释，在这里需要在更广的框架内被诠释。当一个担忧的人参与减少苦难、治愈社会弊病和【131】消除不公时，他或者她以这些道德原则为方向。提到的第三条原则明确规定一个担忧的人能做的贡献的类型。这就是它没有给我们带来更多问题的原因。然而，前两个首要原则是有问题的。

已经指出，对一个偶然世界的选择是存在的选择本身中所固有的，进而指出，所有已经选择自己的那些人能够采取第二步行动直接选择这个偶然的世界。一个已经采取第二步行动的正派的人是一个"担忧的人"。然而，正如已经表明的那样，成为担忧的并不是正派的人的特权。所有已选择命定自己实施某种社会计划的人都可以成为担忧的。此外，积极参与任何类型的社会活动或者政治活动并不限于担忧的人：**有利害关系的**（interested）人也可能参与。如果人们是遭受苦难的人，是（制度的）不正义的受害者，那么他们就对减少苦难感兴趣。担忧的人也可能是有利害关系的人，因为他们在与反对别人所遭受的不公同样程度上也反对其自己所遭受的不公。然而，并非所有有利害关系的人都是担忧的，原因显而易见。有利害关系的人在其自己的事情上可能坚定不移，然而对他人的冤屈可能保持淡漠。正是为了指导其与其他担忧的行为者以及与有利害关系的人之间的关系，正派的人才求助于我们在这里正考虑的两种引导性的道德原则。

那些原则之一表明，无论他人漠不关心还是公然敌视，我们都应该在所有道德相关的事务中做出道德评判。如果超出日常生活的范围，那么这条原则将正好在那些令正派的人在这点上困惑的事务上提供良好的引导。如担忧的人一样，正派的人能够与那些不正派的人或者厚颜无耻的非正派的人一样担忧同样的事情。因为实用的原因经常迫使正派的人与不正派的人联合起来追求共同的目标①——即与他们共同行动——并且因为共同的目标会产生对正义和不正义的共同看法，所以正派的人在这里必须相信非正派的人行动的结果就是他们为之奋斗的结果。然而，任何功利主义的道德并不从这种考虑中产生。因为，与正派的人有共同目标的人们——表现得非正派的，并使他们卑鄙的、自私自利的、伪善的动机显露出来，那么正派的人们——他们昔日的盟友们——就会通过道德评判维护其诚实正直。道德评判可以是个人的或者机构的（评判的或者是"英雄"或者是"英雄崇拜"）；但是它们不是私人的：它们是公开做出的。

【132】

在这一语境中，"私人的评判"等同于某人对作为一个整体的另一个人做出评判。我用"私人的评判"这个词意指我们的正派的人面对面做出的评判（完全反对或者有条件的反对）。当然，他或者她可能在实践智慧（正确的判断力）的指导下酌情破例。道德的反对只有存在着**道德的**理由使之公开时才应该被公开。在这里应该考虑两个因素：道德的反对应该被公开的**圈子**；应受公众道德反对的**行为类型**。需要在那些其行动和评判的自主性因其不了解正在讨论的人的道德品质而可能受阻的人的圈子中公开道德反对。此外，在这种情况中应该被公开的行为类型是那些对正在讨论的人的社会状况、机构状况或者政治状况有影响的非正派的态度、性格品质和行动。所以，与不完全正派的人或者完全不正派的人追求共同目标的正派的人们，只有在不正派的品质和行动对他们

---

① 当然，正派的人们永远不会与恶联合。不正派的（非正派的）人们不是恶的，不过当恶盛行时，他们免不了会受恶的影响。然而，通常来说，在冲突的情况中，如果非正当的人们做过道德评估，那他们只是不从道德的视角考虑行动或者问题，并且/或者优先考虑看起来更有用、更舒适的以及更令人愉快的东西。

的**公共表现**有影响时，才必须**公开反对**他们的不正派性格品质和行动。当人们的反对只有私下影响时就使之公开，要么是基要主义，要么是伪善的标志，而当有足够的理由使之公开却不公开则是机会主义或者懦弱的标志。这种情况隐含在引导性的原则的限定条件中，它建议我们即使面对他人漠不关心或者公然敌视时，道德评判也是必要的。

我也已经表明作为担忧的人的正派的人可能与有利害关系的个体联合起来追求共同的目标。在这方面，我们的正派的人依赖于人们应该帮助他人获得更大的自主这一原则。在这点上，已经依据普遍性的范畴选择自己的那些人和已经依据差异的范畴选择自己的那些人之间的冲突以其最强的形式浮现出来。除非他们**也**已依据普遍性的范畴选择自己，否则已经依据差异的范畴选择自己的那些人就会相信他们在某事上命定是伟大的，并且努力成为他们所是的：在其选择的领域中伟大的。作为自我指定的"应运而生的人"，他们未必故意将他人用作纯粹的手段（他们可能有一种代表他人行事的错觉）。但是他们很少会问其命运已经被 【133】他们塑造的那些人，他们是否愿意自己的命运以这种方式被塑造。"应运而生的人"是一个新的、现代的类型，他们是不受传统、习俗、规范限制，以及所有外在的权威、包括上帝影响的人。① 同样新的是已经依据普遍性的范畴选择自己的人们。然而，因为他们已经依据这一范畴选择了自己，所以他们不断地回到与其同伴的对称性互惠的关系。民主制是适合这类人的唯一公共制度。因为只有在民主制度的框架内，对称性互惠的关系在公共的领域中才得以建立并产生。

经过这么长的迂回之后，我将最后一次回到亚里士多德的好人与好公民的区分，也回到这种区分的所有精简版。亚里士多德的范畴需要的不仅仅是重新诠释：它们需要加以补充。

我们已经认识到一个担忧的人是谁以及他或者她做什么。担忧的人与"好人"或者"好公民"并不等同。这种缺乏等同的理由是，当正派

---

① 在判断道德性质时，存在着两类权威：外在的权威和内部的权威。外在的权威是社会、他者、他者的眼睛，而内部的权威则是实践理性、良知、内部的声音。在我的论文《羞愧的力量》（在《羞愧的力量》一书中）中我首次进行了这一区分。在《一般伦理学》中关于道德权威的章节将这一问题放在道德理论的一般框架中。

的人能成为担忧的人时，非正派的人也能成为担忧的。一个担忧的人可以成为一个好公民（依据定义，"好公民"意味着担忧），但是一个担忧的人未必一定成为一个好公民。（并且这也适用于拥有民主秩序的国家中，在这里"公民"这一术语有意义。）正是社会与政治、市民社会与国家这种复杂的关系网，在其中所有的方面或者问题都可以和所有其他的组合起来，才给担忧的人提供了回旋的余地，无论他或者她是一个好人还是一个好公民。然而，在一个方面，并且只在这个方面上，我把担忧的人与好公民而不是与好人联系起来。最典型的担忧的人的美德和恶习与公民的美德和恶习相似。在担忧的人也成为公民的地方，其美德是好公民拥有的美德，其恶习是坏公民所拥有的恶习。

二

概述一种现代道德哲学的尝试——我所从事的这项特定的冒险事业——是基于一个偶然的人因其与所有其他偶然的人相似而有权对他们讲话这一假设。现代道德哲学并不声称有权向其目的地（社会终极目的）已被预设，并且他们应该在这种预定的框架内做选择的非偶然的人提供建议。它将其范围限制在生来没有这种内置目的的偶然的人中。非偶然性**对**偶然性不是一个信仰的问题——例如，不是人们是否相信上帝的问题；而是一个意识的问题（意识到"被命定"的问题**对**生而拥有未定的可能性的问题）。一种只对现代的（偶然的）人讲话的道德哲学不能声称普遍有效性，它也不能自豪地说已经发现了永恒而不可改变的道德律。然而，它必须提出一个特别的要求：即它是针对**所有的**偶然的人而创立的，以便所有偶然的人在特定的情境中想要决定什么是正确的行动方向时，都能求助于这种哲学。这项要求基于这种假设：一种现代道德哲学沿着已经选择一种正当生活方式的偶然的人的生活路径，它总结他们的担忧、生活经历和特有的决定。道德哲学家本身就是受正派的男男女女们建议的人，就是问过对于他们来说怎么做才对的人。因此，他们是抄写员，不是作者，是把逐渐积累的道德智慧记录下来的人，其他

【134】

什么也没做。

就所有偶然的人，尤其是已经选择成为正派的人可以在任何生活情境中都求助于现代道德哲学而言，它对所有偶然的人讲话。迄今为止，从偶然的人被抛入的偶然世界的具体特征中提炼似乎是合理的。倘若偶然的人们生存地选择他们自己，那么就偶然的人而言，只需强调他们与其世界（或暗或明地）联系起来就足够了。在稍微更宽松的提法中，甚至后一个附加条件可以被摒弃。因为在这里每件事中也存在着"更多"以及"更少"，我们可以信心十足地说，已经开始思考其自己的处境、思考其世界的处境的人们将把他们自己以及他们自己的世界视为"轻微的"偶然的。顺便提一下，他们将凭借强大的决定性的叙事努力修补这种偶然性（这一行动是对"虚假意识"这个术语的唯一准确的翻译）。也存在着思考的程度问题：一些人从来不思考，一些人虽然思考但是让别人为他们选择，而另外一些人（大多数人）有时反思并为自己选择，有时屈从于其他人。

只要（偶然的）社会的-政治的安排不是被无保留地选择的，就它成为正派的人的直接关切而言——即在讨论**担忧的人**开始的地方——就会出现如下问题：当涉及社会的-政治的约定的道德问题时，我们能一【135】口气对处在所有生活境况中的所有偶然的人讲话吗？人们会假设，选择一个偶然世界的一般态度对世界各地的所有好的（担忧的）偶然的人都是相同的。就人们选择接受正是在这个世界中人们才成为正派的，选择接受正是在这个世界中人们才担忧，选择接受正是这个世界的罪恶、弊病、冤屈和不公才应该得以清理、解决、消除或者废除而言，人们选择的恰恰是其栖居的世界。然而，虽然这种选择的本体论结构可能始终如一，但是这种选择需要的道德努力肯定是个变量，而且，是个不能用数量的术语表示的变量。

现代道德哲学需要对所有偶然的人讲话。然而它已经陷入僵局，因为在这点上，本体论结构和这种结构需要的道德努力之间似乎存在着严重的不一致。用一个更宽容的说法，很多不同类型的道德态度与通常的本体论结构（偶然的人-偶然的世界，两者都被选择）**同等地**（在相同程度上）**一致**。并且只有正派的人在行动中才能证实或者证伪这一宽容说法的真实性。如果可以证明迄今为止已经陈述的偶然世界中的正派的人的一切使他们能做正确的事情，如果（任何类型的）公开承诺这样规定，那么我们就会证实了这个宽容的说法。因为我们会证明不同类型的道德态度与现代社会的本体论结构同等地（在相同程度上）一致。日常智慧和生活经验同样代表这种表述讲话。坦白地说，正派的人应该以一种正当的方式面对社会磨难和政治磨难，无论这些磨难是什么。人们能够寄予期望的人恰恰是正派的人；而且这恰恰就是我们对正派的人的期望。对于正派的人来说，道德变量与本体论的常量一致。只有那些依据普遍性的范畴已经选择自己，在成为其所是的（正派的人）中已经将其偶然性转换成其自己命运的人，以及那些在选择自己这个单独的行为中已经明确地选择这个偶然的世界交由自己照管的人，才值得我们完全信赖。他们，而且只有他们，可被认为拥有道德才智、直觉和实践智慧——所有必要的条件——在所有可能的（现代的）环境中的公民参与中做正确的事情。完全**信赖**和**信任**并不会因这里经常提到的即使正派的
【136】人也能够犯严重的道德错误这一事实而削弱。因为在绝对信念缺席的情况下需要信任和信赖。

　　这个抄写员，道德哲学家，把别人口述过的东西记录下来。并且，当谈到公开承诺的道德时，许多同样正派的人将会讲述不同的故事。这个作为抄写员的道德哲学家既没有足够的空间把所有这些故事都记录下来，也不能确信听众有耐心读这些故事。因此，我们将对它们进行总结，并用两种模式加以说明。两种模式都将是抽象的（正如模式通常是的那样）和不充分的。此外，我们在知道通常人们都在两种模式的混合体中生活和行事的情况下概述它们。绝不存在完全没有威权主义和独裁机制的民主，其中所有民主行动的途径都被完全消除的现代极权主义的版本证明是短暂的（当然，是用世界-历史的标准而不是用它们的受害者的寿命来衡量）。接下来，只有极权主义和自由主义的民主将被讨论，因为两者都是典型的现代发明，而且可以说两者都对人的偶然性做出反应。自由主义的民主愿意面对偶然性，而极权主义社会，尽管拥有等量

的偶然性意识，却发展并推动着决定性叙事（不管它们本质上是"历史的"还是"生物的"，即种族主义的）这种虚假的意识。这种对比是我选择这两种"纯理论的"模式的充分理由。

正派性的英雄

黑格尔把道德（*Moralität*）视为纯粹的主观性而不予理会。在他的陈述中，道德在世界历史的发展中曾是一个开拓者，一种虽不断失败但对现代性的出现有贡献的力量。然而，在现代社会中，道德（道德主观性）再次成为一种无所不包的一般性习俗的、伦理的纯粹主观的方面。然而，这次伦理实现着（包含着）客观精神层面上的所有自由。这种叙事在民主社会中对正派的人有一些帮助，但是在极权主义社会中它的要旨却被完全放错地方。在与客观精神和谐一致的意义上，"与现实和谐一致"，这包含着集中营和毒气室的情形，恰恰是正派的人肯定不接受【137】的东西。极权主义国家（社会）的主要制度体现着一种极度僵化而强大的习俗类型，它**排除自主性**。完全接受这种习俗等同于放弃人们自己的道德自主以及放弃道德选择本身（因为选择我们自己作为好人同时也是选择我们自己作为自主的人）。所以，正派的人不可能相信极权主义的习俗是他们主观上与之联系的伦理或者他们可以"内化"的伦理。在这样的条件下，正派的人必须坚持他们自己的主观性（道德）并听从他们自己的内心、灵魂和道德良知的建议。因为一旦他们注意极权主义习俗的"建议"时，他们就会迷失并（在道德上）成为非人。正派的人为了其自己是正派的这一先前的说法在这里也适用。这就是黑格尔不予理会的**完全的道德的态度**在极权主义社会中被当作正派的人的规范态度而**复兴**的原因。如果在这种困境中的人们问"对我来说怎么做才对？"这一问题，那么唯一的答案就是"听从你自己的良知，而且仅仅听从它"。

显然，这条原则不能被一般化。在其他情况下，现代人无论如何都不要建议另一个人仅仅听从他们的良知，尤其在共同关注或公众关注的事务上。相反，他们建议一个人应该倾听别人的意见，考虑传统、境遇，等等，只有在已经阐明并纠正自己的意见、接近作最终决定的时刻，才咨询自己的良知。然而，在极权主义的条件下，"广泛咨询"这一原则十分可能导致虚假合理化的内化，所有这一切都可能导致严重的道德错误，甚至更严重的事情。正是这样，人们才应该遵从"听从你自己的良知，而且仅仅听从它"这一准则。

人们只能听从告诉自己某事的东西——那这个著名的良知能告诉我们什么呢？这一直是哲学沉思的永恒话题，而得到的结论总是非常含混的。因为极权主义是一种典型的（*par excellence*）现代现象、一个现代合理化和工具合理性的产物，所以**全部的**现代性经常会因它而受到指责。如果这种指责是正确的，那么良知这剂针对极权主义之毒液的唯一解药，一定有一个前现代的基底。实际上，"虚无主义的叙事"的拥护者们一直告诉我们，这剂解药（良知）的基底拥有宗教血统。它仅仅是我们受宗教传统教育的遗迹，正是这种"古老的"声音奉劝我们，当我【138】们面对面地遇到恶时要抵制它。在我看来，这种"虚无主义的叙事"已过于笼统地概括了一种纯粹历史的以及特殊的现象。因为无论相信它，还是缺乏它，无论一个人致力于一种特殊的传统、信念、文化或哲学中，还是根本不致力，都存在着人们可以依赖的某类**完全现代的**（后传统的）道德良知。

在我们面前呈现的后传统的良知并不完全缺乏内容。实际上，第二章中整个系列的思想都集中在弄明白这个特别的内容上。在那里，我们沿着已经决定成为其所是的，以及在这种追求中寻找其可以依靠的原则、规范和准则的正派的人们的路径而行。因此，如果我们问处于极权主义社会中的男男女女们可以从现代的（后传统的）良知里听从和依赖什么时，我们就会提前知道答案。在这种境况中，仅仅依赖自己良知的人们采取道德的立场，并且用其主观性对抗极权主义机器的习俗。这种主观性道德是现代社会中的正派的人的行为、态度、不断摸索、生活经验的精华。而且总是存在着适于这种道德的一种**可能的伦理**。更确切地说，存在着各种适于这种道德的可能的伦理，但有一种例外：极权主义的伦理。在极权主义中，道德必须保持主观的。现代男男女女们把现代世界选择为一个偶然的世界。他们意识到任何存在的东西并不必然存在，因为它也可能不存在。正是他们在完全自主中主张的东西超越了偶然性，因为他们是那些使其成为命运的人。因此，仅仅依赖我们良知的纯粹主观性、纯粹道德的抵抗都绝不是一种无目的的姿态。因为就这种姿态适于正派的人的主观性而言，它与一个目标的**可能性**相关，与一种高于极权主义现实的可能性相关。

纯粹主观的道德的态度在极权主义的情境中是正确的态度，而在（现代社会中）所有其他的情境中则是错误的（在较大或较小程度上）。这一说法如第二章阐述的那样是现代道德良知之内容的结果。

如果人们始终记得现代人的良知包含着道德方向的原则、互惠的规范、美德规范以及第一次序的准则，那么就可以获得在极权主义条件下正派的人的困境的合理观点。在极权主义中，国家和社会（倘若后者已经被前者总体化①）有权并且有特权对人们的整个生活提出要求。它们将不让你在任何重要的事务上为你自己做决定。它们将决定你的家庭生【139】活和生育计划、品味、文化和宗教的事务；强行规定你的价值和美德以及对它们的诠释、你的职责（而不配以相应的权利）、你的天赋，以及几乎一切事情。甚至在你的家庭和朋友这一最狭小的圈子中，在不断受到压力要求放弃的正是那些（与人的苦难和脆弱性，尤其是与自主相关的）原则时，你如何才能达到道德方向的大多数基本原则的要求？在这种情况下，"听从你自己的良知且仅仅听从它"这一命令几乎使人没有回旋的余地。无论代价如何，人们都应坚持基本的正派性的原则。因为正派的、好的以及正直的人——现代的和前现代的都一样——都遵守道德规范而不计后果，所以无论结果如何，基本的方向性的道德原则绝不会被避开。在这点上不应该引入功利主义的考虑。人们必须**仅仅**倾听自己的良知，每当人们在功利主义考虑的影响下开始修订原则时，就会做不到这一点。良知要求人们遵守那些原则，但是它并不要求人们抑制挽救自己的生命或自由，甚至挽救自己的社会地位的努力，只要在不违反那些原则的情况下能够实现这些。如果没有避开或者违反这些原则，那

---

① 参见第二章第16条注释（即外文原书第96页注释）。

149 ·

么其运用将允许自我防卫，有时甚至为功利主义的考虑留下空间。认知和自我认知属于在每个问题上正确运用这些引导性原则的主要条件。尽管我们将继续详细讨论这个问题，但是现在需要说清楚某些相关的考虑。①

当人们仅仅依赖自己的良知时，固执的无知和自我欺骗最容易妨碍和歪曲人们对现实的感知。依靠自己良知的正派的人不会把一种生产性的力量归于它。在道德的事情上，人们并不把自己的良知依赖为唯一的权威，② 因为在第二章中讨论过良知的内容必须受客观的（主体间性的）道德标准检验。当人们对于自己周围将发生的事情、对权力机制和自己在其中的位置有相当正确的看法时，就可以只是正常使用那些标准。尽管一个人能将自我认知整理到相当好的程度，然而仍然会受到欺骗或者从一种自我欺骗转向另一种自我欺骗。但是如果没有帮助，人们是不可能对权力机制拥有良好的洞察力的。想要弄清楚怎么做才对的正【140】派的人因此必须征集与权力机制相关的各种信息，以弥补其自己阅历的限制。为了使自己免于固执的无知和自我欺骗，人们必须听从如下的建议：**"从所有可得到的信息来源中搜集有关权力机制的信息，把事实和对它们的评价分开，并且把你自己的道德价值与这些事实联系起来。"** 然而，要求一个人仅仅依赖自己的良知这条原则和第二条原则都不能被一般化。

在极权主义条件下，极度的道德是保护基本正当性的恰当方式。在整个世界最不幸的时候，需要的不是拥有英勇事迹的英雄，而是承担保持正当任务的英雄。所以，好人和担忧的人之间的区别消失了，不是因为好人必然变成担忧的人，而是因为善本身变成一种与政治相关的态度。三种不同态度——正当性的态度、担忧的态度和英勇行为的态

---

① 世界历史的责任是对（未来）世界的责任。这种责任的独特结构特征在《一般伦理学》中已讨论。

② 在《羞愧的力量》和《一般伦理学》中，我区分了作为道德判断的最高权威的良知和作为道德判断的唯一权威的良知。作为最高权威的良知在独立思考中显现其自身：我们顺从外在的权威，但是我们自己做最后的决定。作为唯一权威的良知是自生的，正因如此，它是完全主观主义的。完全的主观主义会引起完全的顺从（极权主义个性）。

度——的结合使"超义务"这个范畴过时了。迄今为止，我们的正派的人一直是正派的，既不是一个英雄，也不是一个圣人，更不是一个能做出极大自我牺牲的人。与此同时，人们假定，存在着一种技艺超群的人、英雄和圣人拥有的相同且更高类型的善以及**狭义上的超义务**（这是特别的善，超出了正当性要求的水平）。但是如果纯粹的正当性强烈要求牺牲职业、自由，最终牺牲生命自身，那么纯粹的正当性就成了超义务。

在第二章中，谈论（现代的）正派的人的基本美德时，我大致提到了所有的男男女女都必须回避的那些恶习的类型。我进一步补充道，美德和恶习都是**性格品质**：你不能今天是一个胆小鬼而明天又成为勇敢的。这种突然改变表明你并没有生存地选择自己作为一个正派的人；而是你让其他人不时地为你选择。在这章一开始，我就指出一个正派的人在所有可能的（现代的）境况中都会是正派的，换句话说，一个正派的人会充分准备应付一切政治上和社会上可能发生的事情。那些随着政治背景的变化而在道德上改变的人证明他们还没有依据**普遍性的**范畴选择其自己。套用亚里士多德的说法，一个人能够像一个好人，但却不是好人。这是为什么专注于讨论特定政治背景的框架内的伦理学的道德哲学作为一种道德哲学毫无价值的原因之一。一当改变背景，你的道德哲学将根本不管用了。在某些国家中，按照上面的方法，每次政变、叛乱或者军事接管都要设计出一种全新的道德哲学，这是荒谬的。我们的常量【141】是一个正派的人在所有的境况中都是正派的。迄今为止已经谈论过的正派的人的所有特征、所有方向性的原则和规范、所有正派的人所致力的美德、所有他们用来作为拐杖的准则都是**普遍的**，这些是就其对于在功能性的机构和公共的–政治的领域中，也在日常生活中选择成为正派的所有现代人来说都是有效的而言的。

因此，正派的人的**基本美德**（*the fundamental virtues*）在所有的境况中都是同样的。然而，这些美德在不同的境况中以不同的方式被实践着。基本美德是普遍的，而某些其他的美德却不是。尽管并非所有正派的人都认同后者，但是他们确实都认同前者。此外，他们并不完全认同的价值可以在公共的（政治的）行动或关注中被实践。但是私人的和公共的、社会的和政治的、个体的和集体的之间的区别在成为纯粹正派需要超义务和英勇行为之处仍然模糊不清。就所有正派的人共同的价值而言，在极权主义条件下与在较少威胁、更宽松的环境中实施它们的方式并不相同。

很明显勇气也是如此。极权主义是非常恐怖的状态。① 各种各样的现代独裁国家使社会原子化并传播着普遍的恐惧。全面控制是所有暴政的厚颜无耻的愿望，但是它却需要现代社会提供愿望的达成。全面控制在两个条件下是可能的：一个是人们可以完全被控制的情况；另一个是可找到全面控制的方法的情况。在一个尚未原子化的、共有的以及有机的社会中，第一个条件无法得到满足。一个人类群体的，尤其是家庭的成员身份比别的东西都高，而且基因亲近（genetic closeness）伴随着信任和忠诚（也在公共事务上）。只要人们信任自己群体中的成员，那就不可能受到全面控制。控制者需要生活的最私人领域中的告密者，只有随着现代技术的出现，这才成为可能。此外，现代技术已经提供了大众恐吓、大规模处决以及集中灌输的方式。每个非民主的政治机构都开始与极权主义机构相似：那些控制手段的人也控制着人。

恐惧，作为一种人的情感，② 是与生俱来的，而且有非常强的激励力量。通常，这就是它会受其他情感"社会化"、控制的原因所在。在传统社会中，当共有的习俗需要勇敢时，正是**羞愧**——另一种情感——
【142】的征兆激发了勇敢。人们控制恐惧表现得很勇敢，而不是接受反对或者蔑视，这种反对或者蔑视是人们如果不这样做的话会在共同体的"注

---

① 康奎斯特（Robert Conquest）的著名著作《大恐怖》（*The Great Terror*），其题目囊括了极权社会中主观感受（作为大恐惧的恐怖）和客观功能（作为实践的恐怖）的一致。在一项尚未出版的研究中，科拉迪（Juan Corradi）已经剖析了在阿根廷非极权主义的将军独裁的背景中恐怖（作为大恐惧）的运作方式。

② 恐惧，作为一种情绪反应（affect），是与生俱来的，并通过人所共知的身体和面部的表情（例如，战栗、主动逃跑的冲动、心跳加速以及面色苍白）显现出来。然而，纯粹的恐惧很少发生，因为就像所有的情绪反应一样，认知方面被融合到感觉本身中，认知方面区分感觉并将感觉转变成不同的情感和引导性感情。这一过程在我的著作《情感理论》（*A Theory of Feelings*）（Assen: Van Gorcum, 1978）中已详细讨论。

视"下所遭受的。在一个极权主义国家中，共有的纽带已经消失的地方，羞愧因素对控制者有用：他们是注视你的"眼睛"。引发一个人克服恐惧的情感是什么？仍然是羞愧，然而是一种与良知结合在一起的羞愧：一个人在自我之镜中看并且看到了一个在共同体面前应该羞愧的人，这在单独的自我注视镜子时碰巧体现。此外，一当我们失去我们的自尊和自我认可时，就会对自己感到厌恶。

当正当性和超义务已经融合时，就需要巨大的勇气保持基本的正当性。否则人们肯定会对自己的表现感到羞愧和厌恶；仅仅在这种强有力的动机的影响下，人们才能保持正派的。在这种背景中，勇气是一种无所不包的（非理智的）美德，因为它几乎包含所有其他的美德。例如，互惠的规范，人们通常就能遵守而不必成为勇敢的。在正常情况下，借钱给某人以作为对以前相似帮助的互惠的行为，以及到爱交际的邻居家中做客都不是勇气的事情。但是在极权主义社会中，如果他人是一个犹太人、异己阶级中的一员，或者"人民的公敌"，那么做这些事情就成了极度勇敢的行为。另一个例子是真实（truthfulness）之（限制性的）规范的问题。根据这本书中阐述过的准则之一，一个不信任任何其他人的人不是正派的。而且，这是一个"在正常情况下"不需特别勇气的规定。然而，在一个极权主义社会中，没有人可以信任是一种共同的感觉。人们之所以不信任别人，不是因为他们享受不确定的隐瞒身份的乐趣，也不是因为他们在心理上受到不可抗拒的压抑，而是因为他们不能判断出谁会在压力下变成告密者，因此一种相互的、无处不在的恐惧占据了统治地位。然而人们必须完全而充分地信任至少一个人，因为如果不冒这种风险人们就不能成为正派的。人们如果不在至少一个小圈子中讨论共同关心的最重要的问题也不能保持正派的。最后，人们如果不赞同"正派的人存在"这一命题的真实性就不能是正派的。那些正派的人应该得到信任。但是他们是谁呢？如何能找到他们呢？这是需要巨大勇气的地方。一个正派的人在事先没有绝对的证据证明别人的正派性和可靠性时，必须冒信赖别人的风险。在这些大胆的行为中经常会犯悲剧性的错误。然而，冒悲剧性错误的风险，甚至犯悲剧性的错误，也比完全【143】

没有任何类型的信任、信赖或者坦率活着要好。一个正派的人如果不为
了信任而调动巨大的勇气储备，那么在极权主义背景中往往就会成为伪
善的、愤世嫉俗的和遁世的人——正如克尔恺郭尔将之表述为"一个封
闭区域的人"（a man of closing reserve）。

如果仅仅保持正当性需要巨大的勇气，那么积极反抗的行为需要哪
种勇气呢？积极反抗可以是个人的也可以是集体的。在一个完全原子化
的社会中，集体反抗行为通常被排除在外。在这种条件下，单独个体的
积极反抗是超出超义务的"正常"水平的超义务。

在正常情况下，单个人的积极反抗需要**公民勇气**。这样的行为有时
有严重的后果（例如，失去工作、公开羞辱，等等）。这就是为什么它
们是公民**勇气**的行为。但是在这样的情况中，赌注通常不是一个人的生
命。然而，在极权主义条件下，单个人的积极反抗或者公开介入通常包
含着死于非命的危险。承担这种有勇气的行为的男男女女们预先就很清
楚他们的生命因其行为会受到威胁。面临死于非命的危险同样是军人勇
气的一个**必不可少的条件**。但这通常是一种**集体的**行为，然而在极权主
义条件下显示公民勇气的男男女女们是**孤独的战士**。他们被原子化，他
们独自战斗，他们独自死去，通常处在完全匿名的状态中；在他们的事
业中甚至没有军人勇气这种非常强烈的力量，没有在他人面前失去荣誉
这种威胁。在极权主义境况中积极反抗的孤独战士比职业战士有一项更
沉重的任务：如职业战士一样，他们冒着死亡的危险，但是他们既没有
集体行动的强大动力，也没有对回报的期望。只有当发起集体的反抗行
为时，这种公民战士才像职业战士一样，拥有一个共同的目标激励他们
前进。那时他们才能同前进共死亡。

只要基本正当性不因受到抑制而面临危险，正派的人就可能放弃积
极反抗。在决定是否是这种情况时，他们需要运用良好的判断力。在这
里功利主义的考虑可以发挥作用。例如，人们可以合理地问一种特定的
勇敢行为是否会帮助他人，或者它是否仅仅是一种私人的姿态、一种内
心紧张的发泄方式、一种勇敢的姿态，等等。

【144】　　在极权主义条件下，**克制不采取某类行动**有时也需要巨大的勇气。

在纳粹期间，坚决拒绝用"希特勒万岁"和别人打招呼的某个人告诉我，就她而言，这种拒绝比在集中营中她加入一个她最终可以找到自己的秘密政治组织需要更多的勇气。一个社会，不仅仅是国家越被总体化，积极勇气和消极勇气就越是重叠；一个社会越少被总体化，这两种勇气就越是分离。

克制不采取某些行动也是**抵制诱惑**的事情。诱惑类型各异，每类都将引诱不同的人。如下是一些正派的人和非正派的人都能落入的典型陷阱：获得更大影响的诱惑（为了一劳永逸地利用它，人们可能将它合理化）；获得一个在其中人们最终可以帮助受害者的位置的诱惑；"如果其他人做了这件事，结果可能更糟"的流行语。自我欺骗的主要来源集中于两个有正当理由的论据，两者都源于功利主义。第一个是，"如果能够拯救人的生命，那么我将和魔鬼合作"。另一个是，"人们只有从内部才能改变这些机构。一旦我处在这个机构的内部，我就能有助于改变，而那些为了保持其空洞的道德而留在机构外部的人将在政治上无能为力、毫无成果"。对于正派的人来说，诱惑的根源在于这些是真正道德的论据。例如，用霍赫胡特（Rolf Hochhuth）创造的短语——"党卫军中上帝的间谍"这种生存的困境的确是严肃的。匈牙利的犹太人凯斯勒（Kessler），这个亲盖世太保和党卫军的高层军官的人，在匈牙利实际上比任何抵抗战士拯救了更多犹太人的生命，然而他被阿伦特称为"地球上的败类"。正如很多实例证明的那样，绝不能否认已经决心从内部改变某些机构的人们有时的确有助于减轻苦难。但是仍然可以肯定地说在绝大多数情况下，有正当理由的论据保持着，也一定保持着空洞的合理化。

但是，并不是由于这些原因我才强烈反对上述的论证方式。这种正当理由实质上是功利主义的。一旦功利主义正当理由凭借着规范、道德方向的原则和准则被接受为正当理由的**替代品**，那人们就必然会全盘接受功利主义的道德哲学。我所写的这一整本书都深信一种功利主义的道德哲学极其不适合为提出"对我来说怎么做才对？"这一问题的正派的人提供一般性的指导方针。正是基于我的坚定看法，我才表明最稳妥的

【145】抵制诱惑的方式就是弄清楚参与一项行动或者加入一个机构是否允许你按照你在其他场合所认同的原则、规范和准则生活、思考与活动。如果它们允许，那么功利主义的考虑在你的决定中起次要的作用。如果它们不允许，那么你必须抵制诱惑。这种道德严格性格外有道理，因为正派的人太容易屈从于道德合理化。在功利主义的论证中，尽管人们不懈努力地使道德理由（moral reasons）和道德合理化（moral rationalizations）保持距离，但的确很难区分开它们。即使我们永远也不能在道德论证中"保持安全"，但是一些路径要比其他路径更能防止人们犯致命的错误。

此外，克制不做某事等同于**抵制威胁**。在致命威胁下，任何正派的人都不会被迫完全毫不隐瞒地说话（因其正当性）。在这种极端情况中，正如（公开的）真实的规范暂停一样，（明确的）真诚的规范也暂停。然而，一个想保持正派的人，在任何胁迫的情况下，都不得谴责他人，也不得宣誓或者发表声明效忠一个以折磨他人为功能的机构、势力或者组织。如果这种威胁不太严重或者不太紧迫，或者既不太严重又不太紧迫，那么对威胁的抵制也应更直言不讳。最后，如果对威胁的抵制再次成为一种只涉及这种行为的正常风险的公民勇气的行为，那么所有暂停的原则都会重新生效。底线是，在极权主义社会（国家）中一个人的道德勇气不能用人的行动这一个因素来衡量：也必须考虑这个人所受到的与威胁和诱惑相关的数量与强度。

在极权主义条件下，正派的人给正派的人如下的建议。"听从你自己的良知，而且仅仅听从它"；"从所有可获得的信息来源中搜集信息，把事实与对它们的评价分开，并且把你自己的道德价值与这些事实联系起来"。根据**这两个**假设行动的人们需要巨大的勇气。搜集暴政之恐怖景象的事实本身就是一种极大勇气的担当。如果社会，不只是国家，是极权主义的，那么把事实与对它们的评价分开就可能使正派的人与那些已经被彻底灌输并因此不能用自己头脑思考的人产生冲突。超出公民勇气（civic courage）和军人勇气（military courage）的范围之外，在这样的行为中还需要第三类勇气：**理智勇气**（intellectual courage）。

在阐述理智美德时，亚里士多德坚持说其中只有一个，即**实践智**

慧，是积极的生活方式中的一种道德要求。实践智慧在现代仍具有重要意义（就像在第四章中将阐述的那样）。然而，某些其他的理智美德在【146】过去的几百年间也已获得了道德意义，甚至名声很大。因为对某些正义的规范和规则的有效性的质疑和检验不再是一种只有内行才懂的理论活动或者一个非凡事件，而是通过持续的活动已经成为政治论争和社会论争的基本**规范**之一的事情，因此，它**本身**就是一件**有道德的事情**。这种特定的理智活动只不过是我在别处所说的"理智的合理性"（rationality of intellect）这种态度的概括。在自由主义的-民主的背景中，"动态正义"（对现存制度的正义和正确性的检验与质疑）的活动被认为理所当然的地方，人们从"理智的合理性"的立场批评局势并不需要特别有勇气。而且，采取这种立场本身甚至都不是一种美德；相反，美德是以一种恰当的方式运用理智的合理性①。我将马上回到这个问题。相比较而言，在极权主义社会（和国家）中人们不得不接受主流制度的地方，以及理智的合理性这种态度成为非法的地方，愿意（readiness）用自己的理性采纳这种态度本身就成为一种美德。我称这种愿意（readiness）为**理智勇气**。

理智勇气包括决心弄明白**"到底发生了什么事"**。这是一项困难的工作，当审查制度和灌输阻塞了信息流的通道时，在那里人们对于基本的真相全然不知，统计数据被定期篡改，且疑问，甚至好奇都被斥责为不忠诚，甚至也许是犯罪意图的迹象。许多拥有善良意志的人，他们中见多识广的，甚至才华横溢的人也会因缺乏理智勇气而犯致命的错误。因为见多识广和才华横溢是优秀（excellence）的品质，但是理智勇气是一种**美德**。这种最重要的理智美德与理性计算背道而驰；那些致力于它

---

① "理性的合理性"（rationality of reason）指的是根据现行的（有效的）理所当然的规范和规则，在主要的价值方向的范畴（好/坏、善/恶、神圣/世俗、真实/虚假、对/错、有用/有害、优美/丑陋，等等）的引导下区分的能力。"理智的合理性"（rationality of intellect）指的是在证明抛弃或者接受（现有的规范或者人们建议代替现有规范的其他规范）有道理时，检验一条或者更多理所当然的规范或者规则的能力。"理性的合理性"是一种经验的人的普遍性（人类的本体论的组成部分），而"理智的合理性"在早期社会中发挥边缘性和间断性作用之后，在现代被一般化为"理性主义"。我在《羞愧的力量》一书的《日常生活、理性的合理性、理智的合理性》中从各个方面讨论了这一问题。

的人经常被视为古怪的，被视为已经丧失其常识的人。这绝非偶然。正是现代性才引发了偶然性的意识。现存的制度也可能不存在。理智的合理性正是由于偶然性意识才成为习惯性的思考方式。虽然这是现代性的一般性特征，但是现代极权主义却以摩尼教手法运用偶然性意识。一方面，所有他者的制度都应该受到无情的批判；尽管它们存在着，但是它们不应该存在。另一方面，"我们的"制度都应该受到保护、赞扬、颂誉，因为依据释义它们都是好的；它们也受到恶的他者的威胁。这种摩【147】尼教式运用偶然性意识极为非理性。因此，人们对它的反应，即理智勇气奋起反抗，经常同样带有强烈的非理性色彩就不足为奇了。它肯定会被那些采取"理性的合理性"态度的人视为非理性的。在极权主义社会（国家）中，独立思考的出发点是在不受摩尼教教义的论证影响的同时对"手段－目的"算计的放弃。① 在一个非理性的世界中正派的人必须意识到合理性的限度。为了保持正派的，人们有时必须做违背常识的事情。但是正派的人不会以违背常识为乐。他们的理想依然是对称性互惠的状态，越多就越高兴。正派的人避免违背常识，这与他们周围生活中的对称性互惠的增长成比例。

好 公 民

现代的男男女女们是自由主义的－民主的国家中的公民；他们**已经成为**其公民。财力有限的人，尤其是身为工人阶级中的人，以及所有的女性都在为他们的公民权（citizenship）而斗争，通过他们自己的努力，最终获得公民权。他们新近获得的偶然性意识是他们最有力的动力。他们知道了这个世界不仅应该，而且能够与过去不同，他们知道了这种改变只能通过他们的努力才能发生。这就是伴随着男男女女们作为其公民，自由主义的－民主的国家初次建立的方式。自由（作为权利）为社

---

① 认为理智美德等同于合理性、合理性等同于完全理性主义是一个错误。并非合理的一切都是好的（或者，就此而论，都是有道德的），反之亦然。恶魔擅长于理性论证。黑格尔在他的《哲学史讲演录》中谈到芝诺、诡辩论者、怀疑主义者和其他人时指出了这一点。

会的-政治的论争提供框架。自由（作为权利）有保障的地方，无论是否写入宪法，动态正义都是理所当然的。换句话说，所有现存制度和社会安排的公正特征都可以不断受到质疑和检验。如果从"理智的合理性"立场着手，对现存制度的激进质询未必违背常识。

男男女女们，作为一个自由主义的-民主的国家中的公民，不是担忧的人就是非担忧的人。可以称后者为"消极的公民"。好公民是担忧的人，尽管并非所有担忧的人都是好公民。**一个好公民担忧国家**（其"城市"）**中的正义和不正义的事情**，并且参与到目的在于补救不正义的行动中。

一个好公民把他或者她的权利理解为责任。

在古代城邦中（罗马帝国是个例外），公民权不是一种权利，而是一种地位和一种特权。公民是政治实体中的部分（正如亚里士多德所说的那样，城邦是其公民的总和）。然而，早在现代开始之时，有代表性的思想家就注意到这种模式不再起作用。他们主要的以及广为人知的论点是，现代国家的规模使直接管理要么完全不可能，要么至少不太切实可行。使古代城邦过时的因素表中可能要加上偶然性。这些城邦，包括民主城邦，绝不是自由主义的。现代自由主义不仅仅是资本主义的自我辩护（被理解为自我调节的市场），也不仅仅是占有式的个人主义的表达，尽管它允许这两种诠释。现代自由主义同样表现出偶然性意识，而且这已经成为现代个体的典型生活体验。我们不再认为自己生来就拥有一个在摇篮中就界定我们责任的"身份"。相反，我们相信我们能通过选择、推动和设计决定我们的生活路径。这一点甚至在历史实例证明之前就已相当明显，每当政治义务强加给我们而不是我们选择它们时，我们是多么坚决地准备捍卫我们的偶然性或者我们的"偶然性的权利"（毕竟，我们是"生而自由的"）。公民身份在现代自由主义的-民主的国家中可以成为消极的情形，我们既可以选择参与政治生活，也可以选择不参与的情形，权利依然是空洞的，没有被用作也没有被理解为责任的情形——所有的这些都是我们偶然性的消极体现。当然，人们可以希望，在某些条件下，大多数当代的消极公民会成为积极的。然而，

【148】

我们不应希望每个人都成为积极的，甚至也不应该想，因为这种统一性的希望本身与偶然性相矛盾。在现代自由主义的-民主的国家中，纯粹的公民身份本质上并不包含义务或者责任（仍然存在征兵制度的地方，男性公民服兵役是例外）。因此，公民身份的责任不得不被选择，被"坚定地承担"。只有好公民才将其权利理解为责任。

一个好公民担忧正义和不正义的事情。

一个**不担忧**正义和不正义的事情的人**不能**成为一个好公民，尽管他或者她可以成为一个正派的人。正派的人经常对不正义安排的很多受害者感到担忧，而没有形成对这些安排本身的看法。陀思妥耶夫斯基的索尼娅（Sonia）（在《罪与罚》中）和梅什金（Myshkin）（在《白痴》中）无论如何都不能称得上是好公民，然而他们无疑都是好人和担忧的人。也存在着对正义和不正义的事情"不再"感兴趣而不是"尚未"感兴趣的某类善。展现这类善的人深切地关照那些确实被判有罪的人、罪 **【149】** 犯、不值得帮助的人。这种个人的善与成为一个好公民完全对立，因为后者应该捍卫正义（尽管未必以"愿世界毁灭"的严苛之言，但是经常怀着沉重的心情）。

如果男男女女们关注的仅仅是正义和不正义的事情，那他们就能成为好公民。

一个好公民并不一定是一个正派的人。在日常生活的事情上，即使不遵守道德方向的一般原则，也完全有可能履行"好公民身份"要求的所有行为。如下情况经常发生：男男女女们对邻居的喜怒哀乐毫不在意，他们不关心他人，却仍然一丝不苟地履行其公民身份职责。从事正义和不正义的事情与关照作为人的其他人需要不同的态度。好公民身份与存在的选择并不相关。一个公民把权利理解为责任，但是可能承担也可能不承担这些责任。这就是好公民身份何以也是选择的问题。因此，人们选择成为一个好公民，**但是并不选择自己作为一个好公民。做个好公民或者成为一个好公民不是一种命运。**人们能依据差异的范畴生存地选择其自己作为政治行动者（这是在其最广义上"作为志业的政治"的意思），并且能同时选择成为一个好公民，但是第二选择并非由第一种选择而来。人们也能依据普遍性的范畴生存地选择其自己，并答应成为一个好公民，就好像这种承诺确实是由最初的选择而来一样，虽然它不是。最后，一个人在根本不生存地选择其自己的情况下能够选择成为一个好公民。许多好公民**作为人**依然是偶然的。他们之所以可能把他们的公民权利理解为责任并关心正义和不正义的事情，只是因为他们周围的人这样做或者因为他们意识到这样做符合他们的利益。我们已经提及担忧的人和有利害关系的人之间的不同，以及他们之间的区分因互动和不断对话而变得模糊。人们也已经注意到，由于利益动机已经成为一个好公民的人，当那些动机不再适用时，出于习惯，可能依然如此。

在划定这种区分本身时，已经可以看到好公民需要的态度和好人需要的态度略有不同，这就是首先要划定它的原因所在。亚里士多德，这个发现这个问题的人，将这种不一致归因于根本法律和制度的不完善。在现代，这个问题有更进一步的以及不同的含义：这种不一致不再只被归【150】因于根本法律和制度的不完善，因为它可能仅仅是我们不再希望好公民的美德和好人的美德完全一致。我将从两个方面简要地谈谈当前的境况。

重复一下，好公民担忧正义和不正义的事情。这应该是所有好公民的普遍忧虑，并且只有这个能使一个公民成为好公民。因为存在着两类正义，所以同样存在着两类不正义。第一，正义的规范以不正义的方式运用（非一致地、不连续地，或者特定的规则不应用于一个群体的成员）。第二，规范和规则本身被视为不正义的。好公民寻求纠正这两类不正义。

如果正确的规范被不正义地运用，那么某一个体或者群体就会受到伤害。好公民关涉这些个体或者群体的事件，并不是因为对某一个体或者群体担心，而是因为对某一问题担忧。**作为人的好公民**，未必受到道德方向的一般原则引导，他或者她可能关心也可能不关心那些相关的人，但是肯定关心"其他人"。他们所执行的原则如下：这些人是不正义的受害者；所有人都不应该成为不正义的受害者；不正义应该得以纠正；正义应该得以实现。甚至都不需要与受害者有私人交情；知道他们的情况就足够了。

161

然而，以动态正义参与正义的论争大大地从某一个体的宿命中得以分离。这种分离的程度取决于论争的场所和方式。每当某个机构的规则和规范受到质疑，每当这些规则被声称是不正义的，应该由别的、正义的诸规则代替时，就存在着一个特定人群，即对手，这些人发起论争或者是这种论争的指向对象。① 论争的场所可以是公共领域或者社会的-政治的机构，方式可以非常广泛，包括出版物、演讲、行动和集体行动。在对正义的论争中，人们既可以搜集与讨论的问题相关的积累的知识，也可以调动自己的生活经验。人们可以作为一个个体或作为各种群体——要么其需要处在紧要关头的群体，要么其目标引导他们阐述建立更正义制度的替代性的建议的群体——中的一员参与到争论中。在一些这样的行动中，担忧正义和不正义的事情可能与担心特定的人完全分

【151】 离。设计制度以及漫不经心地考虑那些本应更正义的替代性的模式，在委员会的会议上讨论替代性的建议，提交建议并谦逊地接受结果，即便结果不利时——所有的这些都可以在与将会受到这些建议直接影响的那些人没有任何联系的情况下完成，超越了礼貌这一要求（顺便说一下，在一种特定的文化中，礼貌可能是也可能不是要求）。

考虑到现代社会的复杂性、现代国家的规模和社会的-政治的机构的多样性，把法规和制度的"不完善"归咎于好人的美德和好公民的美德并不一致的情况是荒唐的。我在《超越正义》中已经详细论证了为什么在现代的（偶然的）人的认识中，一个完全正义的社会既不吸引人又不可欲的原因。

还存在着另外一个原因。在第二章中，我通过沿着已经选择成为正派的偶然的人的路径着手建构一种现代道德哲学的工作。我之所以选择这种特殊的方式，是因为我已经得出了下面的结论：早期试图创建这种哲学所遵循的两条主要路线都是错误的，实际上它们只不过是同一理论规划的替代性版本，指导我们从我们所在的群体——无论这个群体是小

---

① 不言而喻，不仅好公民参与到对公正的论争中，而且在某些情况中他们始终参与。论争的"所指对象"，即不公正实践的受害者，并不始终参与这一过程：他们可能因为一些原因而丧失行为能力或者仅仅是无法参与（正如精神病人或者小孩儿）。

的，范围广的（国家）还是普遍的（幻想的群体"人类"）——的成员身份中获取对我们进行道德建议的权威。在我看来，这种路径依然是中了前现代的魔法。我在第一章中就提出，在现代社会中，一种建立在"群体权威"基础上的伦理学要么是排他主义的，要么是纯形式主义的。因此，我决定从依据普遍性的范畴选择其自己的偶然的人着手。这种选择就它能被每个偶然的人、被所有这样的人承担而言是普遍的。然而，它并不使做出这种选择的人成为"普遍的"，因为它让他们处在其具体性和独特性中、致力于其自己的命运。在这种新的路径中，一般性的道德方向的原则（包括子原则）、与给予-接受-回报相关的规范和美德规范（包括与真实相关的限制性规范）**不是形式的**，它们提供了具体的指导。即使是普遍的准则都不完全缺乏内容。同时，所有的这些原则、规范和准则传递的内容都是**一般的**。它们是一般的但不是抽象的，因为抽象无疑与形式联系在一起。它们无须被具体化，但是它们的确需要被具体说明。一般性的规范被具体说明时依然保持不变。然而，它们可以以多种方式被具体说明，而且对一般规范的每种说明都与一种特定的生【152】活形式关系密切。好人们以其自己独特的方式是好的。

当我将"一般的"和"具体说明的"并置，而不是并置"抽象的"和"具体的"时，我并不是用新柏拉图的方案进行试验。没有任何一般的行动纲领、准则和规范"在那里"，应该在具体的生活形式中得以具体说明；后者涉及的绝不仅仅是伦理道德。正派的人无论做什么都是正当的；但是他们所做的不是"正当性"的，而是其他事情。当正派的人做其他人通常在其生活世界中所做的每件事时，他们都会弄清楚所做的某件事情是否有道德含义。如果回答是肯定的，他们就会委身于规范、准则和美德规范的引导。然而，这些原则会在正派的人的行动中根据其所参与的具体生活方式（伦理）得以具体说明。

如果一种"完善的"法规能够设计出来，那么在现代条件下，好公民的美德和好人的美德会一致吗？各种各样不同类型的好人都来自各种各样的（现代的）生活方式；其中每个都有不同的衡量标准。我们最应该希望的是对差异的相互包容。一个现代人如果按照一种既定的伦理标准被认为是正派的，那他确实应该被视为正派的，只要这个特定的标准具有对同一个正派的人提出的一般规范、原则和准则进行具体说明的资格。

在认同某些正当性的尺度中，我们爱用它们衡量我们自己。假设一个生活在"完善的法规"中的女人，一个好人，承担起其自身的某些公民责任（正如"完善的法规"这个术语所暗含的那样）。作为一个完全好的人，她在公共生活和政治生活中与她在日常生活形式的范围内运用的尺度相同。然而，来自不同生活形式的其他人则希望依然信守他们自己的标准。让我以一个平淡乏味的议题来说明这个问题。如果三个人决定要对已经降临到其邻居身上的不正义做点什么，第一个人能提供金钱，第二个人试图宽慰受害者，第三个人写一本关于这个问题的小册子。当三个人中的一个强烈要求其他两人应该仿效其处理不正义的方法或者开始批评他们的方法的时候，问题产生了。这个简单的例子清晰地说明了现代境况。它表明，即使在最好的法规中，好人的态度和好公民【153】的态度也应该分开。因为这是实现两个目标的唯一的方式：第一，参与到不同生活方式中的人们之间的公开合作；第二，正派的人除了成为好公民之外，他们根据其自己的标准依然是正派的，而不将其特殊的标准强加给他人的境况。

总而言之：好公民担忧正义和不正义的事情，并且只担忧这些事情。另外，好人以他们自己的方式担忧各种各样的其他问题。一个好公民与其他人共有的价值是正义。撇开所有其他的个人价值不谈，好公民必须认同这样一个信念：正义，尽管不是**至善**，但肯定是最高的**公共的善**。就期望他人也在这种假设的基础上行动而言，基于这种假设的行动是可能的。从公民那里不能要求更多。公民对作为公民的其他人进行评判，通常，不考虑人们评判作为人的其他人这一事实。好公民不会将这两种不同类型的判断折叠成一个。因为，在追求最高的公共的善中，重要的是公共的行为而不是（假定的）私人的动机——别的什么都不重要。

我对一个好公民的初步"定义"如下："一个好公民担忧这个国

家（他或者她的'城市'）中的正义和不正义的事情，并参与到目的在于纠正不正义的行为中。"这种表述的一些方面需要进一步解释。

一个好公民担忧**他或者她自己国家（"城市"）中**的正义和不正义的事情，并且对其**法律与制度**承担责任。

就人们对距自己较近的环境中所发生的事情承担责任而言，这个人是担忧的人而不是一个好公民。进而，公民担忧正义和不正义的事情，而担忧一件特定的正义和不正义事情的某个人同样不是一个好公民。作为（成为）一个好公民是一项**政治承诺**。即使公民设法解决的问题在性质上是社会的，但就其是公民设法解决的而言，它们变得政治化了。之所以这样是因为社会正义的事情是作为立法的议题提出来的。

存在着使社会问题政治化的两种主要方式，第二种紧随第一种而来。第一步是提醒公众注意到一个议题，第二步是参与到立法的过程中。正如阿伦特曾经认定的那样，使社会正义政治化绝不等同于优先考虑所谓的"社会问题"。**只有在政治自由的条件下**，这两步在社会正义【154】政治化中才能由好公民完成。在政治化社会议题中，（自由和自由主义的-民主的权利的）政治的优先权被再次确认而不是被取消。

好公民之所以担忧**他们自己国家中**的正义和不正义的事情，是因为他们觉得要对他们国家中发生的一切负责，因为他们希望他们的国家有最好的（最正义的）法规、法律和社会安排。好公民希望为其国家感到骄傲；他们下决心做一切事情推动这一点，只在这种意义上好公民才是**民族主义者**。作为特定政治实体中的成员，他们对这个特定的国家而不是另一个国家负责，以及为其感到骄傲。如果他们的担忧局限于其自己的国家，那就足够了。只有在目前所说的这个国家对另一个国家的正义和不正义的事情负有责任时，才需要更多的担忧。所谓的"扩展的良知"（enlarged conscience）绝不是对好公民的期望。他们无须成为"反民族中心主义的"；他们也不必要求自己的国家要为世界上的所有过去和当前的灾难承担责任。但是，为了要求自己的国家要为它已经犯下的所有不正义承担责任，他们需要成为勇敢的。

好公民因此是一种政治人（*homo politicus*），但未必是政客

(politician) (不言而喻,政客可能是也可能不是好公民)。好的公民身份既可能是职责之事(对于那些更喜欢清静和私人乐趣的人来说),也可能是一种消遣(对于那些喜欢政治活动的人来说)。但是如果没有一定的连续性,人们几乎不能成为好公民。好公民的这种初步定义包括参与到目的是纠正不正义的行为中。非常清楚的是,如果某个人每五年一次参与到这样的行动中,那么无论他或者她在这样的场合中做得多么好,这个人都不能被视为一个好公民。这种表述的反面就是好管闲事的人也不能被视为好公民,这种人想要"参与"并且"精通"于公众忧虑之事,但完全缺乏奉献、审慎和承诺。

上面的区别尤其重要,因为最近有一个奇怪观点被人们广泛接受,即对公众忧虑之事形成一种正确的看法是道德正当性的至关重要的(也许是唯一的)标准。我已经提出了对公共问题持有"正确的看法"绝不会使人成为正派的(好的)人这一观点。现在我将补充道,形成一种与正义和不正义之事相关的"正确的"或者"对的"看法也不能使任何人成为好公民。对这样事情持有"不正确的"看法的人仍然可以是勇敢的

【155】好公民,而其他的人,尽管拥有人们所认为的"正确的"看法,却完全不能成为公民。具有思辨性思维的理论家和专业人士尤其如此。没有哪所大学的讲座或者咖啡馆中的闲聊要求公民美德,或者就此而论的任何类型的美德(在自由主义的民主的条件下)。人们如果不表现得像好公民就不能成为好公民。成为一个好公民对行动者的时间、金钱、精力和利益都提出了苛刻的要求。作为一个好公民,他不得不参加无聊的会议,听非常愚蠢的讲话,当他更愿意待在家里时却在公共场所行动,并且写不能得以出版以推动学术事业的长篇文稿。人们也必须准备面对失望,甚至准备重新开始一切。无疑,也存在着庆祝的时刻:那些正义胜利的时刻。然而,总体上,成为一个好公民似乎是一项无益的活动。尽管如此,它有自己的回报,即使在古代这种与好公民身份相伴的"地位"缺席的情况下。之所以如此,首要的是因为由我们的偶然性存在产生的某些需要只能通过成为一个好公民才能得到满足。因为,如果社会的-政治的领域中的所有事情可以以其他方式进行,那么当这些事情真

的发生变化，并且会变得更好时，公民似乎就是被选中的人，他们安排了这种改变。从某种意义上说，"实践的哲学"是现代男男女女们的自然态度。因为我们能把我们的偶然性转化成我们的命运，所以我们能怀着我们同样能把我们的社会的-政治的安排的偶然性转化成一种命运，并投入我们的精力去创造一种命运（在"目的地"［destination］而不是"最终目的地"［telos］意义上）的坚定信念行事。

重提一个重要的老生常谈，每个人都同样能成为一个正派的人，但并非同样轻而易举。其中，存在着诸多社会因素，它们使完全符合正派的人们所设立的标准尤其困难。财富、机会、教育和权力的巨大不平等无疑属于这些因素。更大的社会正义改善着（对正当性）做存在选择以及充分践行这一选择的**条件**。只要人们为其他人创建或者帮助创建一种减轻其存在选择的负担的道德环境，只要这种行为延伸至纯粹个人关系范围之外的领域，他们就可以在一个更广的框架中提升正当性的条件。道德正当性不能完全延伸至公共领域，但是单向的延伸是可能而可行的。

"成为一个好公民"的单向路径不是对个人正当性的纯粹补充；它是它的延伸。在正当性之外，存在着好生活的其他方面，例如发展我们最好的能力或者建立深厚的个人联系。正是生活中的这些"好"才阻碍【156】我们实践好公民身份。在这方面，正派的人也不例外。因为正派的人可以决定不行使好公民身份，即不行使这一"正当性的单向延伸"，而更愿意发展自己最好的能力或者培养深厚的个人联系，所以**"成为一个好公民！"**这个指令，由一个偶然的人对其他已经依据普遍性的范畴选择自己的偶然的人说，绝不是空洞的布道。

一个人**应该**成为一个好公民。

如果人们运用自己的脑力或者体力或者培养深厚的个人联系的浓厚兴趣如此势不可挡，以至于做其他的事情成为一种负担，那么他们仍然能通过真实地对待他人和真诚地对待自己而沿着次优的路径而行。届时这个人会说："我知道成为公民比成为纯粹的私人更好；已经承担公民身份重担的那些人，不管他们感受如何，都已经赢得我的尊重。我知道

167 ·

我已经承诺（第一次序的准则建议的一个承诺）要依据男男女女们的善（而不是他们的优秀）尊重他们。在我向好公民表示敬意时，我已经表明我把好的公民身份视为一种正当性而不是视为一种优秀。尽管我未达到他们的正当性的程度，但是我仍然是一个完全正派的人，并且我希望**因为我所是的**而受到尊重，而不是因为我所不是的而受到鄙视。"这是放弃行使好公民身份同时又保持本真的而正派的诚实方式。

每当人们以伦理的考虑（"政治是肮脏的。我不想弄脏我的手"）或者以冒险无用（"反正什么也不能获得"）为理由放弃了行使好公民身份时，他们就成为**非本真的**。即使正当性的单向延伸也不能以正当性的名义受到抨击。如果人们认为担任某一职务必然会减轻自己的道德，那就不需要接受这个职务来充当好公民的角色。至于"冒险无用"这种论点，它自拆台脚：如果没人成为一个好公民，那么肯定不存在希望，但也不存在冒险。"冒险"这个词汇本身至少包含改变的可能性。这一论点是为了掩饰自由职业者的利己主义，掩饰赤裸裸的淡漠或者愤世嫉俗。与精致的自我辩护相结合，它就变成了自我扩张和自我怜悯相结合的活动。逃避公共职责的最糟糕方式就是以书面形式或者在讲坛上以谈话的形式声称对正义的社会秩序和道德秩序"完全了解"，同时又公然【157】抨击他人，尤其是抨击试图带来积极变化的好公民们，说他们的努力是平庸的。保持正派而又不成为好公民的唯一方式就是真实、真诚和本真性这一平坦的大道。

我们已经知道好公民担忧正义和不正义的事情，他们希望每个人都既担忧这些基本的问题，也担忧对不正义的解决办法。他们也希望每个人都会参与到对制度和法律的正义的辩论中——简而言之，希望每个人会成为一个好公民。但是，在这点上，好公民面临着两个困境。要是人们依然不担忧正义和不正义的事情，或者人们尽管担忧但并没有表达他们的担忧，会怎样呢？要是人们就正义和不正义问题有如此严重分歧的思想，以至于即使机会就在那里，他们也不能一致同意改变某事，又会怎样呢？

毫无疑问，在现代社会中人们**可能**依然不担忧正义和不正义的事情。好公民甚至可能面临着一堵无法穿越的完全淡漠之墙。在这种氛围中，以正义之名行动需要很大的公民勇气。勇气——在第二章中我将之称为一半的美德——着重表现在好公民身上，这些人有时会在几乎完全淡漠、嘲笑，甚至是蔑视中承担起责任。在这方面，公共生活与日常生活没什么两样：也是在这里，做不到的那些人会嘲笑没有做的那些人。在这种氛围中，这个指令特别强调：**要勇敢！**

在讨论"担忧的人"时，我也涉及"有利害关系的人"。后一种人之所以参与到社会的–政治的行动中，是因为他们对实现某些目标感兴趣。有利害关系的人未必是担忧的，更不用说他们会成为好公民了。但是，他们会使他们的不平、要求、目标和需要成为明确的；就他们力争实现其目标而言，他们也是积极的。好公民在相信有利害关系的人的事业（目标）是正义的情况下给予——或者以一种道义论的表达，应该给予——他们支持。这必然是一种不完全的投入，因为成为一个好公民不是一份全职工作，而是在某些场合中应该代表有利害关系的人接受"承担责任"① ——积极参与——的内在规范。

有时好公民意识到某些群体（外国人、种族上"相异的"小团体、没多少文化的人、极度贫穷的人、残疾人，等等）因规范、法律或者制度而受到不利以及不正义影响，意识到他们既没有办法也没有机会将他们的不平转变为公共议题。他们是不正义实践的自然目标：他们没有意【158】识到自己的权利，或者，如果他们是外国人，他们甚至都没有权利；他们不能和其他的群体（或者另一个环境中的相似群体）进行比较；他们容易让权力寻租者、剥削者、官僚和罪犯敲竹杠。代表这些群体做事并且帮助他们把他们的不平转变为公共议题几乎是好公民的自然职责。但是，在这点上，自主的问题出现了。就好公民为其自己的公民身份承担责任而言，他们充当代理人（agent）的角色；然而，如果好公民未曾被

---

① 在《一般伦理学》中，我一方面探讨了前瞻性（prospective）责任和回溯性（retrospective）责任之间的不同，另一方面探讨了"对……负责"（being responsible for）、"对……有责任"（have a responsibility for）。后者的意思是"负责……"（being in charge of），因而始终是一种前瞻性的责任。但是，如果某人负责，那他或者她的回溯性责任将会不同，通常会比那些没"有"责任的人的责任更大。

授权代表那些群体行事的话，那么他们就不能成为目前在讨论的这个群体的恰当的代理人。为了公正起见，好公民可能因此而使自己进入一种非对称性互惠的境地中。他们应该坚持完全对称性互惠的规范，并从这种明显不正义的情况中离开，还是更应该充当代理人的角色，以取代从未授权给他们这样行动的那些人——这就是问题所在。自主性的原则（"真正顾及他人的自主"）在这种微妙的境地中起到一种可靠的引导作用：好公民应该为受害者就他们的权利和述说他们不平的可能方式**提出建议**，并**鼓励**他们（真正）成为他们自己的辩护者。另外，就没有人提出更好的主张而言，遵从这一方式的好公民有资格全心全意投入这种情况中。但是，他们没有资格把他们自己视为受害者的恰当的代理人。这是对其天职的一种曲解。

就正义岌岌可危而言，愿意（readiness）参与到由有利害关系的人发起的行动中，并致力于那些不能表达其自己不平的人的正义事业中（而不自诩是恰当的代理人）都是**团结（solidarity）的行为**。这种愿意（readiness）成为好公民的**性格品质：团结的美德**。相关的命令就是"表明与不正义的受害者团结一致！"

然而好公民意识到，单单基于成员身份而不考虑这项事业的正确性与自己是其成员的一个群体的团结一致并不是强制性的。团结必须基于正义而不是成员身份。而且，好公民将不会混淆团结（solidarity）和情感依恋（emotional attachment）：团结更是一种参与和投入的事情。团结包括对国家的忠诚，并勇敢捍卫它，只要这项事业是正义的。尽管这种勇气（包括军人的勇猛）的美德和团结的美德不同，但通常来说，它们共同被实践。

【159】　好公民受自由的（有责任的）公民达成共识这种理念（模式）引导。尽管他们知道这种理念与事实相反，但是他们坚持这一模式。也正是在这点上，好公民才面临着第二个，而且更严肃的困难。人们能与其他自主的人一起，基于自主的意见一致，自主地改变事态。这种意见一致是通过所有那些相关的人的自由决定达成的。一种制度就关注它的每个人自由地一致认为它是正义的而言是完全正义的。实践的共识理念是

最佳的，因为它包含着"所有那些关注的人"。但是如果事实上那些关注的人中绝大多数都理性而自主地一致认为某些制度应该被功能上相同但更正义的制度所代替，并因此更正义的——即使并不完全正义的——制度得以创立，那么好公民仍将欣喜若狂。他的"共和主义算术"（republican arithmetic）建议他"更多"胜于更少。

好公民因此致力于与其他人取得一致意见——不仅与其他好公民，而且与大多数关注一种特定的制度、法律或者规范的人们。正是这个，而不是任何私人的意愿，才是好公民担任委员会的委员、一丝不苟地参与正义事项处于紧要关头的会议、在动员民意中不知疲倦的最强有力的动机。好公民解释问题时从来不感到厌烦，如果需要，会重新再解释。他或者她也是一个很好的倾听者——既倾听不同的看法和观点，也倾听不平。从哲学角度上说，**好公民愿意在实践的商谈中理性辩论**。

这里所说的**不是好公民的"性格论"**，因为**公民美德是态度的美德，未必是性格的美德**。某些"态度的美德"（例如，成为一个好的倾听者）并不妨碍各种各样性情特性（例如，易怒的程度）或者不同趣味的表达这种情况强调了这种区分。

愿意在实践的商谈中理性辩论是好公民的主要理智美德。①

我已经将实践理性（理性行动和辩论）的两种主要态度称为"理性的合理性"（rationality of reason）和"理智的合理性"（rationality of intellect）。正如先前指出的那样，正是在现代，"理智的合理性"首先被一般化。现代的男男女女们经常使包含着"对""错"层面的存在的（有效的）规范（道德规范、美德规范、社会的-政治的规范和规则）无效并因此将之斥为不正义的。使声明无效可能从"理智的合理性"的立场得出来的，发表声明的那些人可能发现自己陷入与"理性的合理性"的贮藏所的冲突中，而这些人反过来又把事物的现存秩序视为理所当然的"自然的"事物，并因此是好的和正确的。为了**使**对现存的

【160】

————————

① 哈贝马斯的实践商谈的概念可以被视为充分民主实践的调节性的实践观念。在这一诠释中，实践商谈的观念和公正程序的观念一致。在《超越正义》中，我表明支持哈贝马斯的理论作为一种正义论，但摒弃其声称要——作为一种商谈伦理学——为现代道德哲学提供模式。

现实的拒绝成为合理的，男男女女们必须提到或者可以提到**有效的**（抽象的或者普遍的）规范，并准确找到它们和他们拒绝的现实之间的不一致。①

在我们的极权主义国家或者社会的（极端的）模式中，理智的合理性表现为**理智勇气**。需要补充的是，由于政体的不合理，质疑它所需要的理智勇气不需要与理性的程序连在一起。赤裸裸的武力和暴力成为规则的地方，理性的辩论不能成为规范，而且正派的人甚至都不应该听信某些观点。在我们的（同样极端的）自由主义民主的模式中，理智勇气应该仍然保持着它的位置，因为正直而好奇的聪慧者在其他人甚至不敢认识它们的地方发现问题。但是，正如已经提到的那样，在这种政治场景中正是愿意在实践的商谈中理性辩论才成为主要的理智美德。当每个人自由辩论，只有懦弱、淡漠或者无知才能妨碍人们辩论时，一个突然的延伸正义的黄金法则与动态正义之间关系的机会就会出现。正义的黄金法则的肯定公式是："我对你所做的也是我希望你对我做的事情。"②如果人们补充道："我对你所做的事情以及我希望你对我做的事情，应该由你和我决定。"那么这个公式就转变为动态正义的语言。但是就确定制度而做出的决定从来不是自发的冲动的结果；它们总是商讨的结果。好公民的理智美德在这些商讨中显得最耐人寻味。

好公民的事业是正义的事业。这是好公民共同的**唯一**事业；在几乎所有其他的问题上，他们都存在着分歧。就他们形成的生活形式、他们追求的职业、他们拥有的财富、他们担任的职位，以及他们享受的快乐而言，他们尤其不同。当他们合作时，他们也发生冲突。然而，就他们希望成为好公民而言，他们一定会试图缩小差距、**包容**彼此。在这种看似自由美德的背后，存在的是一种严格而苛刻的前提。好公民除了承认

---

① "理智的合理性"的辩论式的–理性主义的程序必须始终求助于至少一种价值或者规范，这种价值和规范的有效性因相信、因一种姿态而被接受。完全理性主义是不可能的，对它的追求会适得其反。"理智的合理性"通常被非理性的氛围（从造反延伸到神秘体验和爱）包围着。我在《羞愧的力量》一书的《日常生活、理性的合理性、理智的合理性》中讨论了相关的问题。

② 正义的黄金法则和动态正义的黄金法则在《超越正义》中都已经详细探讨过。

所有人类群体的需要之外，必须承认所有的生活形式，而且同等地承认所有的它们。

激进的包容（*Radical tolerance*）因此是公民**卓越**的美德。好公民都按照这样的假设行事：所有的需要、美德、价值和地位，正如好公民提出并描述的那样，都有同等的权利，并因此应该有同等的机会在公共场所提出以及在关于正义的争论中共享。当然，包容不是接受。激进的包容也不会导致**完全相对主义**。主动担忧正义和不正义事情的任何人都会对这样的需要、主张、利益、价值和价值的诠释提出质疑，认为它们动摇了好公民的生存并且削弱了"理智的合理性"、自主和对称性互惠。如果好公民也是正派的人，并因此有禁止把他人用作纯粹手段这一普遍准则的义务，这尤其是真的。这个准则也禁止加入任何原则上把他人用作纯粹手段的机构中。然而，拒绝完全相对主义，这表明原则上对需要把他人用作纯粹手段的需要的不承认，并**不表明**把社会的－政治的工具化的提倡者从公共领域中**实际排除出去**。虽然明显包含工具化他人的需要不应从公共领域的表现中排除出去，但是可以把他们排除在参与理性商谈之外。一个好公民，一个依据定义必须倾听不同意见的人，必然不会注意代表统治和工具化的公开声明。

存在着一些把这样的需要以及这样需要的表现排除在辩论（理性商谈）之外的标准吗？如果有，那么谁界定了以及设立了这样的标准呢？这些问题的结果仅仅是浮夸矫饰，由于答案实际上已经先于这些问题。因为自由是好公民存在本身的形式上的前提，而且因为如果没有论争的自由，那么动态正义根本就不存在，所以人们不理会那些人的观点肯定是有道理的，那些人并不相信"所有人都有同等自由"（在我们国家中）意义上的自由是论争应该依赖的**独一无二**的最高价值。同样，因为动态正义把社会问题（社会正义和不正义的问题）转变成了政治议题，所以好公民们，这些尤其担忧正义事情的人，肯定不理会所有那些认为社会不正义与自己无关的人的观点。

基于两点，激进的包容是一种"链接价值"（linking value）。一方面，它将理论理性和实践智慧与愿意进行实践商谈的理智美德连在一

【161】

起，另一方面，它将理智美德与照管世界连在一起。然而，在这点上，我们已经丢下了好公民。最后一种"公民美德"（citizen virtue）并不仅【162】仅是公民的美德（the citizen's virtue）。

<h2 style="text-align:center">三</h2>

在陀思妥耶夫斯基的《卡拉马佐夫兄弟》中，佐西马（Zossima）长老指出，每个人都对每个他人负责；他们只是没有意识到。如果他们意识到了，这里立刻就是人间天堂。对佐西马来说，他**知道**普遍的责任；他意识到其他人没有意识到的东西，如果没有这种东西，人间天堂就不是一种现实。海德格尔提出了"存在的牧羊人"这个概念。这个哲学比喻可以以与佐西马的准则非常相似的方式得以诠释。牧羊人对羊群负有责任；他要负责任。男男女女们对存在负责。因为存在是存在者的存在，就人们关注所有的存在者，尤其是人类，也关注不同于人的存在者、有机的同样无机的存在者而言，他们表现出一个牧羊人的责任。以一种道义论的表达：男男女女们应该照顾存在，他们应该照顾已经留给他们照管的这个世界。

佐西马，这个在修道院里设法发现其命运的人，是偶然的人的典范。他的公式正如海德格尔的一样是彻底现代的。"照管这个世界"的理念也是一个现代的理念。

跟随着康德，我将把"照管这个世界"的态度称为**扩展的意识**（enlarged consciousness）或者**扩展的良知**（enlarged conscience）。我从康德那里只是借来这个术语；而这个术语表述的态度基本上是非康德的，而且与康德的观点的相似仅仅是表面的。这种扩展的意识源于一种不被且不能被经验上确立或证明为真的**知识**。每个人对每个他人负责以及我们是存在的守护者的说法是一种形而上学性质的命题（在康德意义上，而不是在黑格尔或者海德格尔意义上）。这种表述吸引着我们，并且我们能感到它们在更深层意义上是真的。但是，只有我们把"在更深层意义上"这个条件添加到我们与他们的一致中以及只有我们的确感到它们是真的时，这才站得住脚。简而言之，这些是诺斯替式的表述，我们的知识是神秘的。在这种特定的情况中，神秘的并不代表完全"直觉的"，即使神秘的顿悟也是一种直觉。"神秘的"在这里意味着对普遍关联性的直觉（这不是一种经验），一种能够解释明白的直觉，并且一旦解释明白，也吸引着其他人。这样类似的神秘表述是星星点点的智慧，这种智慧并不诉诸我们实用的常识或者我们的美感或者我们的好奇，而是诉诸我们的**良知**。因为它们建议我们的是关于责任的问题。 【163】

从一开始，现代人道主义一直根源于诸如"所有的人生而自由并且被赋予理性和良知"这种笼统的形而上学表述。在"扩展的良知"出现时，人道主义已经展现了它自己，并仍然展现着。在讨论"人类"时，我们并不仅仅指"与我们共享地球的人们的总和"。我们也"感觉到"这种"人类的超自然力量"（the "mana of humankind"）存在于每个单独的人中。因此，席勒和贝多芬毫不隐讳地谈到"拥抱数百万人"的冲动。把现代人道主义和笛卡儿的认识论或者纯粹主观主义或者技术理性联系起来是误解。现代人道主义有种相当神秘的特征。在表述"人类"时，在说到"我是一个人"时，说话者**兴高采烈**。至少在想法和感觉中，他们的确拥抱并感觉到，闻名的"人类的超自然力量"既存在于其他人身上，也存在于他们自己身上。

扩展的意识（扩展的良知）的神秘体验是**一种责任**。如果不涉及责任，那么这种体验就是美学的而不是伦理的。拥抱数百万人不是简单的"拥抱"的姿态；它的收益不是感官的愉悦。但是它有一种意义："你们都像我一样，尽管你们也是完全不同的；让我们如同兄弟姐妹！"考虑到陀思妥耶夫斯基和海德格尔都是启蒙运动以及它所代表的几乎一切（尤其是"人道主义"）的死敌，他们支持这种神秘体验的证言意义重大。但是，因为"我是一个人"这种表述不管愿意不愿意都是一种偶然性体验的表达（它的意思是，"我赤条条地站在这里，取消了所有的社会目的，是一种未确定的无限可能性的集合"），而且，因为这个（赤条条的）人是单个的人，其对应的普遍性只能是"所有的人"或者"人类"，所以现代人道主义的基本要点内在地与我们的偶然性相连。

就它们坦率地面对现代条件而言，即使它的死敌也不能回避或者消除它。

哪种行动或者活动是扩展的责任意识的结果呢？如果我们的确意识到我们要对每个他人负责，那么佐西马的（陀思妥耶夫斯基的）"人间天堂"为什么会实现，尤其是如何实现？没有哪个天堂由于我们要对我们的家庭成员、我们的朋友等负责这种现存的认知而显而易见。但是假设人们只有具有扩展意识才能为另一个人承担责任。在这种情况中，"承担责任"总是局限于挑选出来的少数人，这些人拥有一种对他人负责的神秘认知。什么是他们的秘密？尽管他们不能把对所有其他人的责任转变为实践的语言，但是他们起码能对他们所遇到的人好。什么是这种善的秘密？这个答案肯定再次是模糊不清的：必须假设，拥有扩展的意识的那些人**知道**如何是（成为）好的。他们的神秘才能提供了这种技能。显然，人们从扩展意识的智慧中几乎没得到真正的伦理引导。

海德格尔的"存在的守护者"并不比佐西马的好。在这里意识甚至成为更加扩展的；确切地说，它呈现出巨大的规模，因为我们不仅仅要对存在本身承担负责。尽管存在被（被谁？）移交给我们照管，但是对于我们应该如何照管存在，对于关涉**真正**照管存在的行动类型，海德格尔甚至连一个暗示都没有给我们。伦理收获因此甚至比佐西马准则中的更少。

这并不表明我们现在要回到传统的人道主义，下决心要"拥抱数百万人"。在关键时刻，事实证明传统的人道主义是一个错误的引导。然而，由此就推论出我认为"扩展的意识"在道德上没有价值和不相干将是误解。**单单**"扩展的意识"（我们意识的扩展的神秘体验）并不能提供更多的道德引导这种说法看起来是真的。但是，**它能够为其他东西做好准备，更确切地说，它可以"限制"其他东西或者与其他东西联系起来，并且以这种方式参与道德引导**，无论后者可能是什么。

因为扩展的意识是现代历史意识的一种展现，因此，也在日常生活中不断地呈现为一种意识的可能性，采取这种态度**能引发存在地选择我们自己**，既依据普遍性的范畴也依据差异的范畴。尽管没有什么能决定

【164】

一种存在的选择，但是做出这种选择的条件或多或少是有利的。扩展的意识的状态就是这种选择的一个非常有利的条件。每个人对每个他人负责，或者"人类的超自然力量"存在于我们每个人中，甚至我们是存在的守护者、看管人这种"认知"以及与"认知"相应的欣喜并没有传达任何不同的道德信息。然而，这些不同类型"认知"的每一种以及与之相伴的欣喜感都能够使我们做好准备接受这样的信息。

迄今为止，我已经讨论了正派的人和好公民的伦理承诺。我也已经简要地提到担忧的人，即正当性的英雄。先前我没有提"扩展的意识"【165】的原因是它一直是受到审查的实践的善、在行动中展现的善。伦理道德首要的是在行动中展现。一个单个的（正派的）个体的行动半径相当窄，而一个好公民的行动半径尽管更宽一些，但仍然没有超出其国家的范围（除了在特殊情况下）。如果我们将"行动半径"这个词汇和"扩展的意识"这种状态连在一起，那么我们肯定考虑那些**直接**以"代表人类"行事为目标的（伦理起源的）行动。因为"人类"是一个虚构的实体，原因在于它并不作为一个可定义的集合存在，所以"代表人类行事"纯粹是无稽之谈。① 同时，如果现代偶然的人将他们的注意力仅仅局限于其行动半径所及范围之内的主体或者客体，那么他们的正当性就会有严重缺陷。实际上，通常来说，**道德关注**远远超出这个范围。我要补充道，我们对这个世界的苦难知道得越多，道德关注就越**应该**超出这个范围。从某种意义上说，扩展的意识环绕着所有的我们的行动——尤其是有强道德内容的行动。

在这方面，也能以一定程度的怀疑来看待扩展的意识，因为它可能为行动提供最廉价的替代物（例如，为那些在我们范围之外的人所遭受的苦难流泪，却不做丝毫的牺牲去帮助他们）。它甚至可能被缺乏正当性的人们用作掩饰或者用作情感自我欺骗的手段。然而，可以说，"扩展的意识"环绕着我们作为正派的人的正常生命活动的方式在道德上绝

① 我在《超越正义》的第一章中列举和探讨了一些"人类"的概念。至于对现代人道主义的概念的分析，参见赫勒和费赫尔的著作《后现代政治状况》（*The Post-Modern Political Condition*）（Oxford: Basil Blackwell; New York: Columbia University Press, 1989）中我的论文《现代性中道德的位置》（*The Moral Situation in Modernity*）。

不是无价值的。在其他人命运的背景下衡量我们自己的生命教会我们审慎地谦逊。另外，即使"每个人"的生活、"人类"的生活总是超出我们所及的范围，但是通过我们善意的行动，某些人群的某些问题在"所及范围之内"能够得以解决。人们不能帮助所有人，然而人们可以帮助一些人；人们不能总是帮忙，但是有时候可以帮忙。这就将问题放在了恰当的视角上：如果不是因为有"扩展的意识"和"扩展的良知"，那么当超出我们所及范围的某个人的命运处于险境时，我们**永远不会**说："我是一个人，正因此，我有责任为其他人尽我最大努力。"

【166】　我已经简要地分析了正派的人试图缩小差距，即缩小他们自己行动半径内积极的善与他们在面对"人类"——这个超越他们所及的范围并因此对于他们来说纯属虚构的集合——逐渐增长的苦难时的无能为力之间的差距。然而，承担着超义务善的男男女女们倾听另一种召唤。"去分担他们的命运"——这是超义务善的呐喊。他们跟随着这个召唤。他们去与那些最受苦的人**一起**受苦；他们**与**他们**一起**死。他们不受与之受苦的那些人的民族差异或者文化差异、宗教、性别或者意识形态的影响。对于他们来说，重要的一点就是他们不是"为了"什么——即不是为了达到一个目标或者为了贡献于一项事业，包括"人类的事业"——而受苦。他们是"人类的超自然力量"的唯一可靠的承载者。

我们恒定的主角们，好公民们，就他们意识到周围的"扩展的意识"而言，他们会在行动中调动其公民美德，旨在纠正其他国家的不正义，而不顾自己国家中对处在苦难中的其他人的实际责任。他们可能去直接分担这种苦难，但是通常他们依然处在他们自己的行动半径之内并继续充当好公民。扩展的不是他们行动的空间而是他们承诺的空间。在这点上，这就是理智勇气成为一种主要美德的原因：人们在确证承诺之前需要知道自己承诺的是什么。也需要理智美德确保真正的解释学的运用，以避免家长式统治。在超出人们的"自然的"——即熟悉的——环境中，人们应该将自己的提议只局限于**正义的条件**，并且充分领会陌生的"文本"，以避开实质性提议，因为它们可能会触犯自己承诺的主/客体。

佐西马长老的智慧的问题教会我们一种责任感，但这种责任感本身并没有提供与其方式和路径相关的真正道德引导。当试图从中提取**政治的**蓝图时，真正的、历史上意识到的问题出现。所有这些尝试迄今为止已经在可耻而恐怖地滥用"全球的"责任中结束。因此让信天翁降落到地面上。陀思妥耶夫斯基的神秘版本已经教诲我们，正派的人必须重新提出他们的平淡无奇的问题："我应该做什么？""对我来说怎么做才对？"正派的人很可能是梦想家、神秘主义者、诗人。他们可能带上自己的灵魂踏上欢乐的旅程或者拖着它经历一种天启；他们也可能祈望救赎。但是当提到**政治参与**时，他们就会环顾四周并重申其严肃的问题。作为实践的、道德的行为者，他们不受人间天堂这种诱惑的影响。毕竟，他们只是已经命定自己成为正派的偶然的人们；这就是他们的生活。在选择他们自己的过程中，他们已经（完全地）选择了他们生活的世界：一个偶然性的世界。他们表现得好像存在的一切也能以其他方式 【167】 存在一样；他们伸出手**意欲**使一个偶然的世界变得更好。他们伸出手将**这个现代世界，即我们偶然的世界，转变成我们共同的命运**。

179 ·

第四章 如何过一种诚实的生活

一

伦理道德是个体与恰当行为的规范和规则的实践关系。对"正确"与"错误"之事的恰当的、正确的、好的、真实的看法在多大程度上有助于人们的行动之善或者总的生活方式在哲学上是个热门问题。尽管一些人仍然坚持说错误的行动因错误的思考方式而产生，但几乎没有哪个现代思想家会认同苏格拉底的正确的行动源于正确的想法这一极端理性主义信条。但是，如果我不认同这样一个信念，即为了以正确的方式行事，人们必须知道如何以正确的方式行事，那么在考虑普遍的准则，也考虑引导性的和基本的规范时，我就不会提议沿着好人的路径而行了。正派的人为了在正确的方向上走，以正确的方式行事以及保持他们所是的，即正派的人，必须辨别应该跟随哪个路标。然而"路标"，即遵守正确的规范，并不保证总是做正确的事情。进而，沿着这条路，在同一个交叉路口可能存在着两个或者更多的路标。辨别跟着哪一个路标是旅行者的任务。

当道德问题在正派的人且只在正派的人面前出现时，探究这些问题就绝不是理论上的创新：这恰恰是研究道德哲学的传统方式。一般来说，道德哲学仔细审查**规范的**（normative）态度、行为、性格品质和行动模式。它们对（遵守规范的那些人的）数量不感兴趣。它们讨论它们所说的"人性"的东西，一方面为了确立规范的行动和规范的态度的可能性，另一方面简单地说，为了思考妨碍男男女女们践行道德规范的典型动机和理由。然而，在对"人性"的剖析中并不能确定道德哲学的主【169】要兴趣。我们历史上最早的书面记录对人类的"恶"的评论，无论是绝望、愤慨、讽刺，还是怨恨，从那时起，在每种文化中同样的评论就一直被重复。这是道德家，而不是道德哲学家的语言。差别就在于道德家认为道德规范和理想是理所当然的（这是他们对"人性恶"做出评判的视角），而道德哲学家探究的恰恰是规范的领域。道德家忙于叙述"野蛮人"的现实的、非规范的态度，而道德哲学家很少沉湎于劝诫。这种流行的对比的表达表明道德家将人描述为他们所是的，而道德哲学家则将人描述为他们应该是的。然而，这种流行的表达——经常被有代表性的道德家（例如，曼德维尔［Mandeville］）重复——是误导性的，因为全景更加复杂。一些道德家以炽热的激情或者主观的愤慨谴责人类，另一些道德家则以超然的客观性剖析我们种族的有趣的邪恶行径。一些道德哲学家将应然与实然比较，而另一些道德哲学家则尽力从人类条件中推演出道德规范。然而，不管道德哲学家从哪方面谈论这个问题，他们从来不把规范误当成平均值（average）。相反，他们提出"平均值"不应等同于"现实"（reality）这一小小的建议。因为规范性与平均值同样是真实的；而且，如果不首先探讨规范性的特征，就根本不能理解"平均值"的实际行为。道德家们也意识到这种关联。正如拉罗什福科（La Rochefoucauld）提出的那样，伪善是恶向美德的致敬。

　　道德哲学和道德家的方式之间的差别是**类型的差别**，与之相关的是**任何等级都不能被确立**。当与道德家们在一起时，人们发现自己处在最好的、同时也是最古老的集会中：处在陨落的诸神、预言家、先知、智者、诗人、狂热分子、殉道者以及立法者——总体来说，一个多彩缤纷的群体中。然而，人们肯定不情愿地补充道：我们自己的时代并不喜欢传统的道德家。因为正如已经提到的，道德家认为道德规范和理念是理所当然的；正是在此基础上，他们关于"人性恶"的说法听起来很耳熟。但是，在一个规范多元主义和日益增长的相对主义的世界中，"人性恶"的说法，无论如何都没提及人类表现的负面限度的说法，例如：奥斯威辛或者古拉格，则根本没有引起共鸣。道德主义的主要吸引力，即**这正说的阁下的事情**（*de te fabula narratur*）的主要吸引力，在我们的时代明显不在场。道德家们局限于舞台上，正如布莱希特（Bertolt

【170】

Brecht）的很好的例子证明的那样。克尔恺郭尔预见了这种趋势，他认为，"在当代"无论是道德真理还是宗教真理都不能**直接**交流；它们必须披上"间接交流"的叙事的外衣。

采取道德哲学立场的人也能采取道德主义的立场，尽管并不在同样的工作中，除非一场对话。其中，亚里士多德在《修辞学》中相当冷静地评论道：大多数的人都是坏的而不是好的，"通常来说，人们只要有可能就会做坏事"。然而，在其《伦理学》中，他并没有发表类似的评论，在这里任务是讨论道德的规范方面。道德哲学的主要传统一直以亚里士多德的《伦理学》为基础；本书也不例外。它以规范主体——应然和实然的统一体——为中心。

作为一个人，现代的道德哲学家，包括本书作者，与其同伴拥有共同的司空见惯的观察：人类通常既不善也不恶，而是有时正当地行事，有时邪恶地行事；将正当与邪恶划分开的界线很窄，令人困惑；在道德事情上，正如在其他事情上一样，运气，无论好运还是噩运，都起着巨大的作用；事实证明，某些具体的决定在道德上很关键，而做决定的人在决定的时刻却没有意识到。这种类似的司空见惯的观察是道德家们的原料；他们用它们做的事情取决于其道德主义的特征。然而，道德哲学家，即使他或者她可能是一个道德家，也不能采取道德家特有的立场：即自己的同类的观察者的立场。道德哲学家作为**一个**群体中的一员，作为人类中的一员或者如我一直做的那样，作为一个"像他人一样的偶然的人"讲话。**道德哲学是实践的商谈之中的言语行为**。道德哲学家从现实的商谈过程中汲取司空见惯的观察的原料，它是现实生活。

然而，现实生活以其无限、具体和多样避开哲学分类和概括。最多，道德哲学能达到设计理想的类型或者启发式呈现一个中国皇帝或者一个美国药剂师这样的有价值的例子的阶段。但是，理想的类型或者刻板的启发式呈现的单一例子是人为的，而且大多是任意的，尤其在现代，当共同的习俗消逝的时候。

这就是商谈伦理学回避探讨现实生活境况的原因之一。这就是商谈伦理学的哲学家们必须承认自己无法阐明自己问题的原因，因为他们在【171】

现实生活境况中以自己的哲学面对他们自己的问题。商谈伦理学并不回答"对我来说怎么做才对?"这一问题,它只回答应该怎么建立(正义的)有效规则这一问题。然而,除非我也提出"对我来说怎么做才对?"这一问题,否则我根本无法进行道德商谈。如果道德哲学,这种特殊的言语行为,拒绝阐明言语行为的发起者的道德问题本身,那么我们就不再讨论道德哲学本身;实践商谈将回到理论商谈。

在把好的(正派的)人呈现为我的伦理学的规范主体时,我把这个规范的主体呈现**给作为一个人的我自己,同样也呈现给作为一个人的其他人**。我与我的同伴拥有所有与"现实生活境况中的人们"的行为相关的司空见惯的观察。我也知道好人存在。很自然我想弄清楚他们如何应对现实生活境况;他们如何小心权衡划分正派与恶;他们如何能克服噩运;当他们发现他们因无知做了一些重大的决定时,他们将做什么。

我没有忽视"现实生活境况"。我的出发点,偶然性,一直根植于现实生活境况中;我一直陪伴着正派的人走其人生之路,从日常环境到投入诸机构中,再到投入正义的事务以及"人类的事业"中。但是,我已集中于一个方面,而从其他方面中抽离出来。迄今为止,当我渴望使正派的人在追寻其自己的道路中已达到的规范(和美德)明晰时,我未能阐明冲突、痛苦的决定和道德错误。前三章与商谈伦理学拥有相同的目标:建立有效的规范。但是,当商谈伦理学将自己局限在为建立有效的规范而制定一套**程序**时,我已经在"正派的人"的陪伴下详细阐述了**这些规范到底是什么**。这是可能的,只因为我沿着正派的人的路径而行,而没有从对于达到我的目标很必要的现实生活境况中抽离出来的缘故。现在,在拥有这些规范的情况下,我可能回到已经熟悉的生活境况领域以从一个不同的角度探讨它们:即从冲突、痛苦的决定和道德错误角度。

为了方便起见,我们假设正派的人实际上已经获得之前章节中提出的道德规范的发现。随后我们将看看处在其道德困境中的正派的人们。

【172】 一个明显的悖论在这个阶段呈现自己。我已经承认"现实生活"以其无限、具体和多样避开哲学分类。同时,我一直坚持认为一种未能应

对现实生活境况的道德哲学依然是理论商谈而不是实践商谈的活动。但是，如果人们不试探性地提出有代表性的但亦是深奥的事例，或者不拟订一种抽象而空洞的类型学，那如何能讨论决定和行动？当我们在其生命历程（包括决定、行动和道德问题，这些都是现实的生活境况，而不仅仅是推测性的可能结果）中陪伴着正派的人时，一种理论上有希望的解决方案已经呈现了它自己。然而，两个额外的困难已出现。第一，尽管每个决定和行动都是独特的，但是哲学对独特的事例并不感兴趣。第二，与技术操控和理论的-认知的操作不同，道德起源的行动和决定不可重复。然而，这两种困难以及一般性的方法论的困境都可以通过如下的方法得以克服。在讨论具体生活境况中独特的决定和行动时，我不会用它们作为"范例"，而是讨论行动和决定中的所有正派的人。我也不会在创建"理想类型"的过程中，为了将其归于一个或者另一个机构类型里而制定出无数可供选择的行动方案。我更愿意关注正派的人们**如何**保持他们所是的：正派的。我的问题会是正派的人**如何**处理有分歧的以及具体的境况；他们**如何**下决心做一件事情而不是另一件；他们**如何**处理冲突并应对重大而琐碎的事务。简言之，我将讨论**实践智慧**，即良好的道德判断力**这种美德**在现代**的运作方式**。我之所以有理由以这种方式继续进行，是因为现代社会中在"正派的人的阶层"中至少有一种同质化的，但却很关键的因素：就他们依据普遍性的标记已经进行存在的选择而言，他们都同样是正派的。人们可以假定他们所有的人都想弄清楚**如何**做正确的事情。

　　一般来说，可以这么认为，正派的人一当知道正确的规范是什么，他们的决定和行动的善将只是取决于实践智慧，即良好的道德判断力。亚里士多德，这个首次把道德决定中的实践智慧确认为理智美德的操作者，也例证了它运行的方式。按照释义，已经选择自己作为正派的人的偶然的男男女女们也在具体的生活境况中选择正当的行动和决定。换句话说，对实践智慧的选择内在于对善的存在的选择中。但是偶然世界中的偶然的男男女女们的实践智慧的**运作方式**和亚里士多德描绘的世界中【173】的它的**运作方式**之间存在着差异。这种差异必须被说明。理解正派的人

185

的行为和决定等同于理解现代社会中的实践智慧的运行。进行这种商谈的最好方式就是提出，并最终回答关于美德规范实践智慧在现代实现的问题。因为像每种美德一样，实践智慧也是一种性格品质，所以我们的问题可以以如下方式表达："在伦理至上的情况下，现代的男男女女们如何发展运用理论理性为实践决定服务的**习惯**？"现在我转向这个问题。

二

因为伦理道德不是一个领域（sphere），所以并不存在"道德行动"。① 男男女女们做着不同的事情，但是他们并没有"做伦理道德"。然而，人们可以从伦理道德的视角和任何其他的视角对行动表示赞同、反对或者认为其无所谓。就我们用一种道德价值取向"善与恶"的标准来评价这种行动而言，我们赞同或者反对一项行动，或者表明它在道德上无关紧要。一般来说，同一行动也能用价值取向的其他范畴的标准来评价，诸如"有用的-有害的""成功的-失败的""美丽的-丑恶的"以及"令人愉快的-令人不快的"。被认为是增进一种或者几种（实质性的）善的行动被视为善的。**就快乐的行动（a happy action）而言，道德的善和实质性的善一致**。所有的男男女女都更喜欢"快乐的行动"，这是我们人类的条件。

---

① 讨论作为一个"领域"的伦理道德是由对康德和韦伯观点的严重误解引起的。不能以这种方式诠释黑格尔，因为他所谓的伦理包含着整个社会世界（家庭、市民社会和国家）；如果人们把整个社会世界称为一个道德"领域"，那就不能把道德领域称为众多社会领域中的一个特定的社会领域。康德严格区分了理性的理论运用和理性的实践运用，但是理性，作为较高的愿望的能力，并不构成一个领域，除非人们把超验自由（只能凭智力理解的世界）称为一个领域，这会是一件奇怪的事情。即使是韦伯，这个相信新康德主义对价值领域区分的人，也始终意识到伦理道德本身并不能像科学和政治那样被描述为一个领域的情况。当他在其社会价值领域的理论中谈到伦理道德时，他谈法律的-道德的领域或者宗教的-道德的领域，从来不谈伦理道德领域本身。宗教的和法律的领域都有很强的道德外观，但是它们类型各异。政治领域和内在于其中的伦理道德亦如此。只有在令人信服的商谈伦理学的框架中，谈道德领域才是合理的。如果伦理道德等同于参与一场道德商谈，那么当人们参与到这种商谈中并因此进入实践商谈的"领域"时，他们才"进行伦理道德"（do morals）。然而，伦理道德和实践商谈的等同在很大程度上使人们对伦理道德的理解变得贫乏。在这个问题上另参见《超越正义》和《一般伦理学》。

在着手一项行动或者一系列的行动之前，人们通常会进行预测，这可能包括也可能排除道德的视角。正派的人总是在深思熟虑之后包括这一视角——即，他们关注预期的行动或者系列行动的道德品质。如果他们得出他们的预期行动在道德上并非无关紧要，它处在一种道德关联中（处在与道德规范的关联中）这样的结论，那么他们将在所有的其他视角中给予道德视角以优先权。他们将只规划一种可以执行而又不违反道德价值和规范的行为。因为正如在第二章中讨论的那样，真诚和真实是正派的人的基本美德，所以他们的审慎和决定也将是真诚的。更重要的是，"真诚"在这里意味着不受会欺骗我们以及误导他人的合理化的影响。

这就是当时间上的要求并不迫切时，正派的人在行动之前做出本真的道德决定的方式。然而，某些行动只允许短暂的思考。这是从道德视角评估行动的**习惯**变得至关重要的地方。习惯培养了像闪电一样运转的**直觉**：它照亮预期行动的黑暗角落；道德决定和行动几乎是同时的。在熟悉的环境中，直觉几乎自动地引导着正派的人；在不熟悉的或者道德上至关重要的环境中，就需要一个更长的思考过程。发展一种对时间因素的"感觉"是良好的道德判断力的事情。如果我们不能自行支配时间，那么我们做决定就完全是出于直觉并且清楚地意识到风险。【174】

这是"冒道德风险"的最简单也是最常见的场景。在规范之间还没有任何冲突牵扯进来。这个人并没有被抛入一种"临界境况"（borderline situation）中。一开始就不存在模棱两可：如果这个人有充分的时间考虑，那么他或者她就能做出一个令其道德满意的非常正确的决定。毋庸置疑，如果在时间的压力下采取的行动回溯性地证明在道德上有过错，**那么正派的人不会因为这一错误的行为而失去其正当性**。因为意识到道德风险也表明，如果道德失败，愿意回溯性地取消自己的行动。说声"对不起"是处理道德不幸的一个简单但动人的人类发明。它代表"我不是那个意思"或者"我并不打算那样"或者"我没想到会以**那种方式**发生"。就道德标准而言，对他人造成伤害的意图是不道德的（除非由于道德理由做这件事）。因此，非故意（non-intention）这种声明**在不改变行为本身的情况下把负面道德内容的行为转化成中性的行为**。这种改变现实的诸如"对不起""请原谅"或者"我原谅你"① 的礼节性表态的能力具有至关重要的意义，因为它证明**对某事的认识也是现实**。

正派的人并不喜欢冒道德风险；一般来说，他们更喜欢确定性而不是模糊性。这在现代也是真的。鉴于**风俗习惯**的迅速变化以及境况的日益异质化，人们经常需要普遍规范这根"拐杖"，而越来越少依靠直觉。这就是现代的男男女女们希望有充裕的时间做重大决定的原因。现代戏剧充分反映着现代人的过度反思性，尤其是当他们确实想要寻找道德上最好的行动方案时。当然了，人们自行支配时间并不保证正确的决定，而且，如果一个人过于聪明而不真实的话，就会使事情变得更糟糕。一个富有经验的行动者脑际中会浮现出一种合理化的解释，如果他或者她 **【175】** 被敦促而一时冲动行事就不能发现。尽管避免道德风险比冒道德风险更可取，但是当人们确实必须冒道德风险的时候，就必须对这些场合形成一种"感觉"。因为实践智慧，就像所有其他的美德一样，是获得的，而不是天生的，所以，当这种"感觉"正在形成时，错误不可避免。

如果我们的决定涉及其他人（或者只是一个人），并且由此产生的行动会以各种方式对他们有益或者有害，那么由我们自行支配的时间花在讨论与所有那些人相关的问题以及我们的决定上最合适。初步的对话可以为我所谓的"快乐的行动"的决定奠定基础。即便是"快乐的行动"并没有发生，这种对话也有一些伦理价值。人们能够检验自己的本真性以及估量这项行动的可能后果，也能了解自己评估它们的能力。此外，参与这种讨论本身就是遵守规范的行为：在这样做的时候，人们对其他人的自主表示尊重。但是，和那些相关的人进行的对话并不会使决定依赖于他们的判断。**在伦理道德上不存在集体决定：每个人都有自己的决定**，即使源于几个（相似的或者同一的）决定的行动是集体的。唯独在一种情况下才能接受另一方的立场：如果一方确信其**伦理上出众**。

---

① 在《人的境况》（*The Human Condition*）（Garden City, NY: Doubleday, 1959）中，阿伦特（Hannah Arendt）一如既往能言善辩，详细探讨了这种原谅的姿态。

在对话的最后可能会有两个**在道德正当性上同等的**选项将稍后讨论。

花一些可供做出决定的时间与事情的"第三方"或者与公正的评判员讨论问题（选择）是明智的。在过去，总是有一个可以提供建议的朋友、"自然顾问"（the natural counsellor）；如今，令人悲叹的人们的孤独，尤其是在大城市，部分是由这种朋友的消失造成的。"专业顾问"（Professional counsellors）填补了他们的位置。他们有时甚至被那些寻求朋友建议的人所青睐。因为人们理所当然地认为，专业顾问的见解与朋友的不同，它们是完全独立的并因此适用于所有的境况。同样理所当然地认为，一个朋友，在充分意识到某些境况的道德复杂性时，可能不愿意提供明确的建议以及采取一种强烈的道德立场，或者也许不能克服相对主义的精神。亚里士多德关于真实的（真正的）友谊是建立在共享一种有道德的生活和善的基础上这一实事求是的表述与我们的时代非常格格不入。但是，就像在两千年前它是真的一样，一个正派的人是另一个正派的人的朋友在今天就不是真的吗？即使在今天，一个正派的人最好有同类型的其他人作为朋友；然而，他或者她不能再期望他们像以【176】前的朋友那样乐于提出建议。其主要原因是我们的日益复杂的生活境况：**人们在充分了解一种境况之前不能提供建议**。在现代，由于这种复杂性，"自然顾问"的能力是有限的。然而，一当正在进行的行为似乎要违反普遍规范时，这种限制就会消失。在这种情况中，朋友将以老式的方式行事并且会告诉另一个人："你不应那样做！"

由于所有这些原因，与"第三方"，这个公正的评判员、这个友好但客观的顾问进行的讨论就变得极为困难，即便是目前讨论的这个人有时间进行充分讨论。正义的规范（社会的-政治的规范）是商谈伦理学的一个长处。这样的规范最好是通过商谈确立，并且就其应用而言，提出建议相对容易些。但是，一涉及道德决定而不是与正义相关的决定时，现代人更愿意在其自己的灵魂中进行对话，而不是把做决定的重担交给那些最终可能只说"做你认为最好的事情"的人。

鉴于直觉，即著名的"良好的道德感"，经常会使我们失望，鉴于我们几乎不能向我们信任其判断的男男女女们求助以获得好建议，现代

道德哲学 ▪▪▪▪

的道德风险似乎比前现代的要大得多。但是，这不是一种实事求是的评估，因为道德选择的某些其他条件很明显已经向相反的方向转移。首先，需要道德评价——无论是正面的还是负面的——的实质性的善的数量比其在希腊精神或者基督教精神背景下更少。而且，如果一种实质性目标，一个达到目标的工具以及一项活动被认为是与道德无关的，那么与之相关的决定就不再是道德决定。因此，决定可能包含着道德风险以外的风险，而没有道德风险。其次，道德规范密度的减少以及正义的规范和规则的规范化的增多进一步降低了冒道德风险的危险。最后，时间因素也有助于降低重大风险中固有的危险。

这些因素中的前两个（与道德无关的实质性善的范围的扩展和与正义相关的事情的规范化）减少了包含高道德风险的决定的数量。但是，我所谓的"时间因素"是影响我们生活质量的另一种量。现代的、偶然的人会犯人们在传统的环境中不会犯的错误，但是他们活得很长足以弥补这些错误。与我们偶然性的增加成比例，我们的预期寿命也在增长。

【177】然而，这是**狭义上**的预期：男男女女们期望在已探索所有成为其所是的机会之前不会死去。那些被抛入传统世界中的人在非常短暂的寿命内成为其所是的。他们从自己唯一的环境中学到如何正派地行事以及如何发展良好的道德判断力（实践智慧）。相比之下，现代的男男女女们需要长命百岁，经历一系列不同的环境才渐渐知道各种机构、意识形态、人民，以及其他的东西。在这个复杂的过程中，他们可能犯错误；然而也有时间修补并纠正许多这样的错误。正当的生活不是连续不断的正当行动的统一体；它是许多间断、变化、选择善恶、失败和成功的连续——在这种连续性中，正当性最终占了上风。不管正派的人做什么，都体现着正当性，包括其道德失败。正当性不是正派的人控制的地带：它是他们所是的。但是现代正派的人们确实需要时间来践行他们的生存选择。我们有这个时间，除非我们的生命被强力所打断。稍后要讨论的临界境况之所以被称为"临界的"，正是因为他们处在这种模式之外。

· 190

三

讨论对**正义**的规范和规则的"运用"具有重要意义。这些是**规范群**——即，它们构成社会的群集并因此运用在一个群体的每个成员身上。在《超越正义》中，我对**静态的**正义和**动态的**正义做了区分。就静态正义而言，我们将规范和规则视为正义的。为了做我们自己，我们必须把规范和规则一贯而持续地应用于其所运用的这个群体的每个成员身上。就动态正义而言，我们质疑并检测规则和规范本身。在质疑现存的规范和规则的正义以及提出有利的证据来代替它们时，我们必须求助于正义之外的某些价值（因为说某事之所以不正义是因为它不正义是同语反复）。严格说来，就静态正义而言，人们只能谈规范和规则的"运用"。然而，在《超越正义》中，我强力支持哈贝马斯的提议，在理性商谈中，新的（可替代的）规范和规则应该被有关各方所接受。这种商谈拥有其自己需要得以运用的规范和规则。就规则的运用而言，无疑涉及**如何**运用它们的问题，因为"如何"是"什么""什么时候"以及"对谁"中固有的。就规范的运用而言，情况更复杂。必须决定哪种规范应用【178】在一种特殊的境况中、如何运用它，等等。然而，谈"运用"仍然是合适的。

一当涉及**与正义和不正义相关的行动**之外的有道德含意的行动，谈规范和规则的"运用"就变得困难起来。说裁判员在给予处罚时恰如其分地（公正地）"运用了"规则，或者说老师给论文评分时恰如其分地（公正地）运用了规则并不奇怪。然而，说我们的朋友运用真实的规范并且这就是她说真话而不撒谎的原因，或者说在争吵中某人运用了"不要杀人"这一规范并因此没有杀与之争吵的那个人无疑是奇怪的。道德规范本身是**超群集的**；在我们现代社会中它们并不构成社会的群体或者政治的群体。人们"遵守"（live up to）而不是"运用"（applies）它们——甚至连"遵守"它们这一说法都是误导的。道德规范可以成为男男女女们的"第二天性"；其中一些的确可以成为正派的男男女女们

191

的"第二天性"。但是，正义的规范和规则永远不会成为"第二天性"，只有**运用它们的习惯**可以成为"第二天性"。如果正义的规范和规则本身成为"第二天性"，那么男男女女们将失去其参与到检验那些规范和规则之有效性（捍卫或者拒绝）的商谈中的能力。

无论怎样，人都会在他人的生活中留下印记。人们不能摆脱人的境况，这种和睦相处的境况，实际上，也没有人真的希望摆脱它。康德创造了非社会的社会性（*ungesellige Geselligkeit*）（非社会的社会性［unsociable sociability］）这一表达来形容这种条件的矛盾特征。男男女女们为了得到其邻居的承认而做任何事情：除了这种承认，什么都不重要。人们对他们的同类犯罪，无情地与他们竞争，激起他们的猜忌、嫉妒和怨恨，就是想让他们的同伴给他们最高的承认。相比之下，正派的人选择社会的社会性（*gesellige Geselligkeit*）（社会的社会性［sociable sociability］）的路径。他们只有在正义之事要求这样时才"与"之（其他人或者群体）抗争；除此之外，他们仅仅"为"之（他们自己和其他人）奋斗。在康德的语义中，成为"社会的"使我们更少受到其他人的非承认的伤害。尽管亚里士多德使用了不同的术语，但是他也意识到有道德的人比其他人拥有一个更强大的自我——不是因为他们不乐意得到承认，而是因为他们不准备用自己的道德为承认付出代价。

同时，正派的人对其他人的自我脆弱（ego weakness）发展出一种特殊的敏感性，一种在现代最重要的敏感性。因为即使一项完全与道德无关的行动的施行也会伤害拥有脆弱自我（weak egos）的人们。卢卡奇在《小说理论》中指出**机智**（*tact*）已经成为"不确定个体"（problematic individual）（或者，用我的术语，偶然的人）的主要伦理品质。机智之所以是引人注目的美德，是因为它**不**是一种美德**规范**。一项行动之所以被批评为不机智不是因为它是什么，而是因为它如何被实施。机智也不能算是实践智慧的一个分支。机智感是一种天赋，而实践智慧不是。但是，机智与实践智慧相似：使用维特根斯坦的术语，他们拥有"家族相似性"（family resemblance）。但是机智与良好的判断力并不相同：它是良好的，但它不是判断力。我们都熟悉自我展现和自我保

【179】

护的**礼节和风格**（*the ceremonies and mannerisms*），戈夫曼（Goffman）已经提供了这样的全面而诙谐的描述。这种礼节和风格也与机智有关。像机智一样，在现代它们在埃利亚斯（Elias）的著名的"文明的进程"之流中也获得了动力。然而，机智和保护性的礼节并不完全相同。例如，"保全面子"这一礼节是非个人的：当我们注意到别人的**失态**时，我们假装没有注意到这个人。我们因此保护其自我的这个人成为一个非个人的 X。机智，也是顾全面子，但它很灵活，可以根据人和情境进行调整，并且对这样做的方式很敏锐；这就是另一方也能感受到它的方式。

如果人们注意就能注意到某事。尽管始终如一的机智是天赋，但是注意他人并不是。"爱交际的社会的"人们注意的是与谁相伴、为了谁、和谁一起行动以及围绕谁做决定。他们尽力保护其同伴的自我。最终，"机智地行事"也有一种审美的维度。机智可以给微不足道的行为增添独特的形式，因为机智地行事也是以一种高贵的方式优美地、优雅地行事。然而，正如在所有的美学和伦理的交汇处一样，在这里也必须保持伦理的首要性。①

正如已经提到的，正派的人们从道德的视角评估各种可能的行动。如果预期的行动看起来与道德无关，那么就从非道德的视角做决定。但是，必须首先检查这项行动是真与道德无关，还是有道德含义，如果有，它们是什么。如何能施行像这样的检查？

两种行动模式，彼此稍有不同，在这里需要分别讨论。在第一种模式中，人们想要分辨将要承担的行动是否**道德上允许**。在第二种模式中，人们想要做**善的、高贵的和有价值的**事，并寻求做这件事的最好方式。在两种模式中，每个人都会喜欢我所谓的"快乐的行动"。在第一

① 在福柯的《性史》（*the History of Sexuality*）的第二卷和第三卷（New York: Vintage Books, 1986 and 1988）中，在其希腊和罗马伦理学的谱系里，他为人的个性中的美学维度和伦理维度的适当平衡提出了充分的理由。正如阿伦特在她关于康德的讲座和她的一些最新作品中指出的那样，她把趣味判断（judgement of taste）视为美学和政治伦理学的交汇点和中心点。利奥塔（Jean-François Lyotard），尤其在他的著作《激情：康德式的历史批判》（*L'Enthousiasme*）（Paris: Galilee, 1986）中将美学上崇高的范畴重新引入政治道德的讨论中。阿伦特和利奥塔（与福柯不同）主要相信康德，尤其相信他的《判断力批判》（*The Critique of Judgement*）。考虑到美学维度和伦理维度的关联，以及它们之间严格而完全的划分，唤起会引起日常行动者和哲学家的不适感，这个问题值得仔细研究。

【180】 种模式中，"快乐的行动"的定义是预期的行为应该得以允许；在第二种模式中，"快乐的行动"的定义是这种行为不应付出昂贵的代价。道德教科书往往会集中在对行为者有很高要求的行动上，很少谈到"快乐的行动"。然而，后者并不像表明的那样罕见，而且它们都和"不快乐的行动"一样应受到审查。

用精确的韦伯的术语可以将这两种行动方式分别描述为**目标导向的**和**价值导向的**。但是，必须预先强调目标导向的行动在更宽泛的意义上也是价值导向的。因为道德善是最高等级的价值，所以即使行动本身与道德无关，严格说来，是传统的韦伯式意义上的"目标导向的"，但好人决心不从事具有负面道德内容的行动是一种最高价值取向的态度。

在目标导向的行动中，需要进一步推敲**行动**和**技艺**之间的区别。关乎道德的每种行为都是行动，并且性质上它是实践的，而不仅仅是技术的-实用的。此外，有些行为构成技术程序并变成行动（实践），而没有因**不应实施**的事实（例如，某类活体解剖）而中止技术行为的某些行为。

准备从事行动的正派的人似乎是太刻板的一个模型，与日常行动的现实严重脱节。毕竟，我们正不断地以各种方式行事，在我们一连串的行动中并没有绝对的零点。尽管这样，这个模型仍有意义。人们很少单独选择**一个目标**或者**一个框架**或者**一个人**，我们的选择要么重叠，要么相互关联，除了人为将它们分开，这可能都是真的。然而，在每个人的生活中都存在着某些重大的决定，它们为后来的选择缩小框架的范围或者创造最初的境况之后的衍生境况。当我们准备从事一项行动时，这些是新的行动过程的起点，即当我们知道既定时刻只是链条上的一环时，**我们就从那一时刻开始我们新的行动过程**。

那么，让我们假设，"准备从事一项行动"的我们的人是正派的。让我们进一步假设这个人一直处在人的关系网中——即，有"某种过去"的"某人"。然而，我们几乎不能预先"假设"，在一个既定的时刻，这个人会发现其自己处在某情境中或者面对某决定。情境不是完全
【181】 既定的，因为我们为自己提供诸多情境，出于同样原因，情境也不是我

们"面对"的"某物"。但是我们可以假设正在讨论的这个人已经决定做道德上允许的事情。这将是目标导向行动的模式，因为，在价值导向的行动中，这个人首先必须检查预期的行动是否确实是最有价值的，或者是道德上最佳的一种。人们通常决定追求一个实质性的目标，"这个"还是"那个"，或者某些相互关联的目标（"这个目标"连同"那个或者那些目标"）。相互关联的目标可以是同时的或者连续的，等级上井然有序的或者不是。它们几乎可以是任何东西：一件东西、一个位置、一个人、一个未来行动的框架、一个机构，等等。但是没有哪个实质性的目标可以成为终极目的，因为它不是以终极目的为目标的目标导向的行动，而是调节性的想法。然而，这些目标必须被行动者视为"善"，否则它们就不会成为他的或者她的目标。

人们是在某些**限制**中追求目标的；为了达到以及实现目标，就需要调动**潜能**；目标本身在某些**框架**中根深蒂固。然而，嵌入目标的框架在做决定的时候是外在于行动者的。行动者的决定正是以进入这个框架为目标。

就目标导向的行动而言，从实用的视角看，限制的力量和性质以及潜能至关重要，然而，除非它们与行动的可预料的道德后果相关，否则从道德的视角看，它们毫不重要。轻而易举地进行这种区分是良好的道德判断力（实践智慧）的标志。反之也成立：良好的道德判断力是通过频繁而正确地进行这种区分得以发展的。

正派的人必须检查目标和手段的容许性。为达目的不择手段这个臭名昭著的命题对这一检查的过程几乎没有影响。只要正派的人只想发现一个特定目标是否被允许，而不是它是否是"最终目的"，那"什么证明什么正当"的整个问题甚至都不会被提出。

众所周知，目标总是与实质性的价值（而不是终极目的）相关，"趋向目标的行动"可能但不一定与其目标之外的（正面的或者负面的）实质性价值相关。然而，目标与行动都不"体现"这种实质性的价值。相反，所谓的"纯粹实质性的价值"与具体的行动和目标相关。事实上，我们的目标不是"健康"，而是治愈某些疾病，使我们免于流行病，

使我们保持健康，等等。就行动而言，我们可能吃药、接受手术、锻
炼、从事医学研究、对其他人进行检疫、处罚违反卫生标准的那些人，
以及其他很多情况。人们几乎无法找到一项与至少一种"纯粹实质性价
值"无关的行动（或目标）。这就是一项行动或者目标不能仅仅因与一
种纯粹实质性价值相关就成为道德上可允许的原因之一，一个正派的人
充分意识到这一点。将提炼的"纯粹价值"用作证明手段的正当是一件
需要非常良好的道德判断力的不稳定的事情，因为，当在证明的过程中
纯粹价值不能被完全忽略时，它们也不能成为其唯一的标准。如果我们
希望保持正派的，那么我们能前进的程度、我们必须停下来的那个点再
次是实践智慧的问题。

【182】

四

我已经指出限制和潜能以及目标嵌入其中的框架必须从实用的视角
考虑。我也已补充道，从道德的视角考虑，限制和潜能都可以被忽视，
除非它们与行动的可预料的**道德**后果相关。但是人们必须既从实用的视
角也从道德的视角思考框架。目标总是嵌入至少一个框架中，但通常是
多个框架。目标和行动一贯嵌入其中的框架就是**行动者的生活**。框架的
多样性与其他人的生活联系起来。在传统社会和生活方式中，两种框架
之间的差别可以被忽略，由于两个相互关联的原因。首先，作为一个集
体共享的伦理世界中的一员，可以肯定的是，对一个人来说可允许的事
情对于其他人来说也是可允许的。因此，就哪种行动可被视为与道德无
关的几乎会自动达成共识。其次，行动成为习惯性的地方，它们也因成
为习惯性的而被允许。只要行动者认同习惯，现代日常生活也就充满了
被"视为理所当然的"目标和活动，并因此被允许。有时，当人们质疑
琐事时，这只是**道德歇斯底里**（*moral hysteria*）的迹象。实践智慧辨别
道德歇斯底里和道德犬儒主义之间的"中间地带"，对于道德犬儒主义
来说，每个目标和行动都是小事。

只要我们认同习惯，那么习惯性的行动就被允许这一限制性条款有

待进一步探讨。伦理习俗是**具体规范**。① 在现代也存在着具体的伦理规范，但是它们的特征和密度已成为变量。这种情况表明伦理和生活方式【183】的多元性。现代偶然的人们设定目标并实施行动，要么针对与行动者的伦理习俗不同的男男女女们，要么至少对这些人的生活施加影响。我所谓的"框架"就是习俗、道德信念、生活的形式，以及那些受我们目标和行动影响的人生活在其中的制度；目标和行动嵌入其中。在一个多元主义的世界中，目标和行动可以嵌入各种各样的框架中。因此，对于行动和目标的可允许性的问题不得不以如下方式表达："**对我来说**追求这个特定的目标是可允许的吗？""与这个**具体的**他者追求它是可允许的吗？""追求一个嵌入在其他与我的具体道德规范不同的人的框架中的目标可允许吗？"

这里讨论的问题不是正派的人能否故意做不正派的事情，而是需要每个正派的人都以其自己的方式成为正派的。人们进行存在的选择之后，发展着一种独特形式或者独特类型的正当性的生活方式。它包括对人们、制度、特定的思想和运动的具体承诺；它也包括对价值和美德的某些**诠释**的承诺，对一种职业（或者多种职业）、某些类型的活动、某些天赋的发展以及其他许多东西的承诺。当然，**以另一种方式**成为正派的对这个偶然的人，即这个可能性的群集敞开。然而，一旦某些可能性已变成现实性，它们就排除或者限制其他可能性的实现。要成为以及作为"某个（正派的）人"，一个真正的个体，不仅仅是个性品质的问题：它也是价值和义务、许诺和承诺的问题。要做真实的自己（To be true to oneself）不是诚实（honesty）的准则：不诚实的人也能完全做真实的自己，甚至愤世嫉俗的流氓也喜欢活出真实的自己。但是，对于已经选择诚实并已成为"某个诚实之人"的人们来说，"做（坚持）真实的自己"的准则尤其重要。由此得出的第一个结论就是，一个被允许的目标，以及被允许的对这一目标的追求，一般来说，对于那些假如追求它

---

① 具体规范是明确的行动方案：它们在其具体的背景中引导态度、行为模式、判断模式。抽象规范是跨语境的或者超语境的：其禁令在每一行动和选择的境况中都需要诠释。完全不同的具体规范可以成为对同一抽象规范的本真诠释。我在《一般伦理学》的第二章中详细探讨了这个问题。

就会非真实地面对其自己个体性的具体的诚实的人来说则是不允许的。在讨论一个人对自己的职责时，① 康德想到了自我完善：发展我们的能力和习性、完善我们自己，是我们对自己的主要职责。尽管我认为把我们最好的天赋发展成才能是好生活的一个条件，但是我的确不认为自我完善应被视为一项职责。成为正派的是好生活的一个条件；把我们最好的天赋发展成才能是另一个条件；能够建立稳固而密切的情感个人依恋是第三个条件。然而，如果人们不把自己最好的天赋发展成才能也能成为正派的，因为人们可以以不同的方式成为正派的。在一个人把坚持真实的自己"归因于"其自己的意义上，坚持真实的自己拥有职责的**外观**。想象任一种境况，在其中，一个正派的人开始追求一个尽管本身并不允许，但与其正当性的具体品质完全不一致的目标。这个人**没有责任**保持其"某个正派的人"的形象的完好。但是，这里肯定存在着职责的外观，因为我们以一种模糊的方式把善与认知和自我认知联系在一起。

在追求一个很不符合其通常生活方式框架的目标时，一个正派的人通常对这样做**给出理由**。给出的理由通常有两种，主观的和客观的。主观的理由求助于新的**主动性**（inttiative）这一概念。正派的人为了改变其自己的生活，会采取主动。客观的理由求助于目标嵌入其中的**框架**（除了行动者自己的生活方式之外）。的确，人们很少对其目标可能"偏离"的特定框架予以深思熟虑，从而使得他们非真实地做自己。在我分析的后期阶段，我将回到这个问题，以及由此产生的冲突。

现在，即使同一个家庭中的人也可以赞同不同的具体规范。教养、个人选择、隶属于不同的机构、代沟和其他许多东西推动着这种多元化。这并不是**利益**的多元化，而是这里目前正讨论的**规范期望**（*normative expectations*）的多元化。即使规范陈述是共同的，但利益可以

---

① 这一特定的职责（对我们自己的职责）因为与新教伦理学传统的联系太强，最近已经声名狼藉。但是这一职责的核心思想未必与这个传统相关。发展个人自身心智的、情感的和身体的能力在道德上也被认为是希腊主流思想的一部分。存在着一种任何道德哲学或者日常伦理学都不认可的享乐主义，即使是贴上了享乐主义者的标签也不认可，这是一种徘徊于世的态度，是没有任何意义和目的、只是来回闲逛的态度。除了美学上令人不快之外，对人的潜能的严重忽视会使人很容易成为邪恶力量的猎物。

是多样的，也可以彼此处在相互冲突的过程中。不用说，规范期望中的差异也能在利益的冲突中得以表达。正派的人需要认真检查其道德世界中完全与道德无关的目标，以便于弄清楚从道德的视角看，追求这种目标是否为同一家庭或者群体的其他成员所接受。追求无神论的宣传本身与道德无关，但是对于一个住在对宗教深信不疑的父母家中追求这个目标的年轻无神论者来说却未必如此。

某些道德理论认为，为了自己而追求的目标在道德上总是不如那些为了他人而追求的目标。这些理论是在伦理生活仍然同质化的时代中被设计出来的；并且它们已经幸存于其构思的时代而没有重大修改。在我们的现代生活中，这种简单的方法不能提供适当的引导。的确，做任何事情都只是为了其自己的人不能成为正派的。但是，从这种断言中不能【185】得出为了他人而追求的每个目标在道德上都优于为了自己而追求的目标。萧伯纳（George Bernard Shaw）的深刻**妙语**可以应用到这里，即己所甚欲，勿施于人（we should not do unto others what we expect others to do unto us），因为别人可能有完全不同的喜好。坦白地说，对于为了自己而做某事的人来说，这种目标总是一件"好的"事情；在这种情况中，尊重受益者的自主是行为所固有的。然而，为了他人而做某事时，人们可能尊重也可能不尊重可能的受益者的自主，这个人也可能想要完全不同的东西。

假设一个正派的人想要为了其自己而做某事，并且假设这种行为就其本身而言与道德无关。在试图理解行动所嵌入其中的"为了他人的框架"时，他或者她必须考虑在这个决定中**直接**涉及的人们的生活利益和价值。没有哪种正当性的规范比这要求得更多；超越这个要求就会成为道德歇斯底里的。其实，当人们确实走得更远时，他们通常对言语过度而感到愧疚，这无疑会招致伪善的指责。当然，可能会出现这样的情形，在追求本身与道德无关的目标中，其他人的利益或者价值体系不经意间会受到伤害。但是只有跨文化的好人们——即，圣人或者完人们——能在从事一种目标导向的行动前，试图将所有这些可能发生的事情考虑在内。对于（平常的）正派的人来说，是道德歇斯底里的征兆，是他或者她设法避免的。因此，要求其他人对人表现得像跨文化好人就是使用双重标准，避免双重标准在每种文化中都是一条正当性的规范。这里应该简要讨论的不是双重标准，而是标准本身。

在职能性分工、规范的日益抽象（以及普遍化①）、生活方式多元化以及伦理生活方式个体化的现代社会中，期望和（道德的）判断力的标准变得更一般，有时甚至更模糊和更灵活。这对于正在讨论的事实有如下结果。就我的目标与道德无关而言，就我为了自己而追求这个目标并已认真考虑我的行动可能会对直接相关的人产生何种影响而言，我已经履行了作为一个正派的人的职责并能够继续下去。但是，如果另一个人做了同样的事情，我没有权利进行道德反对，即便是那个人的目标与我的利益发生冲突或者伤害到我已经投入个人价值和具体规范的感情。

【186】总而言之，**自由主义**的价值对于诚实的人们的生活实践至关重要。自由主义不仅仅是包容。在伦理多元主义或者生活方式多元主义仍然是新事物且尚未站稳脚跟的地方，包容是行动、赞同和反对的首要价值。自由主义是基于这样一种信念的态度：我们没有理由、权威或者权力仅仅因为其他人偏爱其他目标或者价值就反对他们。

不言而喻，自由主义肯定不能延伸至道德上错误的，因而依据熟知的标准其本身不被允许的行动。因为正派的人们永远也不会为自己设定一个**作为**目标的道德上恶的目标，或者为追求这个目标而需要违反规范，所以如果要对其他人致力的这些类型的行动评判时，他们就不会是自由主义的。跨文化的好人们可以将他们内心的善扩展至杀人犯和具有暴力或者冷酷无情、野心勃勃的其他人。正派的人只能原谅对他们所犯下的侵犯行为，即使正当性不需要原谅。然而，正派的人是否有权原谅对第三方所犯的罪行则令人高度怀疑。因为，归根到底，我们都是偶然的人们；我们不会因为属于一个特定群体（例如，一个民族）就可以行使审判权，也不会因为任何先验权威赋予我们权力而把正义事业、解决

---

① 如果一条道德规范在所有人类文化中都被视为有效的（原则上，被所有人），那它就是普遍的。如果遵守一条道德规范的行动者遵守它就像它被每个人真的视为有效的似的，那么它也可被称为普遍的。我在《一般伦理学》中探讨了抽象规范和普遍规范之间的差异。

问题权和约束权掌握在自己手中。

在追求不是为了自己而是为了其他人的目标（善）的过程中，正派的人将再次努力辨别追求一个特定目标是否是被允许的。如果这个目标是好的，那么追求它的人将假定对于受益者来说结果将是有用的、令人愉快的以及令人满意的。当一个人是自己行动的预期受益者时，他只能在一件事上犯错误：对实现目标后将获得的假定收益的判断错误。在为了其他人而行事中，在这件事上犯错误的可能性会增加。此外，在为他人行事时，我们可能会阻止那些人为了自己而行事，阻止他们追求自己的目标或者阻止他们以其自己的方式维护他们自己的价值。温和利己主义者的标准答案——"我管我自己的事；你管你自己的事"——消除了问题而没有面对它。人们会情不自禁地为了别人而追求一个目标，即便也是为了自己而追求；此外，正当性也的确需要人们为了他人行事。

尽管我们仍然讨论目标导向的而不是价值导向的行动，但是考虑到目标是善（goods），所以价值也起到一定的作用。人们并不能通过把利 【187】益调控的行动和价值调控的行动进行对比，好像它们相互排斥，就能真实反映现实生活情境的复杂性。一个父亲可能思考把他儿子从他认为对其不利的课程中解救出来的方法。他考虑的所有解决方法可能在道德上都是允许的，然而整个行动可能被证明是极其有问题的，这取决于当时的场景。大量道德上非常相关的问题都与这样的情境有关。例如，应该给一个以宗教的理由拒绝输血的病人强行输血吗？输血本身既不存在道德贷方（moral credit），也不存在道德借方（moral debit），它是医生日常工作的一部分。在这里这个问题既不是一般意义上的后果（consequences）也不是（良好的或者不良的）动机，而是对这个目标嵌入其中的框架（其他人的目标、信念和价值）的考虑。使问题变得复杂和有争议的是，即使人们为了他人的行动并没有产生直接的不良后果，我们仍然可能为其他人做了他们不想为他们做的事情。有时我们的行动，因为它与其他人的信念和价值偏好处在相互误解中，所以导致完全敌对。在这里，没有哪条一般性的原则可以用来帮助那些为了他人而追求与道德无关的目标的正派的人绕开存在于他们面前的危险区域。因为在这里价值的实施是间接的-含蓄的，当一种明显技术性的和价值中立的境况不再价值中立时，进行正确的评价就极度困难。①

能够给予想要躲避这类道德错误的正派的人的最一般性的建议就是**遵守与自主性相关的引导性原则的指导方针**。在从事为了他人而进行的目标导向的行动和与道德无关的行动之前，人们首先必须弄清楚这个目标以及对这个目标的追求是减少还是增加他人的自主性。人们不一定立即放弃追求这种趋于减少他人自主的目标。我们可以给那些人提供这个目标的额外信息并参与到和他们的讨论中，最终他们可能接受这个目标以及它的含义。然而，即使启蒙是相互的，它还是有它的限度。如果我们发现人们为了自己而拒绝同意我们对这个目标的追求，即使我们坚信其有益的特征，那我们也不能继续追求。挽救生命是此种情况的一个例外。（甚至阻止其他人自杀都有有问题的方面，正如许多自杀权的支持者已经声称的那样。）

与自主性相关的引导性原则提供的仅仅是一般性的引导。追求目标
【188】所在的**领域**至关重要。在家庭或者非常亲密的朋友中，至少在现代，与自主性相关的引导性原则是日常生活的构成性原则。这就是如果我们想要从它是否减少他人自主的角度仔细审查每一单个的步骤看上去怪怪的原因。然而，在一个专断型家庭中，正是这种对自主原则的无动于衷才创造了屈从的氛围。

我们的目标嵌入其中的框架越远，我们就越需要用与自主性相关的引导性原则的标准来检查我们的目标。在这种背景下，实践智慧是不够的；我们也不能依赖可用的信息。当我们的目标或者我们是其成员的机构的目标可能影响到其他人的生活或者机构结构的存活时，伦理后果论就牵涉进来。在从事这类计划之前搜集所有可得到的信息和知识是道德上必须做的事。在对目标追求之前也必须进行实践商谈。但是和谁进行实践商谈呢？——这就是问题。我们能和每个人（包括那些如果人们追

---

① 我从葛维兹（Gewirth）那里借来了这个模式，他用耶和华见证人（Jehovah's Witnesses）以及他们明确拒绝输血，即便是输血可能救他们的生病的孩子的命，例证了它。参见葛维兹（Alan Gewirth）的《理性与道德》（*Reason and Morality*）（Chicago: University of Chicago Press, 1978）。

求一个特定目标而不是另一个目标时将会受益的掌握权力的人）进行实践商谈吗，甚至损害我们为之采取行动的人们的利益？我们能和那些还没有掌握商谈语言（在字面意义以及比喻意义上）的人进行实践商谈吗，这样的人对于生活中的灾难的典型反应要么盲目屈从，要么同样盲目反抗？我们有权就他人的经济目标和实践提出强烈建议吗，即便是我们给他们提供实施这些建议的财力？如果无权，我们尊重**谁的**自主？商谈是自主问题的最佳答案，但是最佳的解决方案可能不在我们能力所及范围内。在这种困境中，我们真正要做的就是进行一种有限商谈，我们在运用它的过程中学习运用自主。

因此，目标导向的行动通常与道德无关，正因如此，它是可允许的。然而，可允许的行动也能产生问题。就我们为了我们自己追求目标而言，我们可能因非真实地做我们自己而在道德上犯错误。就我们为了他人追求目标（设计方案）而言，我们可能因无视他人的自主性而犯严重错误。因为在这里可允许的行动和不可允许的行动之间的界限模糊，所以需要不断地咨询自主的一般性的方向性原则。【189】

五

我现在转向价值导向的行动。一个正派的人在推动其一种价值时，并不专注于理解行动是否是允许的，而是专注于确定行动是否是**极其好的、有道德的、有价值的**。尽管目标导向的行动是在价值优先的框架内实施，而且价值方向性并不排除而是包含目标导向的行动，但是这两种情况之间的区别不仅仅是重点的不同：它也是（行为者的）**态度**的不同。尽管终极价值可以从目标导向的行动中获得，但是这与把这种终极价值记在心中的价值导向的行为者的态度格格不入。通常，目标导向的行为者追求一个特定目标并不为了实现一种终极价值或者靠近"终极目的"。但是，这正是在价值导向的行动中行动者的态度。价值导向的和目标导向的行动者可以有共同的某个具体目标，尽管他们各自的态度是不同的。

现代的男男女女们注意到拥有"崇高的思想"和成为正派的人之间有一种非常牢固的联系。此外,他们将"崇高的思想"和崇高的目标联系在一起。道德价值随着对崇高目标的追求而增长,随着放松这种追求而成比例减少。青年黑格尔将这一映像追溯到古希腊,但是没给太多的理由。对于古希腊人来说,尤其对于柏拉图和亚里士多德展现的理想化的类型来说,理想国(politeia)确实是"目的"。然而,公民之善不被视为这个目的的衍生物或者达到这一目的的方式。公民应首先成为有道德的,因为唯有有道德的活动才能支撑作为公民幸福条件的**好**城邦。当卢卡奇坚持说黑格尔关于古代人道德的看法受到法国大革命启发时,他是对的。① 实际上,正是在法国大革命期间,自我沉湎于一种观念(共和国、最高存在以及其他许多观念)成为道德优点和善的主要表现。一个人把其生命和劳动投入追求应该**体现这种观念的目的**中越多,他或她就应该成为一个更好的人。我已将这种观念称作**抽象热情**(abstract enthusiasm)。② 继法国大革命和拿破仑时期之后普遍犬儒主义的时代没有引起抽象热情的消亡。恰恰相反:抽象热情促成了犬儒主义时代的出现,这反过来引发了抽象热情的新浪潮。因为所有类型的政治实践都与
【190】 崇高观念相关联。自从创造并首次实践了抽象热情之后,所有主要的政治力量都没错失机会调用它。在欧洲战场上,抽象热情特别归属于"民族"或者"我们的民族"这种崇高的观念。最终,"人类的解放"这一抽象热情有意无意地推动了极权主义政体的出现。

康德在谈到热情是人类道德进步的保证时,他考虑的不是行动者的热情,而是**旁观者**的热情。只要旁观者与行动者的崇高观念保持团结一致,他就依然是一个自主的存在。解放的观念中的强烈感情(strong feelings)并未将男男女女们转化成纯粹的手段。他们的个性连同自我沉湎依然是目的本身。景观中的热情,即使在为自由而战的宏大景观中的

---

① 据我所知,卢卡奇是第一个指出并讨论这一联系的人,在他的著作《青年黑格尔》(The Young Hegel)(Cambridge, Mass.: MIT Press, 1976)中。

② 既不是康德也不是黑格尔区分了抽象热情和具体热情。从旁观者的立场(一般来说康德采取的立场)看,这一区分无关紧要;然而,从行动者的立场看,这一区分意义重大。我在《情感理论》的第二部分比较详细地探讨了这个问题。

热情依然是一种美感，是对崇高的敬重。但是"解放"对于行动者来说不是一种纯粹的景观，正是因为他们是行动者而不是旁观者。问题是我们是否可能在不放弃自主的情况下把我们的感情赋予行动者的观念。

一个尽职尽责的人（committed person）不是一个纯粹的旁观者。人们不能成为尽职尽责的，如若不积极地致力于**某物**：一个人或者一群人的一个目标或者目的，倘若这目标或者目的与最高观念，尤其与自由观念联系在一起。在致力于某物时，一个正派的人将其自己也用作他或者她想要和别人一起达到目标（某物）的手段。热情属于这个观念，并因此也属于体现那些崇高观念的目标或者目的。但是，正派的人们将自己用作手段但不自我工具化：他们从来不舍弃其**自主的道德自我**。属于观念的热情不能诱使正派的人们对道德准则置若罔闻。他们不会退回到旁观者的态度上，因为一旦承诺成为实践的，他们就不会把它错当成审美愉悦的来源。当人们沉湎于观念和事业中而不舍弃其道德自主时，我们就会目睹**具体**热情（concrete enthusiasm）的态度。①

因为具体热情建立在保留道德自主的基础上，所以作为拥有具体热情的男男女女们的正派的人们在道德诉求而不是纯粹力量的压力下也会做出道德牺牲（为了救命而欺骗）。但是他们将永远不会使其自己的道德警戒麻痹或者宣布放弃良知这一道德权威。一个正派的人能够接受一个有价值的目的、一项事业、一种观念、她的国家、宗教、党或者其他的什么高于其自己，即高于单个的人。然而，这样的人永远也不会接受任何东西否决其道德良知，道德准则是更高的道德诉求的场所。如果任【191】何特殊的目的或者事业需要违反最高的道德诉求的法庭的规范，那么正派的人们宁愿放弃追求这个目的或者事业。某些目的可以由抽象热情而不是由具体热情所追求；也存在着可以由两者追求的其他目的，但是以各自不同的方式追求。

尽管正派的人们在价值导向的行动中永远不会舍弃其**道德**自主，但

---

① 我在这里指的是道德自主而不是自主。人们可以在一个非常有限的个人自主（做自己想要做的事）的境况中保持道德上的自主（做正确的事）。我在《一般伦理学》中分析了这种差别。

是他们在服务于一个目标时有可能减少其非道德自主。自我沉湎于一项事业、追求一个目标，减少人们的非道德自主；这可以通过"为目标服务"这一措辞来表达。有时甚至好生活的一部分——例如，将天赋发展为才能——可能都甘愿牺牲掉。在所谓的"临界情境"中，这一我将又提到的情境，正派的人们可能自愿削减其生命机会，甚至放弃生命。这再次是实践智慧的事情，来识别哪种情况使这种最终牺牲有道理。

即使正派的人们在追求目标中能够削减其自己的非道德自主，他们也永远不会致力于一项可能会削减**他人的非道德自主**或者减少他们个人自由的事业中。如果这一规则有例外，他们应该依据正义的原则和公正的法律。此外，如果行动的某些参与者是在外部约束下行动、不情愿地行动或者因惧怕任何类型的惩罚推动的行动，那么正派的人们将不太愿意进行（已被评估的）行动。最后，如果达到目的依靠屈从外部约束的人们的参与，那么他们绝对会拒绝已被评估的行动。

抽象热情和具体热情可能有时发现自己推动同一项事业的原因多种多样。一个原因是抽象热情的**观念**同样是抽象的，最终赋予这个抽象概念的内容可能与抽象概念本身相矛盾。另一个原因是，抽象热情永远不会把抽象价值用作一个规范观念，而是认为它与一个具体目标等同，而具体热情可以把同一个抽象观念用作规范观念并与抽象热情结成临时联盟，然而它们各自的诠释依然大相径庭。专制政体也能把这两种不同的类型拼在一起直至解放的伟大时刻，这也是将两种不同的类型分开的方式。这是表明人们可以致力于同一价值但不同的事业，或者致力于同一事业然而以不同的方式诠释它们的另一种方式。

【192】　　抽象热情的魔法催生了一个信条：目标越普遍，其道德内涵就越高贵。但是如果一项事业变得太普遍，具体热情的行动者就会相当怀疑。因为价值和原则，而不是目标应该成为普遍的。一个具体的热心者之所以是一个**具体的**热心者，正是因为他用普遍的正义的原则检查具体目标和他事业的具体方面。抽象的热心者们不需要检查任何东西：在他们的世界中"观念"本身就是最高的权威。具体的热心者们诠释了其意义后，就会发现在诸如"人类的解放"和"消灭人剥削人的制度"这样的

普遍概念中并没有瑕疵；然而，他们不会将其作为目标来追求。具体的热心者们甚至能认同诸如"社会主义"和"第三世界的事业"这样的更为实质的准普遍性概念。这些观念的内容并不十分空洞；它甚至是特殊性的，这就是它们被称为"准普遍性概念"的原因。这样的准普遍性概念的具体内容（或者要旨）首先必须受普遍原则所检验，这是正派的人在赞同它们时的首要任务。这些相似的准普遍性概念是作为正派的人的调节性标准而**不是**目标。

只有一个实质性的观念，它不是准普遍性概念，而是真实的普遍性概念，它可以作为每个正派的人所追求的一个目标。这就是**作为自决之制度的民主**的观念和目标。因为正派的人们**想要**正义，因此他们的价值导向的行动既在客观上又在主观上与**动态正义的准则**有关。其内容如下："我为你所做的以及我希望你为我所做的应该由你和我决定。"这个准则是每个人参与制定和授权对其有约束力的规范、规则、法律或者任何其他法规的过程中的权利和机会的简略表达。正派的人们的价值导向的行为**客观上**与这条准则有关，因为每当这样的人们用自由和生命这种普世原则来检验他们的观念、事业或具体目标的价值内容时，在同一行为中，他们客观上推动着"民主"这一实质性目标的实现。就他们真正顾及他人的（相对的）自主以及精心守护其自己的自主而言，他们的价值导向的行动**主观上**也与这条准则有关。最后，正派的人们在每个"此时"和"此地"中都以多种方式遵从着民主的准则。他们与他人，尤其【193】与那些受到被评估的目标或事业的成功或者失败影响的人开始价值讨论①。他们倾听论证，准备接受似乎是有道理的论据，但是仅仅接受那些。他们敏于反抗，无论是合理性的还是不合理性的，因为他们尊重其他人的需要，而不仅仅是其他人的观点。

鉴于民主是唯一没有进一步详细说明的实质性目的，因此一旦实现

---

① 如果人们在讨论之前与其他各方有一些共同的价值，那么这个人就能参与到价值讨论中。存在类型各异的价值讨论——从日常讨论到哲学价值商谈。它们中的每一个可能产生一致和/或不一致。关于正义问题的价值商谈通常是由（好）公民进行的。我在《激进哲学》（*Radical Philosophy*）（Oxford：Basil Blackwell, 1984）、《羞愧的力量》以及《超越正义》中就这一话题提出了我的看法。

就倾向于削减民主的诸目标则会受到正派的人们的反对，即便大多数人支持它们。但是，一个正派的人在道德上有权拒绝追求一个大多数人接受的目标（事业）（在此为公民不服从留下了社会空间）时，他或者她在道德上无权积极努力地将其目标强加给反抗的大多数人——即使坚信目标正确也无权。启蒙要求人们在支持一项事业（一个估计的目标）时给出理由。当处在少数人中，一个坚定不移的正派的人最能做的就是开始通常极其缓慢的启蒙进程，使其目标的追求依赖于它的成功。

如果存在着两个或者更多的具体目标，其中没有一个与普遍价值相矛盾，而且所有这些目标都有实质性的自由支持，那么就应该根据实用理由决定最佳的行动过程。不言而喻，实用考虑在之前的层面上也发挥作用，因为具体目标有时会由于其承诺更大的或更快的成功而获得支持。但是，只有在当前的层面上，实用考虑依然是能决定发生什么事情的唯一合情合理的考虑。

价值导向的行动同目标导向的行动一样可以成为令人满意的或令人遗憾的。最令人满意的是引起伟大的解放时刻的行动；正是在这些行动中，价值、需要和共识因成功达到顶峰。相比较而言，最令人遗憾的价值导向的行动是那些会导致第一次序的价值冲突的行动。现在我转向它们。

六

迄今讨论过的所有道德考虑、决定、选择和行动都应用在正派的人们能够并且实际上确实运用了其良好的判断力的情境中。在着手目标导向的行动和尽力弄清楚一项自身与道德无关的行动在一种特殊的情况中【194】是否被允许时，在努力实现也是一个目标的价值中以及在思考一系列具体的行动与这种价值协调还是矛盾时，理论理性都服务于实践理性。这就是对实践智慧谈得很多的原因。在这章的开始，谈到与道德选择和考虑相关的规范和规则的应用当发生在现实生活的境况中时，我表达了我的疑虑。我的建议是我们更应该找到如下问题的答案："在伦理至上的情况下，现代的男男女女们如何养成运用理论理性服务于实践决定的**习惯**?"

自亚里士多德以来，我们通过反复做某事来养成做这件事的道德习惯已经是哲学上的老生常谈了。在特定的（具体的）情境中以道德理由检验别的与道德无关的目标的程序，以及检验据说使我们离估价的（规范的）目标更近的行为之价值内容（规范的内容）的程序在理论上看起来很复杂，但是在现实生活境况中则非常简单。如果人们意识到应该做这件事并且人们始终在做这件事，那么实际上这就成为一种习惯，到了人们几乎本能地做这件事的程度。根据境况、实践智慧的其他方面进行的"微调"也成为自发的。就现代的男男女女们是正派的而言，他们并不比他们的祖先更少地激活其实践智慧。

某些作者否认实践智慧与现代行动者的关联性。之所以会这样是因为他们混淆了具体行动的两个完全不同的方面和道德内容。然而，正如新亚里士多德主义的论敌坚持的那样，不是实践智慧——即，我们的理论理性服务于实践决定、根据具体境况微调我们的行动——在现代变得不可能，或者至少意义很有限。① 相反，获得理论洞见的过程已成为一项艰难又常常是艰巨的任务。假如行动者对所有与决定相关的事情，无论大还是小，都了解透彻，那么普遍准则这个拐杖完全可靠。正是在这点上，**实践理性本身需要暂时分离事实和价值**。事实和价值的完全分离肯定不可能。**暂时**分离是不同于实践智慧的脑力活动，但是与实践智慧一样，它可以成为一种习惯。当实践智慧，一种认知的美德，与暂时地分离价值和事实毫无关系时，在两种情况中的习惯意味着"准备就绪"的习惯和正确实施的习惯。此外，在暂时分离事实和价值的情况中以及在把信息服务于实践决定（实践智慧的一个前提）的情况中，人们也养【195】成了并不依习惯——即，依纯粹的常规（routine）——行动的习惯。在某种意义上，我们训练自己拥有良好的新奇感，拥有良好的对一个问

---

① 商谈伦理学派的追随者们认为实践智慧是一个过时的伦理范畴而不予理会。这是哈贝马斯和阿佩尔（Apel）都认为所有类型的新亚里士多德主义只是基要主义的新尝试而拒绝接受它们的一个原因。我想证明他们是错的。

题、一种情境或者一种情况的独特性之感；因为如果不改变（修改）我们自己的先入之见和常规，我们就无法达到把握要求和许可情况中道德意义的独特性。

在这里一直多次承诺要给正派的人的问题"对我来说怎么做才对？"一个答案。除了通过探讨正派的人们自己考察境况以弄清楚对于他们来说怎么做才对这种方式之外，我们不能回答这个问题。我们手中都有道德理由来证明我们想要做的事情正当；但是我们当中的正派的人们只有在某事道德上正当时才想做这件事。这就是正派的人们比其他人更容易卷入本真的道德冲突中的原因。当处在选择境况中的人们想优先考虑道德上合理的行动（而不是证明预先选择的行动正当）时，当两种或者多种行动方案在道德上同样正当，但从实用的角度看相互排斥时，道德冲突就会发生。如果缺少这些条件之一时，那仍然可以有一种冲突，但不是道德冲突。在道德承诺和与道德无关的行动之间的冲突不是道德冲突，因为道德分量只在一方。当具有同等道德分量的两种行动方案并不彼此排斥时，即使同时承担它们很艰难，仍然不存在任何道德冲突。

认识到并解释道德冲突的缺席比对道德冲突本身有大致的了解更容易。首要的是，人们如何能估量"道德分量"？人们如何能知道两种道德考虑同样重要或者一个比另一个更重要，更重要的是哪个？在一个拥有浓厚传统习俗的世界中，当人们碰巧处在"非此即彼"（either/or）的境地中，他们通常知道哪个是最重要的职责、义务、规范和价值。这种世界中的悲剧英雄（俄瑞斯忒斯［Orestes］、安提戈涅［Antigone］）通常立即选择，充满激情毫不犹豫，将他们自己的绝对决心放在天平上。一种习俗的日益不稳定性也使悲剧中的男主角和女主角们苦恼：在欧里庇得斯（Euripides）的《伊菲格涅亚》（Iphigeneia）中，阿伽门农（Agamemnon）关于对与错问题的沉思并不亚于莎士比亚的哈姆雷特。习俗改变的地方，某些行动方案的相对分量也在改变。不同类型的习俗共存的地方，无论处在相互合作、妥协，还是冲突的状态中，某些行动方案的道德分量一定会相对化。

正派的人们谈论道德哲学并不为了获得雅致的理论解决方案或者消

除逻辑矛盾，而是在寻找道德冲突中怎么做才对这一问题的答案中寻求 【196】
建议。道德冲突本身与临界境况不同。后者很少出现，只在极其严苛的
社会的–历史的境遇中普通人才会**集体**面对临界状况。

　　康德在否定道德冲突存在时又例证了它们。他辩称，当一个人向我
们打听他正在追赶的那个人的行踪时，我们不应对要成为杀人犯的这个
人撒谎，因为对谎言的普遍禁令在任何情况下都不能被暂停。要是可能
的受害者在我们的房子里避难，我们应该跟追杀者说实话，毫不欺瞒：
他所追杀的人正藏在我们的屋顶上。不存在任何道德冲突，因为在说谎
与说实话之间没有任何选择。

　　在传统习俗的世界中，这类冲突可以通过回答"谁是谁？"的问题
解决。如果向我们寻求庇护的这个人是"我们的人"，那么就不存在任
何道德冲突。在这种情况中，对要成为杀人犯的那个人说谎非常值得赞
扬。如果寻求庇护的这个人不是"我们的人"，是否存在道德冲突就取
决于特定文化中允许庇护的美德所占的分量。在人道主义价值（**人性**的
价值）受到高度评价的地方，正如在我们现代社会中，人们如果为了拯
救一条生命而必须付出道德代价的话，将选择说谎。考虑到人道主义价
值的分量，他们将再次分辨出没有道德冲突。然而，一些（同样的）现
代的人将赞同康德的说法：对说谎的禁令不允许例外。但是他们将补充
道，保护无辜生命的规范也不允许例外。在这里内疚与内疚发生了较
量（如果你违反这些规范中的任何一个）；并且——反过来讲——遵守
一条规范与遵守另一条相对抗。对于那些拥有这种道德认知力的人来
说，**道德冲突本身**将出现在这种情境中。从现在的情况来看，我们应该
不再关注康德的答案，它把营救一个无辜的生命视为目标，并把撒谎视
为达到这个目标的不被允许的手段。我们将只关注这一问题的价值。

　　我们于是面临着一种"境况"，这种境况对于一些人来说展现一种
道德冲突，而对其他人来说则没有道德冲突。存在着两种可能的行动方
案，两者都值得赞扬；但是要回避它们在道德上则是错误的或者起码会
产生问题。这两种方式不能同时采用：这是一种"非此即彼"的境况。
首先，必须提出两个初步问题。第一，在正派的人心里，存在着容易引

【197】 起道德冲突的具体的境况吗？在一些正派的人的心里引发冲突的所有境况也会引发他们心里的道德冲突吗？第二，正派的人们怎么处理道德冲突？在这里存在着一条可以遵守的一般性的道德规范吗？如果不存在，为什么？如果存在，它是哪条？

我初步打算在**强**（*hard*）道德冲突和**弱**（*weak*）道德冲突之间进行区分。如果两种（可以替代而又相互排斥的）行动方案都直接服从于第一次序或者第二次序的准则，那么我们就处在强冲突的境况中。简单地说，如果两种规范都被视为具有绝对的约束力，违反它们因而是绝对不被允许的（"每个人都应该这样行事" / "任何人都不应该这样行事"），然而相关的人必须违反一种规范而遵从另一种规范，那这种冲突就是"强的"。如果两种行动方案不直接而只是间接服从于第一次序的准则，因为这两种规范只是具有有条件的约束力，并且违反它们只是有条件地不被允许（"对于处在某情境中的某人"），那么这种冲突就是"弱的"。人们绝不能成为杀人案的帮凶，也决不能撒谎。如果人们因为说实话而成为杀人案的帮凶（这是康德的例子），那这个人就面临着强道德冲突。在出于良知而拒服兵役者和被征召入伍之间的选择中，人们面临着弱道德冲突。因为在这种情况中，人们可以**间接**涉及准则（任何人都不应该违反其信念）；但是人们并没有**直接**涉及规范（人们不能说，"任何人都不应同意被征召入伍"或者"每个人都应成为一个出于良知而拒服兵役者"）。

尽管一种弱道德冲突在主观上与强道德冲突一样令人痛苦，然而，这种区分依然是有效的和重要的。那些陷入强道德冲突中的人声称**每个人**都应该将其境况理解、诠释和评判为**一种道德冲突**，声称他们的道德冲突应该被视为**客观的**——即从理论上说对每个人都如此。相比之下，那些处在弱道德冲突中的人不能——起码不应该——进行这样的声称。更具体地说，他们可以声称他们自己的道德冲突应该被每个人视为真实的，他们的行动应该被诠释和评判为位于一种道德冲突中的行动；但是他们不能声称对他们普遍认可。

在这点上，我们普遍面临着道德错误的陷阱。因为当面临的的确是一种弱道德冲突的时候却声称面临着一种强道德冲突是一个道德错误，而且不是小错误。道德上的不宽容、狂热和伪善就是由这种对道德冲突的一再误判而产生的。相比之下，如果人们未能声称自己的强道德冲突的普遍性，那就宽容过度了。伪善，连同蔑视别人、愤世嫉俗，等等，【198】可能激发这种判断上的相对主义。亚里士多德关于在所有我们的所作所为中要注意"适中"（**中道**）这一建议在这点上特别言之有理。

在一种强道德冲突中，两种规范都是普遍的（直接普遍化的），冲突本身也是如此。（否则就不可能声称每个人都应承认自己的道德冲突是客观的——即对每个人都是有效的。）然而，无论我们做什么样的决定或者选择，无论我们采取什么样的行动方案，我们都不能也不应该声称它具有普遍性（普遍有效性）。我把这种情况称为**道德的困境**（*the dilemma of morals*）。

所有试图使具体选择、行动的方案和决定普遍化的尝试在伦理上都是错误的或者起码是有问题的。此外，所有发明精密的手法以使我们做彻底普遍化决定的理论都缺乏哲学的严谨。

已被称为"道德的困境"的情况由规范（准则）的一般性和单个行动的具体性–独特性之间的不一致所致。我们的注意力不是第一次集中在这种不一致上：对实践智慧的整个讨论就已谈到这个问题。实践智慧应该在行动的选择中做最终决定的观点，以及这种决定应该一直根据行动将发生的特定的–独有的情境进行微调的观点，意味着包含道德内容的具体行动永远不能声称普遍有效性的观点。在一种情况中对一个特定的人是好的东西对于另一种情况中另一个人在道德上并不是好的；在一个特定时间和地点中应该予以优先的东西在另一个时间和地点不应予以优先。良好的判断力在这里是我们最好的引导；良好的判断力酷爱"独特化"而不是"普遍化"。

为什么要在这场讨论的相对晚的阶段上才引入"道德的困境"？为什么强调即使我们的准则可以普遍化，但我们的行动并不能声称普遍有效性至关重要？我们经常在各种行动中做出道德上的选择。然而，我们让自己的行动顺从普遍准则或者我们让我们的行动规范变成普遍准则却不常发生。在已经详尽讨论完其他的、更通常更自发的程序之后，在我们其他的可靠向导令我们失望，当我们急需一个"普遍的拐杖"的时刻，我们做这一切。在哲学沉思中，我们可以——即使间接地——使所有包含积极道德内容的行动都服从于某条普遍的准则。行动者总能找到一条间接地与其行动相连的普遍的道德准则，或者他们用这条普遍的道德准则，能回溯性地证明他们的行动有理，即便他们已经前瞻性地选择了行动方案而未曾有意将之与一条普遍准则联系起来。

【199】

　　这种"道德的困境"无处不在，即使我们不将之视为一个困境。我们的看法是对的，因为这种困境是潜在的。我们主张"每个人都应该心存感激"，但实际上，如果我们具体的感激行为不符合普遍化的条件，我们并不介意。只有哲学家才竭力设计方案来"一般化"单一的行动选择。普通的行动者会反驳道，没有哪两个人所处的境况是完全相同的，没有哪两种行为是完全一样的，或者反驳道接受者的道德观不同于行动者的道德观。这种困境是就哲学家而言的，不是就行动者而言的，行动者非常相信自己的实践智慧和道德正直。但是，就道德冲突而言，实践智慧是无能为力的。这时，无所不在而又潜在的道德的困境显露出来，在道德冲突中，尤其在强道德冲突的情境中，以戏剧性的形式出现。因为在强道德冲突中，两种（相互排斥的）行动方案都直接相关于/服从于一条普遍准则，所以正是在这里准则的普遍化与行动的非普遍化之间的冲突以最富戏剧性的形式出现。处于在这两种普遍性之间做选择的情况中，遵从其中的一个要求违反另一个，良好的判断力不合时宜。因为行动者必须做的就是善恶（坏的）并存。善的"微调"也表明恶的"微调"；然而，人们不能以好的方式做坏事。简而言之，根本没有"微调"的位置：确切地说，这是一种"非此即彼"的境况。你要么做"这"要么做"那"。你不能希望**每个人应该像这样行事**，因为，如果有人做了**与你已做过的正相反的事情**，那你不可能希望他或者她发表这样一种普遍化的声明。

　　这就是道德的困境以戏剧的形式出现的原因——虽然不总是，也未必以悲剧的形式出现。因为道德上相关的行动方案的两种（或者更多）

选择**同等重要**的情况并没有告诉我们道德方面的**实际分量**。道德冲突，即有同样道德分量的行动方案之间的"非此即彼"的境况，能发生在两种方案都不（或者这些方案都不）包含一种很重的道德分量的地方。我已经提到，在弱道德冲突中，预期行动的道德意义的分量也取决于个体的看法和感受力。只有相互排斥的行动的各自的道德分量不仅同等，而且很重，以及只有它们不仅被行动者而且被旁观者这样认为时，一种冲突才可以称得上是悲剧的。然而，旁观者可能认为这个冲突对于行动者是重【200】的，但不是一种"强"冲突（一种普遍的特征）。如果不是这样的话，那么我们几乎不能把古代的许多悲剧理解为悲惨的生活经历的诗意的表达。

假设在一种特定的"非此即彼"的情境中，存在着两种（没有更多的）选择。这不仅仅是一个暂定的假设：大多数的道德冲突都属于此类。在这种情境中，总能采取一种方案，经常采取第二种，偶尔采取第三种甚至是第四种。总能采取的一种方案就是要么选择 A 要么选择 B。此外，经常选择的第二种方案就是把道德冲突的境况转化成**临界境况**。如果有人拒绝选择并因此放弃其生命（通过自杀或者执行死刑），就会发生这种事情。如果可供选择的方案 A 和 B 各自的道德分量很重但不过度，那么自杀就会被别人视为太容易逃避现实或者歇斯底里的行为。相反，如果各自的道德分量确实非常重的话，那么把道德选择转化为临界境况一般就会被视为一种最——也许是最——诚实的行为。行动者甚至可能因此施行一种**典型的**行动：他或者她希望证明选项 A 和 B 各自的道德分量比人们普遍认为的更重。

陷入道德冲突境况中的人有时会采取第三种选项就是**延迟**选择。发生这种情况的理由和动机多种多样。人们可能相信天意、命运、机会或者上苍，并且希望某事将会发生，希望一些外在的力量会前来营救，希望境况将会改变，归根到底，希望能避开做这种选择。人们也可能合乎情理地期盼在可预见的将来发生有益的改变，并决定等待这一圆满的可能结果。人们也可能等待其他人为自己做决定，不过这不是我们的正派的人、道德上自主的人的方案。不管出于什么动机，选择的延迟要么减少要么增加道德冲突本身的危险后果。如果某物真的介入，消除了道德冲突，那么危险后果就会消失。如果没有什么介入，那么道德冲突可能变得更严重，最终的违反道德因这种延迟变得更糟。顺便说一句，最终可能会违背规范 A 和 B，而不仅仅是违反它们中的一个。诚实的人从经验中得知，如果没有合理的预期支持延迟选择，只要人们完全拒绝选择，最好将这种境况转换成临界境况，要不然就尽快决定选 A 还是 B。

【201】　　在道德冲突中第四种也是最后一种选项就是**逃避**。逃避可以采取不同的形式。如果道德冲突与一个特定职位，尤其与一种权力职位（担任公职或者指挥别人）相关联，那人们可以辞去这个职位并因而逃离这种境况。人们也可以身体上逃离。然而，对于一个正派的人来说，只有在其他人没有**被迫**接替这个他所撤离的职位时，这种选项才是可接受的。

　　这种典型的把道德冲突转换成临界境况的转换是罕见的、英勇的和范式性的。但是道德冲突绝不**只**是罕见的：它们是每个正派的人频繁的、常常是痛苦的经历。说正派的人们比非正派的人们更频繁地面临道德冲突绝不自相矛盾，因为他们敏于道德问题，并且他们既不会为了缓和道德张力而过分合理化某些选项，也不会为了它而非合理化这些选项。他们也不过分强调一种选项的道德含意或者内容，因为他们在道德上并不歇斯底里。他们是道德现实主义者，不是道德理想主义者。同样，一种已经选择把在现实生活过程中陪伴正派的人作为其方法的道德哲学**拒绝道德说教**。在现代社会中，在多元主义、异质性以及偶然性的社会中，每个好人都以其自己的方式是好的。道德现实主义者的标准很高，但很灵活。相比较而言，道德说教者的标准是刻板的，因为他们不允许独特性和异质性。这就是他们很容易转变成犬儒主义者的原因。

　　在 A 和 B 之间的选择中，实践智慧被悬置，而且当道德冲突的情境转换成临界境况时，它就明显缺席。然而，如果道德冲突的具体特征为选项延迟决定或者逃离冲突的境况留下空间，那么实践智慧就恢复其权利，尽管是不彻底也不完全地恢复它自身。接下来的（以及相似的）问题如果不考察具体的情境就不能回答。"这种特殊的决定可以推迟多久？""什么时候我们会达到一个节点，超越这个节点推迟就会引起更大伤害？""如果我通过辞职逃离一种情境，那当迫使其他人接替我所撤离的职位时，我没有把他人——虽然是间接地——用作手段吗？"询问以及回答这样的问题是一个判断过程又是一个显著的道德过程。它不能成为一种习惯，因为被估量的境况不属于任何模式。但是，因为在这里一种具体的境况需要进行阐释，未来的行动需要进行微调，因此实践智慧，作为对具体境况的具体微调和判断的习惯，则是急需的。

如果正派的人们问其他的正派的人们在道德冲突的境况中他们应该【202】做什么，那其他的正派的人们将真诚地这样回答："如果你绝对确信这就是道德冲突的境况，如果你同样确信不存在可靠的延迟或者逃避的方式，那么我**不能**给予你**任何道德建议**。从道德的视角看，你剩下的两个选项同样好和坏。但是你真确信在这里涉及一种道德冲突吗？如果确信，那据你估计，这种冲突有多重？它是弱道德冲突还是强道德冲突？你绝对确信不存在延迟或者逃离的可能性吗？你考虑过你在多大程度上能逃离吗？你思考过最终延迟的道德风险吗？"因此，正派的人们在许多问题上可以互相建议，正如道德哲学可以就一般境况——在这种一般的境况下人们回答"对我来说怎么做才对？"这个问题——提出某些看法时所做的那样。

但是一涉及根本决定，正派的人必须保持沉默。在 A 与 B 各自的行动方案之间的一种不容置疑的、不可延缓的、不可逃避的道德冲突中，绝不存在依据**道德理由**建议另一个人要么选择 A 要么选择 B。（我将很快回到我们仍然可能依据道德以外的理由提出建议的可能性上来。）在这点上道德哲学也必须褪下其规范性的外衣，成为纯粹描述性的。在道德冲突中要么选择 A 要么选择 B 时，就没有更好的道德理由选择 A 而不是 B，或者反过来选择 B 而不是 A 而言，两种选择肯定依然是**道德上非理性的**。人们，尤其是那些意识到冲突的严重性的人，与布里丹之驴（Buridan's ass）① 不同。他们做出他们的选择，而且他们是通过打破道德冲突之境况的平衡而做的选择。他们完全将其自己身心的重量放在

————————

① Buridan's ass（布里丹之驴）是来自外国的一则寓言故事。14 世纪，法国哲学家 J. 布里丹在议论自由问题时讲了这样一个寓言故事：一头饥饿的毛驴站在两捆完全相同的干草中间，可是它却始终犹豫不决，不知道应该先吃哪一捆才好，结果被活活饿死。"布里丹之驴"被人们用来喻指那些优柔寡断的人。——译者注

天平的一端。在决定以某些方式行事并开始以那种方式行事时，他们把所选的选项看得更重。就其是诚实的而言，人们别无选择。在使自己承担违反一种规范的罪责中，他们一定以最极度、最完全而完美的方式致力于服务另一种规范。优柔寡断意味着不以规范的方式实施任何一种行为。

那个能够遵守规范 A 但却违反了它、而去遵守规范 B 的行动者仍然因违反了一条有效规范而感到内疚。但是，只有他或者她毫不踌躇，只有他或者她全部致力于至少一条规范，其功绩才会比愧疚更重。莎士比亚的朱丽叶选择了爱情，拉辛（Racine）的贝蕾妮丝（Berenice）选择了（政治的）责任：她们两个人都充分地投入。哪个是更好的选择？因为不能给予任何建议，所以思考"更好"和"更糟"也是不相关的。人
【203】们因选择一个选项而使它更好，因没有选择另一个选项而使它更糟，这就是正派的人们行事的方式。

尽管正派的人们将其身心放入平衡的天平的一端，尽管他们使选择的路径比抛弃的那条在道德上更重，但是他们不会忘记他们确实违反了一条规范。但是对于处在心理学是人们关注的焦点、明确的负罪感可能会创造一种吸引的光环的现代社会中的正派人来说，意识到愧疚不会触发培养负罪感。恰好相反。正派的人们会努力克服负罪感，而不会把对一条规范的违背从其记忆中抹去。性格和违背当然不同；因此，自我宽恕的程度和方式也因人而异。最重要的是，这是一个心理问题而不是道德问题，但有一个附加条件：就这个人是正派的而言，要避开道德歇斯底里和完全未觉察地违反这两种极端。

正是在这点上，我们必须重新回到康德以及他对存在道德冲突的否认。回想一下，康德的模式如下。一个潜在的杀人犯正在追赶已在我的房子里避难的某个人。如果这个追赶者问我，那个人在哪里，我必须诚实地回答。在这里人们不应将一种道德冲突视为没有道德冲突：唯一的道德解决方案就是说实话。康德竭尽所能证明一个伦理上令人绝望的例子，因为就每个人正常的良好的常识而言，它令人绝望。然而，康德有他自己的理由，而且它们并不是不重要的理由。因为他非常清楚，一旦人类行动者开始从手段和目标的角度来估量道德冲突时，会有多么可怕

的危险威胁着他们。讲真话不是一个目标（它是目的本身）；但是营救一个人的生命确实是一个目标。那么，如果我将我的境况视为一种道德冲突的话，如果我为了救一个人的生命而选择说谎的话，那我就把一个谎言（对一条规范的违反）用作达到一个目标（营救一个人的生命）的手段。而且，如果这种情况被允许一次，那在每种情况中都应该被允许。如果这种情况不断地被允许，那么不道德将无所不在，因为绝对不存在不受到至少一些人做出肯定的评估的目标。一旦每件事情都可以得到肯定的评估，那一切事情也将是可允许的。因而每次违背都可作为通往实现一种有价值目标的手段而获得正当性。

可以从各个角度来讨论这个问题。

非正派的人们经常诉诸道德合理化。当他们为了实现其目标而违反规范时，他们就用道德的语言发疯似的努力证明自己行为的正当性。这样非正派的人们，既不是邪恶的也不是恶的，他们尊重正派的人并且试 【204】图向他们证明自己确实有理；或者，他们为了避免惩罚和羞愧而试图证明自己有理。此外，正因为他们既不是邪恶的也不是恶的，所以他们也在自己面前试图证明自己有理，以避免自责的痛苦，以能够保持自爱。就非正派的人们试图合理化和自我辩解而言，正派的人们是完全康德式的还是反康德式的并没有任何不同。对于正派的人们来说，哲学不同也无关紧要，他们绝不会试图用道德手段证明非道德行为有理。

把违反一条规范用作达到一个评估目标的手段的危险在道德冲突的境况中并不比在任何其他的境况中更大。已经讨论过避免这种危险的方式，包括以下内容：行动者在做决定时不应该宣布放弃自己的道德自主；具体热情应该取代抽象热情；承载价值的目标本身必须由普遍原则或者准则检查和检验；如果它们相冲突，那就要么放弃目标要么改变其内容或者重新诠释。实际上，抽象热情只是假装承认道德冲突。当赫勃尔（Hebbel）的朱棣斯（Judith）① 说出那句著名的"若上帝将罪恶放

---

① 弗里德里希·赫勃尔（Friedrich Hebbel，1813—1863），德国现实主义戏剧家。他对朱棣斯（Judith）进行了重新创造。朱棣斯是一个悲剧性人物，爱上了敌人荷罗芬尼斯，却因无法承受背叛祖国的罪责感而精神错乱，最后终于将荷罗芬尼斯刺死。——译者注

在了我和我的行为之间，那我凭什么反抗他？"时，在这个女主人公的观念中既不存在冲突也不存在选择。这个家庭的隐喻表明，对于爱好抽象的人来说，"最高"目标总是优先于任何"阻碍"其实现的道德规范。

道德困境在道德冲突的境况中格外醒目。即使行动的两种选项都与普遍准则直接相关（即，行动的准则可以在两极直接普遍化），行动和行动的选择也永远不能宣称普遍有效性，甚至是一般有效性。假设正派的人为了营救一个可能是受害者的无辜生命而说谎（即，把谎言用作达到一个"目标"的手段）。旁观者和行动者都可以说这个行动者做了正确的事情，然而这个行动者无权要求普遍性：他或者她不可能要求每个人都应该这样做。朱棣斯更不能声称一个受欺压民族中的每个妇女为了拯救她的民族都应该与暴君发生性关系并谋杀他。在康德的无比多的貌似有理的例子中，我们宁愿选择说谎，但我们不能表明康德的建议是非正当的；不能表明如果他以其自己的哲学精神行事，结果就会是一种不诚实的行为。我们确实有资格说的是，每种道德冲突都是独特的，但一

【205】 般化（普遍化）与独特的东西不相关。

一当正派的人充分意识到道德困境的间接好处，那么其对接受道德冲突的恐惧就消除了。道德冲突中的每个选择都是独特的。即使人们违反一条特定的规范以遵从另一条规范，**从中也不能得出一般性的东西**。这种行为不能充当一种模式，它绝不是例证的，它不需要仿效，而且它无助于我们的知识，但是有助于我们的智慧。因为智慧教导我们，有时在道德问题上，我们必须下定决心，而不依靠拐杖，也不给任何其他人提供拐杖。

迄今为止，我已经假定康德的想法是对的，即当人们将其境况视为一种道德冲突时，就会出现"手段-目标"的关系。但是现在我要补充道，这个假设缺乏根据。在各种道德冲突中，我可以选择（opt for）规范 A 而违反规范 B，但是我可以选择选择（choose to opt for）规范 A 而**不把违反规范 B 作为遵守规范 A 的手段**，反之亦然。实际上，只存在着为数不多的可以从手段-目标的角度得以合理理解的道德冲突。

现在让我们回到最初的情境之一。一个正派的人请求另一个同样正派的人给予建议，在所有的延迟或者逃离的可能性都已详尽讨论后，这个正

派的人想知道她（或者他）是否应该选择 A 而不是 B，或者反过来。到目前为止，我们知道听众不能，甚至不应该给予道德建议：在这种境况中，他（或者她）根本不能**基于道德理由**建议其他人做 A 或者 B。这个禁令因道德的困境（行动选择的非一般化）而产生。我们能给的唯一建议就是警告大家要注意这种道德的困境，一开始就要放弃建立一个范例、一个可以仿效的例子的**错误假象**。选择的重担与行动者同在，但是当迅速地、优雅地、完满地完成选择的行为时，道德的满足也与行动者同在。

最后，人们可以基于非道德的（实用的）理由给予没有错误假象的建议。因此，人们可以告诉行动者，尽管方案 A 和 B 同样好，违反规范 A 与违反规范 B 一样是不允许的，但是做 A 而不是 B 有望成功，做 B 而不是 A 几乎肯定是一个灾难。作为一种"三思而行"的后果论在这里能发挥一定的作用。不用说，如果选择这样设定：人们能选择带有某些有问题的，甚至是不道德的实用结果的正确的事情，或者选择带有某些有益结果的错误的事情，在这种情况下，正派的人会毫不犹豫地选择哪个。但是，实际上，在几乎每个冲突的境况中人们都能做几件不同的正【206】确的事情，甚至是更多可允许的事情。因此，如果行为的道德品质保持不变时，人们肯定会考虑实用结果。[①] 这正是道德冲突本身中的情况。如果一种选择并不比另一种好，做选择的人就会不经过理性的道德考虑而行动——不妨说是心血来潮——人们可以建议这个人要从个人的或者集体的角度认真考虑这种行动的预期的非道德后果（例如，获得或者失去权力、财产、位置、机会或名誉）。

如果基于非道德的理由所做的选择成功，那么它可能是对行动者务实的聪明的赞美，但是不能将之归为行动者的**道德优点**。如果事实证明从实用的角度看这种选择不成功，那么可以认为它是由行动者的务实的

---

① 相互连贯的后果论——即，试图根据行动的后果来解释行动的道德内容——是一回事，在开始行动之前，考虑自己行动的众多方面中的可预见的后果是另外一回事。如果可预见的后果牵涉到道德上相关的问题，那么考虑它们就不是我们心智能力的实用的（pragmatic）活动，而是实践的（practical）活动。如果预期的后果并不牵涉到道德上相关的问题，那么考虑它们就是我们心智能力的实用的活动，并且就此而言既不是善的也不是恶的，但是仍然是正确的或者不正确的、真实的或者虚假的、有用的或者有害的，等等。我在《一般伦理学》中详细探讨了后果论。

短视引起的，但是不能将之归咎为他或者她的**道德缺点**。把不成功归咎于他或者她不应该采取道德斥责或者道德愤慨的形式——只有一种例外。在这种情况中，其有错误的务实判断造成了毁灭性的务实后果的行动者自愿处在引起道德冲突的位置上（或者如果行动者怀有更务实的审慎就可以避开道德冲突，但却决定不这样做）。正如我在《一般伦理学》中讨论的那样，回溯性的责任（responsibility in retrospect）和前瞻性的责任（prospective responsibility）之间的差别在这点上显得至关重要。一个自愿承担责任（responsibilities）——又称义务（obligations）——的人对其非道德的能力负有一定的道德责任，就这些能力对于完成或者未完成一项行动是决定性的而言。

七

20世纪的欧洲哲学发展了耽溺于临界境况的偏好，尤其是在道德哲学中。据我所知，在这种背景下雅斯贝尔斯（Jaspers）首先使用了"临界"这一词语，但这种现象比**严格意义上的**存在主义哲学流派更早成为人们关注的焦点，并且更广泛地处在一个圈子的中心。一涉及描述、讨论和阐述被称为典范的**伦理的**境况时，本体论、形而上学、认识论，甚至政治学的差别就无关紧要了。对萨特和卢卡奇、梅洛-庞蒂和卡尔-施密特来说亦是如此，典型的伦理境况等同于临界境况。道德商谈意思是谈论朋友和敌人、终极事业和观念、战争、谋杀、酷刑、死刑和集中营、一切和虚无之间的选择、生与死之间的选择——即，一方面是好生活和善终，另一方面是毫无生机的生活和毫无意义的死亡。英雄和人渣、圣人和魔鬼都成了道德商谈的主角。

【207】正是陀思妥耶夫斯基而不是存在主义思想的开创者克尔恺郭尔把道德商谈引入这个方向上。但是这一趋势的历史在这里毫不相干，新视角形成并迅速传播的社会背景也不相干。然而，值得一提的是，比我们通常想象的多得多的思想家都赞同"临界境况"这一范例。维特根斯坦主张，伦理道德是最重要的问题，这正是我们应该对于它们保持沉默的原

因，因为我们甚至都不能谈论它们，当他主张这些时，他对伦理道德神秘化的程度比典型的存在主义者们更大。从阿多诺到马尔库塞这样典型的激进分子们对日常生活连同其"物化的"和"拜物的"思想的激烈拒绝、对救赎的渴望，就像存在主义作家们对"绝对"的偏好一样，彻底否定了日常生活的道德相关性。在很长一段时间里，美国实用主义哲学家们依然是唯一在日常场景内，无论是私人的还是公共的，审视伦理道德之庄严传统的耕耘者。这种可靠的事业与感情强烈的悲剧形而上学的表现相比可能看起来很乏味。确切地说，有时它不仅看起来乏味，而且就是乏味的、单调的和狭窄的。

当前道德哲学的目标既不是综合传统也不是避开它们。它的目标是在正派的人的人生之路上陪伴着他们。正派的人们像每个其他的人一样生活在日常生活中：因此他们在这个框架内必须是正派的。正派的人们也在诸多机构内生活和行事，因此他们在这里也必须保持正派的。以此类推，正派的人们致力于诸事业中，他们是好公民，他们在压抑中也在极度的政治压力和生存压力下保持着其正当性。如果一种道德哲学想要为回答"对我来说怎么做才对？"这一问题提供一般性的框架，那它也必须包括临界境况。然而，我从来没有创建这样一种（错误的）印象，即只有在临界境况中，才能确定一个人是否真的正派。一个时时处处都是正派的人不需要通过临界境况来证实其正当性；这个人时时处处都是【208】正派的。此外，如今人们对于一个人是否将不得不面对临界境况，以及谁将不得不面对它知之甚少。在前现代文明中，生活在临界境况中是（贵族成员、出身高贵的人等的）一种社会特权。现代性的怪胎，即极权主义，已经使这种境况"大众化"了：现在每个人都可能面临着需要空前规模的耐力的考验和磨难。然而，使我们所有的人同等地成为临界境况中可能的或者潜在的主角的时代同时也废除了"临界行为"的严格准则（code）。对于贵族成员或者出身高贵的人来说，失去荣誉和死亡之间的选择不是一种单纯的道德选择。很多时候甚至他们中的无赖们也选择荣誉，有时还摆出一副实事求是的姿态。强准则（the strong code），对下层社会的成员没有约束的模式，已经不复存在或者几乎不复存在。准本能的荣誉现在已经被决心要诚实（正派）所取代，这是一种更加私人的推动力，即使人们期望它使男男女女们超越群体的团结一致典范地行事。

当放弃自己的信念还是放弃自己的生命这一困境提出时，正当性的问题不是——这应用于**任何一个男人或者女人**——一个使自己的国家蒙羞的问题，而是一个**对于所说的这个人来说**以如此这般的方式行事是否是可允许的问题。正派的人们不需要具体规范来决定他们的行为。正如自主的行动者，他们想自己决定对他们来说怎么做才对。就他们寻求建议而言，道德哲学可以提供一般性的指导方针，一个基于正派的人们自身的生活经历、选择和思想的指导方针。

对现代社会中道德生活的观察给我们上了一堂特别有趣的课。一方面，经常会发生这样的事情：那些在临界境况中英勇行动的人，那些准备最终牺牲的人，在日常生活中却以道德上冷漠的方式行事；有时候一旦对他们的考验和磨难结束，他们甚至会成为无赖或者愤世嫉俗者。另一方面，也经常会发生这样的事情，在日常生活中非常正派的人在临界情境中败得很惨：在关键时刻，忠诚的儿子背叛其父母、性格温和的人【209】蜕变为杀人犯、诚实的商人抢劫他们的邻居。因此，强调依据普遍性的范畴生存地选择自己的人们已经全面地选择了正当性是重要的。不言而喻，他们能处理一种境况比处理另一种更好。但是，因为他们应该处理两种类型，而且他们也打算这样做，所以他们必须研究其他正派的人在临界境况中如何表现的，以便于当他们发现自己处在这样的情况中时能调动自己的力量。

依据释义，临界境况就是一种在其中**人的生命危在旦夕**的境况。"临界"就是**生与死之间的界线**。危在旦夕的"生命"可以是人**肉体的**生命，但是它也可以是人作为**一个人的生命**、人的**好生活**或者人**生活的意义**。"人的生命"也可以指人所归属并认同的团体的生命，可以指人至亲之人的生命，可以指那些其生命比自己的生命更宝贵的人的生命。但是对于那些面临肉体死亡的危险而没有导致失去生命意义的选择的人来说，临界境况并不存在。

在临界境况中，仍然存在着一种自主性的因素。如果我们心甘情愿地冒生命危险，那我们的自主性就很宽；如果这是外部压力的结果，那我们的自主性就很窄。这就是为什么自然死亡并不容易归为临界境况的原因：它是一种不可控的境况。我们确实可以对自然死亡的**时机**（the timing）做些什么（"时机"是一个自主性的因素）；而且，"道德决心"和耐力可能会在"战胜死亡"（在延迟死亡的意义上）中发挥作用。此外，从**心理学**角度说，临界境况和自然死亡的境况很类似，这**可能**（也可能不）与道德有关联。以幽默，而不是歇斯底里和徒然的反抗，勇敢地、坚决地面对不可面对的事情是有尊严的。尊严是一个道德的范畴，甚至是一种道德美德。但是这种态度未必源于尊严：它也可能源于性格的力量，而且恶魔常常性格坚强。临界境况的道德的（以及感官的）诉求可能很容易得到解释，假如我们记住它可以被理解为自然死亡的隐喻。① 这就是人们有时会对不值得道德同情的那些人表示同情的原因（例如，在观看一场关于凶残的杀人犯被处决的电影时）。

即便当受害者自愿冒生命危险时（这是特技人的正常风险），致命事故与临界境况也毫无关系，因为临界境况是一种**道德的**巅峰体验。然而，在一种特定文化中属于"特技人技能"（stuntmanship）的东西在另一种文化中可以是极具道德分量的东西（对我们来说，武士对命运的挑【210】战是特技人技能，而在他自己的文化中这就是英勇行为）。在我们现代文化中，正派的人们并不为了"证明一个观点"而冒生命危险。因为他们的自尊并不依赖于其他人的赞同，即便他们认真对待别人的判断。

临界境况在两种基本的场景中发生。第一种，人们可能因身体的或者道德的偶然被抛入这种境况中，在这种情况中，这些人的性格、品性和传记中，绝对没有任何东西会使他们与临界境况产生必然的关系，也没有任何必然性的东西使他们胜任这样的考验。或者，人们可能把自己抛入临界境况中。无论他们自己把临界境况理解为因其自己的性格而出现的境况，还是理解为与其之前的承诺毫无关系的境况，在这样的人的

---

① 是否存在着诸如"善终"（good death）这样的事情，是否"善终"因"好生活"而产生，是古老的哲学问题。我将在这一三部曲的最后一部中回到这个著名的论题。

性格、（个人的或者集体的）道德传记以及道德品性中总是存在着一些东西，这些东西影响但从不决定他们胜任把自己所抛入的境况。

第二种场景是戏剧，尤其是悲剧的题材。伟大（greatness）的光环环绕着男男女女们，他们的生命就是为终极对决做持续的准备。在伦理学中，伟大绝不是想象中的事物，因为典型的超义务的行为是优秀的榜样，它们为正派的男男女女们提供了强有力的形象、可以仿效的崇高榜样。然而，**以伟大的程度来衡量伦理差别是道德美学的事情，而不是道德哲学本身的事情**。道德哲学回答如何成为正派的人这一问题，而不是回答如何成为道德英雄或者圣人的问题。这就是接下来我不强调这两种情况之间差别的一个原因。我确实认为在考验人的境况中尽可能诚实行事的男男女女们，与男女英雄们一样值得我们道德尊重和钦佩，而这种境况既不是他们寻求的也不是准备应对的，这些英雄已坚定恪守他们选择的信仰、命运、思想，选择的生活进程，他们已将自己抛入一种临界境况中。人们甚至会以相反的方式主张：对这种临界境况毫无准备的那些人应得到更大尊重。但是，这种偏爱同样是**道德鉴赏力（moral taste）的事情**，这超越了道德哲学的权限，必须在"道德美学"中论述。

无论什么样的场景，临界境况依然是生和死之间的界线。但是，如果我们将之理解为失去的不是肉体生命而是道德生命（"好生活"，有意义的生活）的风险，那我们就必须强调在临界境况中我们可能不仅对我们自己的死亡做出选择，而且对其他人的死亡做出选择：谋杀。在每种文化和传统中谋杀当然是一种罪恶、一种罪行和违法。临界境况是一种道德境况；谋杀本身不是道德故事的主题。在以下两个条件下，谋杀可以成为道德故事的一部分：第一，如果这种行为是在道德冲突中所犯的；第二，如果谋杀的行为有**报应的**方面。

如果在我们的道德中心里，让别人（包括我们自己）去死或者受到伤害的唯一替代方案是杀人，那就存在着道德冲突。因为只有失去生命（或者有意义的生命）才能平衡剥夺生命的行为，才能构成真正道德冲突的境况。如果谋杀的受害者**对临界境况本身的出现负有个人责任**，那么谋杀（在临界境况中）就有报应的方面。没有暴君就没有诛戮暴君

【211】

者。诛戮暴君是拯救的行为，就此而言，它很少被视为谋杀。在这方面，我们与我们的祖先并非迥然不同。然而，由于我们缩小了对"带有报应方面的行动"进行诠释的范围（缩小到人们对临界境况本身的出现负有个人责任），我们确实不同于他们。这种限制是只有现代偶然的人的态度。在前现代，复仇不要求太多的理由；现在我们宁愿依从法律（正义）。限制非常重要。让我们暂且重新提到朱棣斯诛戮暴君的故事：她刺杀了荷罗芬尼斯并拯救了她的民族。如果我们把**暴君**从这个故事中去掉并用"异族的一员（成员们）"或者"异阶级的一员（成员们）"代替他，那就会像在现代性中这个道德故事经常发生的那样，扭曲传统叙事，这是不容许的。

并非每种道德冲突都是一种临界境况，也并非每种临界境况都是一种道德冲突。被抛入临界境况中的人在完全丧生之前有时缺乏逾越的机会，缺乏失去其好生活的机会；在帷幕落下之前他们也可能缺乏将其具体热情投入他人的好生活，赋予自己的生活以意义的机会。道德冲突的缺乏不等于完全没有道德选项和道德上重要的选择。一个人在这种情境中行事的方式，他或者她做的小事，他或者她所说的不多的话，都具有极大的道德意义。这些并不是行动本身，而是**姿态**。这是给予一个人、一个拥有自我意识的人的最小余地。如果人们懂得怎么好好运用它，那就能尽其所能，而且法律不强人所难（*ultra posse nemo obligatur*）。但是在这里已被描述为没有道德冲突的临界境况的情形也可用作典型的逃离 【212】
道德冲突的路线。因为并不存在人们不能逃离的境况，起码可以通过**退出**（*Exit*）逃离。就其是退出而言，临界境况是一条逃离路线。

到目前为止，我们知道一个正派的人不能给处在道德冲突困境中的其他正派的人以建议，尽管他或者她可以建议他人延迟做决定或者寻找一条脱险路线。就此，我们已到达内在于这一问题中的最严肃的一种困境。尽管每个人都能通过把道德冲突转换成临界境况而把退出当作逃生路线（最终通向死亡），但在每个这样时刻的问题是，这样做是否正确。因为道德歇斯底里应该受到阻止，正如对自己道德宽容应该受到阻止一样。如果人们极其确信所有其他的可利用的方案都会必然引起完全丧失自尊、道德自主和生活的意义，此时，只有在此时，最好选择退出这一脱险路线。如果没有这种极端情况，把退出视为脱险路线绝不优于做 A 或者做 B。因为只要人活着，事情仍然可能得以纠正。但是，在道德细微差别的事情上，无论如何，人的心理对最终结果有最大的发言权。

我们的西方文化将一种准形而上学的本质归结为**无罪**（*innocence*）和**有罪**（*guilt*）这两个道德范畴，就好像它们是男男女女们的"东西"，就好像因做了一件特别错误的事情，无罪无可挽回地丧失了，结果，我们都"充满"了被称作"有罪"的东西。"完全无罪"和"完全有罪"都被赋予了感召力并且都处在引力的中心。

今天的一个正派的人的道德想象可能与过分渲染的"无罪"和"有罪"这种形而上学的东西毫无关系。歌德曾经径直堕入那些他非常想躲避的陈旧的道德概念的陷阱中，因他评论道，只有旁观者是无罪的：行动者总是有罪的。成为"无罪的"意思是什么？如果这个术语意指某人从未做过任何应受谴责的事情，那没人是"无罪的"。"无罪"也可以与前意识的状态联系在一起，一种在其中人们不知道自己在做什么的状态：这是圣经故事的主旨。因为我们已经吃了知识之树上的果子，所以我们现在知善恶；因此我们不再是无罪的。这个故事从美学上看是令人愉快的和充满智慧的，但是它增进了有罪而不是（无聊而无意识的）无罪的吸引力。而且，无罪可以表示人们没有性经历。但是，无论我们的【213】性**习俗**有多特殊，现代的男男女女们都不会把性交定义为有罪本身（*per se*），更不会把它定义为一种被称为"有罪的"东西。

那么，用"无罪"这个概念可以做什么呢？首先，显然我们必须剥去它的形而上学的和实质性的含义。如果一个人未曾做过这件事情，那这个人并不是"无罪的"，尽管他可以"在某事上无罪"。当你辩护无罪（而不是认罪）时，你不是陈述你"完全无罪"，只是陈述你在这一方面上无罪。这同样应用于有罪。在犯道德错误时，这是所有正派的人都会犯的，一个人并不是"有罪的"，而是在这件或那件事上有罪责。即使在严重违反的情况中，我们都使用"对……有罪责的"（being guilty of）这种语言。因为人们并不会改变本质，所以并不会因对一种特定的违反有罪责而成为"有罪的人"。如果严重的恶习成为人们的性格品质，那么他们可以成为邪恶的（wicked）①，如果他们心血来潮或者中了恶的准则的魔咒祛除了所有的道德法规，那么他们能成为恶的。但是，恶的人使自己脱离人类，而邪恶的人依然是人类的一部分。② 如果我们只是由于没有保持完全无罪的而都是有罪的，那么正派的人们、非正派的人们、邪恶的人们和恶的人们之间的差别是什么？人们可能会反驳这个问题，说我们有罪的程度可能更大或更小，那么差别就在于"有罪的"东西量的差别。然而，这种反驳并不充分，因为正派的、非正派的、邪恶的和恶的之间的差别实际上是**质的**差别。

对"有罪"和"无罪"的这种诠释不仅仅是哲学家个人信念的一种表达，而且是作为偶然存在的现代正派的男男女女们真实的自我认知。在这方面，他们已经几乎脱离了其犹太教的-基督教的遗产，与古希腊的遗产更加密切，但却没有宣布放弃植根于其宗教传统中的一些道德规范的有效性。正派的人在所有可能的境况中，包括临界境况，都能依赖其正派的（有道德的）性格品质，然而，同时，他们也需要"拐杖"的引导，即普遍性规范的引导。不言而喻，信赖诫命和规范因犹太教的-基督教的遗产而不是希腊的遗产而产生。正是基于这些理由，正派的人们才能在违反的诸形式之间进行区分，其中的一些能得以纠正，而其他的一些则使恢复好生活成为不可能。因为对于现代的行动者来说，手头

---

① evil 和 wicked 之间的区别是一个需要特别标注的问题。根据《牛津高阶英汉双解词典》（第四版增补本）中的解释，两者都有"morally bad"的意思，而且可以互相解释对方，因而两者都有"邪恶的"这一释义并可以翻译为这个词。但是赫勒在行文（evil 在前几章以及本章中多次出现，wicked 则主要出现在本章中）中却区别使用了两者，即在涉及"邪恶的"意思时，多次运用这两个不同的词汇表示。为此，我也在网上查阅了两者之间的区别，很多的解释都一致表明：这两个词都表示比较严重的"邪恶"，但 evil 相对于 wicked 来说语气稍微弱一些；前者主要强调道德上的邪恶不良，含狡猾凶险或危害他人的意味，后者语气比前者强，指居心回测、任意违反道德标准、有意作恶。但我认为赫勒在其行文中，前者的邪恶程度似乎比后者更强一些（尽管赫勒在这里也强调两者之间并不仅仅是量的差别，实质上是质的差别，但她在表述中仍然隐含着程度的差别），与网上对两者区别的中文解释相反。所以，在翻译的过程中，我将 evil 翻译为"恶的"，而将 wicked 翻译为"邪恶的"，将 wicked 的名词形式 wickedness（仅出现几次，多数都是与 human 在一起使用，即 human wickedness，我将之翻译成"人性恶"）翻译成"恶"。——译者注

② 参见《一般伦理学》第 10 章。

很少有准确规定特定的行动方案的具体规范，即使它们在手头，现代的行动者也会合理地选择无视它们，在做重大决定时仍然存在着一种不可【214】消除的个人的、准心理的因素。某些人将因此采取从临界境况退出的脱险路线，其他人将不采取，并且在采取一种特定的行为之后，只有正派的人自己有权决定好生活是否仍然触手可及。在这样的决定中总是存在着一个"上限"，倘若僭越这一界限，将导致绝对的道德违反，也存在着"下限"，低于这个下限，所有的违反行为都肯定能得以纠正。在上限和下限之间的广阔领域中做选择时，最重要的是一个人的心理品性。从道德的视角看，这些都是同样正派的和好的选择。为了避免误解，我将强调我在这里正在讨论的是"逃离临界境况的路线"，而**不是**通常的自杀。

让我重复一下，并非每种道德冲突都是一种临界情境；也并非每种道德冲突都提供一种脱险路线。第一个表述是自明的，但第二个还有待证实。存在着某些情况，其中，逃离暗含着违反规范 A 和 B，因此它不能作为逃离于道德冲突的工具。在一些其他的情况中，"逃离到出口"实际上等同于选择 A 或者 B（就做出一种选择使得做其他选择成为不可能而言）的情况中，这种选择不再是一条逃脱冲突的路线。

并非每种临界境况都是一种道德冲突；在采取退出这条逃脱路线时，我们把道德冲突转换成了临界境况。此外，临界境况的第一种场景最初与道德冲突无关。被抛入一列目的地是"奥斯威辛"的火车上不包含一点儿道德冲突。如果在这种境况中依然存在着在两个道德上重大的行动方案之间进行选择的话，那么在这种场景中道德冲突可能出现。但是，这不是这样境况的一种必然结果，而是罕见的结果。有尊严的死亡方式和没有尊严的死亡方式之间的选择中，仍然存在着差别，但**不是道德冲突**。

道德冲突主要发生在第二种场景内，在这里行动者并没有被抛入临界境况中，而是自己投入临界境况中。最经常发生的冲突是如下这些：拯救一条生命和拯救许多生命之间的冲突；剥夺一条生命和拯救一条生命之间的冲突；解脱和剥夺一条生命之间的冲突；拯救我们自己的生命和拯救其他人的生命之间的冲突；拯救我们自己的生命和保护其他人的自由之间的冲突；等等。然而，也已经指出过在第二种场景中并非每组组合都同时是一种道德冲突（参见朱棣斯的例子）。通常，处在一种临界境况中的男男女女们不能咨询其他正派的人，只能咨询其内部的被称作"良知"的东西。① 我们首先咨询我们的良知，看看在临界境况中是【215】否存在着一种道德冲突。当相互抵触的道德规范（和理由）具有不同分量时，就不存在道德冲突，因为人们**应该**不惜一切代价服从于更重要的规范的引导。由于对规范的道德分量的感知可以强烈地受到心理的影响，因此选择的时刻需要可靠的自我认知，以便于考虑（或者不考虑）个人自己的心理品性。在这种境况中，也许存在着永远不会被更好的方法代替的独特方法：如果是在失去自己的生命和做不利于他人的在道德上等同于失去生命的事情之间进行选择，那么失去自己的生命在道德上更稳妥。其他的、同样由来已久的建议是一个警告：永远不要选择像如下这样做事，你的行动将使你生命中所珍视的事情——迄今为止你为之而活的你的观念、事业、友谊和承诺化为乌有。如果你选择这样做了，那你可能活下去，但你肯定将失去你生活的意义、好生活，并且成为一个非人。诚然，这种主张涉及后果。但是这些后果都包括在行动本身中并且它们不受外在力量的影响；或者，起码，它们的实现并不受外在力量的影响。"做真实的自己"是人们可以在临界境况的道德冲突中也在日常生活的道德冲突中依赖的一条规范。

我已经多次提到"快乐的行动"，也提到为"快乐的行动"提供大量机会的历史时刻。这些是解放的时刻。在临界境况中也存在着快乐的时刻。快乐是已经选择宁愿蒙受不公正对待而不是做不公正之事、已经冒生命危险但还没死去的正派的人的行为。甚至更快乐的是这样一种行为，一个处在临界境况中的正派的女人，在开始接受考验之前重新得到她所拥有的一切，此外还获得其他的东西：即她意识到她真的做了她知道应该做的事情。这是**获救**（*deliverance*）的快乐的例子。

───────────

① 这就是库斯勒（Arthur Koestler）在他的小说《正午的黑暗》（*Darkness at Noon*）中重构我们世纪的一种致命的临界境况的方式。

但是在这点上，一条与古代智慧相呼应的告诫是真正重要的：无论人们在临界境况中做什么，都不应该怀着获救的希望去做。冒生命危险的人必须假定自己的生命会被夺走。最好相信古老的理性主义者的洞察：希望和恐惧是同样糟糕的、甚至危险的情感。

尽管对临界境况的幻想应该保持在诗人的私人领域中，但是不幸的是存在着反常境况，在这里人们不得不沉浸在对等待他们的考验的心理活动中。在临界境况里，人们在"承担义务"或者"承担责任"之前必须检视自己的心理准备情况。正如本节中经常出现的那样，个人的心理品性再次显得格外醒目。尽管人们无法在自我准备的想象中预知自己的实际行为，但是如果从自己的预感中得到建议，就可能更容易承受痛苦的现实。心理上的"自我测试"（self-testing），尽管对于未来实际的考验来说必然是不确定的，但在帮助人们确定是否**应该为自己创造**一种临界境况时，它特别有价值。因为当人们本来可以避免考验和磨难并依然保持诚实时，没有什么比挑起一场人们不及格的测试更具毁灭性了。

在第六节中讨论道德的困境时，我得出了这样的结论，即使我们行动的准则具有普遍化（用康德的词汇，"普遍立法"）的资格，我们的行动不能也不应该被普遍化。每项行动都是独一无二的，即便道德上堪称典范的行动都不能声称具有普遍有效性。我也得出了这样的结论：道德的困境在道德冲突本身中获得至关重要性，在这里，当面对着同等重要的相互抵触的规范，而且这些规范中的每一条都（不是直接地就是间接地）宣称具有普遍有效性的时候，人们只能通过违反其中的一条规范来行动。自然地，就其也是道德冲突的境况而言，临界境况亦如此。然而，必须牢记的是，对道德困境的**意识**在某些不是道德冲突情况的临界情境中也有至关重要的伦理道德意义。如果一个人在超义务的行为中冒生命危险，那他不能要求每个人都应该这样做；这将与这一行为的超义务性质相抵触。但是在这里应该避免的不是概念混淆，而是道德混淆。在一种临界境况中实施超义务行为的人**不得在道德上反对那些没有沿着其路径而行的人**。一个正派的人避开这种自以为是的姿态。因为，如果不避开提出普遍化主张的陷阱，那么对那些还没准备好进行超义务行动

【216】

的人的道德谴责就不可避免。在这种情况中，实施超义务行为和宣称普遍化它们的人将死得很惨，如果他或者她死了，活着的人也会很惨，如果他或者她幸存下来，就活在自设的孤寂中。实际上，尽管超义务行为出现在各种各样的境况中，但是宣称其普遍性的诱惑在临界境况中比在任何其他的境况中要大得多。

临界境况有一种魅力：它们是戏剧性的又是与众不同的。因为它们**是不受法律制约**的情境，所以它们给男男女女们提供为自己立法——无论更好还是更糟——的"自由"。它们是忽隐忽现的境况，因为临界不是一种"停留"（stay）的境况：要么人们掌握它并超越它，要么最终【217】失败。它们考虑并需要所有道德力量的集中。临界情境因此是简单的；它们呈现着人类生活中最简单的道德方程式。它们多半适合于隐喻用途或者例证用途；它们可以被明确而简洁地概括而没有更多的含糊其词。

临界境况的这些特征推动了它们在 20 世纪伦理学中的流行。无论何时何地它们必定使人们着迷。但是在 20 世纪之前它们很少被用作解释道德境况的重要范例。只要道德哲学家们仍然在传统习俗中活动，那么典型的道德境况就来自日常生活或者日常的政治事件。在这方面，形式普遍主义始终忠实于古代传统。它之所以能够做到这一点，就是因为它已经去除了伦理道德的实质性要素。它也**必须**始终忠实于传统，因为形式的-普遍性的伦理学极其不适合讨论临界境况，更不用说把它们呈现得好像范例了。

现代伦理道德已经变得如此复杂，以至于它们并不能给单纯的范例故事提供素材。临界境况使男男女女们的道德品性和心理品性中最好和最坏的潜质都显现出来。但是非临界境况亦如此。两个组成部分——**时间要素和集中的程度**——产生着所有的差别。临界境况持续时间短；它们诱发一种强化的体验；它们需要很少的但却是集中而终极的姿态。日常生活因源源不断的体验持续时间长；它需要一种不同类型的姿态，这些姿态本身没有一个是终极的。然而，在同一日常境况中这一系列的姿态可达到终极姿态，因为正是通过这些姿态，男男女女们才成为他们所是的，正派的或者非正派的。这就是临界境况通常被用作生命之喻的原因，即使它们与生命不同——即使它们既在肯定意义上也在否定意义上是"乌托邦的"。然而，范例式的故事，即使它们在阐述"人的境况"方面获得了成功，也不能替代道德哲学。它们之所以是走出偶然世界中困境的便捷出口，正是因为它们满足于呈现单纯的（乌托邦的）时刻，而不是谈论一些关于非乌托邦的当代现实的复杂性的事情，关于在其中男男女女们如果想要成为正派的就必须找到其方式的现实生活境况的事情。道德哲学家们并不栖居在诸如死亡、谋杀、终极牺牲和终极姿态、折磨和获救这样强有力的想象的世界中，而是从事叙述如下这些人的故事：完全过着自己的生活的人们，像其他人一样拥有自己的欢乐与痛苦的人们，既不是天赋异禀也不是意志格外坚强的人们，既不是道德的名家也不是独一无二的天才的人们。正派的男男女女们在平常的（ordinary）境况中和在反常的（extraordinary）境况中都是正派的，但正是平常的境况才是他们栖居的场所。道德哲学因此应该讨论平常的境况，在这样做的时候，可能也会对反常的境况说点什么，毕竟，这只是对平常境况的一种简化而浓缩的概括。

八

好人存在着。在我们的社会中以及我们的时代里存在着完全正派的男男女女们。我们能够而且实际上我们的确在思考为什么一个人是好的而另一个人却不是好的。在孩童时期我们经常会思考这样的问题。我们也发现在我们生命的不同阶段、在不同的情况中会有不同的答案；然而，这些答案中没有一个被证明是正确的答案。善因一种存在的选择而产生，尤其在我们现代社会中。

我们究竟怎么知道一个人已经生存地选择其自己作为一个好的（正派的）人？我们从他或者她是好的这个**事实**中知道。人们以正派的方式行事、优先进行道德考虑而不是所有其他类型的考虑、宁愿蒙受不公正对待也不做不公正之事、做正确的事情而不考虑社会制裁，这些事实是对善的存在的选择的确切显现。没有其他的显现它的方式。正派的人们是否能想起其生存选择的时刻并不相关。在这方面，他们中的每个人都会讲述一个不同的故事，因为回忆总是诠释。我们之所以使所有的这些故事更为可信，只是因为我们知道讲述这些故事的男男女女们确实是好的。而且，因为他们与我们一样都是偶然的人，所以我们知道他们的善一定因一种存在的选择而产生。

康德提出了一种观点，如果我们的制度是完美的，那么即使恶魔一族也会表现得像正派的人。尽管这一见解有乌托邦的方面，但却有一定的相关性。即使我们的制度不是完美的，在现代社会的某些情况中正派的行为也会得到回报，某些罪行可能受到法律的惩罚。男男女女们因此表现得**似乎**很正派，尽管其中很多人从来没有选择自己作为正派的人。然而，我们不太可能把这样的个体误认为是好人。对康德来说这种差别之所以是一个重要问题，是因为在他的理论中正是在这里必须在出于职责的行为（acting out of duty）和合乎职责的行为（acting dutifully）之间——即，在道德（morality）和合法性（legality）之间——划出一条严格的界限。对于现代正派的人，即道德哲学的主角来说，这同样的区【219】分是一个微不足道的问题或者不是问题。即使现代正派的人们做某些事是为了其他人，但他们首要是为了自己而是正派的。因此在这样一个每个人无论正派与否，但表现得都很正派的世界中，他们都会感到非常自在，因为这样一来，他们的正当性，真正的正当性，就会成为一种纯粹的快乐和幸福的来源。如果每个人都表现得很正派，也许我们不应该知道谁已经生存地选择了正派性，谁没有选择。然而，这种知道也会是完全无关的，因为它包含关于另一个人的**幸福**的信息，而不包含任何别的信息。

正如所有其他类型的存在选择一样，对善的生存选择奠定了自我的主要情感（the main passion）的基础。出于主要情感的行为，或者依照主要情感行事，也可以被称为自我实现。道德品质的知识至关重要，因为，如果我们充分地了解它，就能知道在各种各样的情况下期待从别人那里得到什么。区分正派的人们和假装正派的人们也很重要。那么我们的期望也会随之不同。诸多期望共同决定行动；它们属于进行道德判断和做出道德决定的"境况"。但是，在想象中的一个公正社会的情况下，倘若每个人一贯且持续地表现得很正派，那么道德品质的知识将无关紧要。

通常自我实现是好生活的一个中心要素。用康德的模式进行的思想试验相当有力地说明了这个信息。我们已经得出这样的结论，如果**每个人**都因我们制度的完全公正性质而表现得很正派，那么对善的存在的选择就会给正当的行动添加了极其重要的自我实现的维度。然而，我们并没有生活在这种世界中，而且实际上没有人期待他人以一贯且持续的方式正派地行事。然而，过正派的生活对于所有正派的人来说都是极其重要的自我实现，超越了历史的限制。这种陈述一点也不新：实际上，它一直被所有的道德哲学强调。美德和幸福或者美德和自由的等式，这种在哲学史中所有的等式中最古老的等式，无须进一步确证。最古老的道德悖论——即正当性（善）的自我实现经常妨碍其他类型的自我实现——由这个等式产生。由这个悖论中产生的问题如下。如果我们是完整的人，为什么实现我们的善与实现我们其他的愿望、欲望和潜能背道【220】而驰呢？为什么好人会受苦呢？或者，用另一种表达：作为幸福和自由唯一来源的善何以也是不幸和缺乏自由的来源？如果提出了"为什么"这个问题，那么只有宗教能提供答案。如果提出了"如何"这个问题，那么提供答案就是哲学的责任。

"为什么"这个问题指向**上方**（朝着一个更高的目的），而"如何"这一问题则指向世界——更确切地说，指向人类制度。哲学家们几乎总是指责不正义的制度。他们最喜爱的消遣，其目的之一是要解决道德困境，一直就是要设计最好的宪法并且从某些第一原则中推演出最好的、完全正义的社会模式。这次，与在我的其他著作中不同，① 我将避免沉浸于这种活动。当今许多偶然的和正派的人相信一个完全正义的社会的可能性，然而其他的人并没有寄予这样的厚望，但仍然继续设计适合最佳社会的模式。其他的人又是持怀疑态度的人，他们既不相信人的完美也不相信社会的完美，但是仍然坚信人类制度可以变得更好，变得更平

---

① 具体见《激进哲学》和《超越正义》。

等、更自由和更民主。当今一种占据正派的人的位置的道德哲学必须占据所有的正派的人都能共有的位置。这就是为什么它在如上有争议的问题上必须保持中立的原因，不管道德哲学家的个人的偏好、希望和承诺可能是什么。然而，偶然的人们的善和可能的世界中最好的世界（the best possible world）的想象之间存在着一种很强的联系，一条与相信或不信、希望或怀疑态度、绝对主义或相对主义毫无关系的纽带。我考虑的这种关联内在于对善的存在的选择，内在于好人们的存在本身。

正当性、善自身就是目标；善有善报：这些是几千年来道德智慧的总结。就我打算相对化这些表述的真实内容而言，我的目的绝不是揭露它们是老生常谈或者是虚伪的谎言。正当性的确是目的本身，而且在其他事情中，善的确有善报。但是我们也必须注意别的事情。

一个正派的人宁受冤屈也不冤枉他人，但是他或者她并不愿意受委屈。一个正派的人不顾社会制裁而做正确的事情，但是他或者她并不愿意遭受社会制裁或者使其他人遭受这样的制裁。对于一个正派的人来说，做正确的事情确实是自我实现，但是他或者她也渴望实现其他抱负、发展其他潜能，而当那些抱负因对正当性的存在选择而受阻时，他【221】或者她不会感到快乐。**一个正派的人接受并正视道德困境，但在这样做的时候感到痛苦并希望这种剧烈而沉重的道德的痛苦能够得以避免**。这就是正当性、正当的行动和选择尽管也是目的本身，但并不完全是目的本身的原因，因为无论正当行事的那个人是谁都会**朝着**可能的道德世界中最好的世界行动。正当的行动并不是达到目的（"可能的道德世界中最好的世界"）的手段，但是它包含着对这种世界的承诺，因为它是一种潜能（dunamis），一种可能性（potential），它也是朝着这种世界的"运动"。可能的道德世界中最好的世界不是在那里每个人都好的世界（因为，坏不存在的地方，好也不存在）。它是一个在其中即使人们不是正派的，但也都表现得**好像**是正派的世界；因此，它是一个在其中善、正当性本身可以成为其一直所是的：即目的本身和善报的世界。因此，可能的道德世界中最好的世界被每一项使行动者感到痛苦的正当性的行为所包含和期待，因为这种行为否定的正是这样的世界的缺失。此外，可能的道德世界中最好的世界的条件是可能的社会的-政治的世界中的最佳者（the best possible socio-political world），在这里诸多制度由于男男女女们的理性共识得以建立，这些男男女女由对称性互惠的纽带联系在一起，在这里生命的价值和自由的价值在实践层面上并不冲突。①从我们的视角看，可能的道德世界中最好的世界或者可能的社会的-政治的世界中的最佳者实际上是否可能则完全不相干。唯一重要的事情就是对这种世界的**承诺**内在于正派的人们的存在中这种情况；即只要正派的人存在，这个承诺也存在。**没有什么比一个正派的人更现实**。但同时，**他或者她也是乌托邦的**。每个正派的人都通过自己代表的承诺而使乌托邦具体化。**正派的人就是终极的乌托邦现实**。

通常，乌托邦与政治制度的乌托邦联系在一起。这种误解因政治哲学和政治制度的密切关联而产生。用黑格尔的术语表达这种误解，人们讨论的绝对精神的显现就好像它们是客观精神的显现。所有关于"乌托邦实现"的可能性或者不可能性的徒劳的讨论都由这种误解引起。政治乌托邦被概括在政治哲学中，而不是政治制度中。政治哲学**始终是乌托邦的**，正如一般意义上的哲学是乌托邦的一样，原因很简单，被称为"哲学"的语言游戏暗含着一种观念（真理的观念）与日常知识、行动、**【222】**制度等的并置。依据释义，每个"应该做"（Ought-To-Do）和"应该是"（Ought-To-Be）就其是一种观念而言都是乌托邦的。然而，正如一般意义上的哲学一样，政治哲学**也**是**现实的**。哲学存在，存在的就是现实的。就其作为哲学乌托邦存在而言，哲学的乌托邦也是现实的；它们是乌托邦现实。②"实现"某种不管怎样都是现实的东西，实现某种经常声称拥有现实**要高于**拥有日常生活或者社会的-政治的制度的东西，可能意味着什么？"实现乌托邦"的计划是试图在**转变**（translation）。

---

① 在这里是在准超验的意义上运用"可能的道德世界中最好的世界"和"可能的社会的-政治的世界中的最佳者"的概念的。因为我并不赞同超验自由的假设，所以我的范畴只能是准超验的。但它们是准超验的，因为它们以真实的先验理念（a priori ideas）的存在为前提。然而，这种先验理念需要被假定为历史进程中新兴的，但并没有瓦解起源和有效性。关于我的道德理论的本体论基础请参见《一般伦理学》的第一章，以及这一三部曲中即将出版的最后一部。

② 在《激进哲学》中我讨论了作为理性乌托邦的哲学。

我们建议把哲学的语言转变成政治制度的语言。这种做法在很多方面是徒劳的。只提及其中的一方面，哲学的建构是沉思的、精神的建构。实践哲学与哲学的其他分支一样，都是一种理论的建构。每个哲学家都是其哲学领域中的"哲学王"，因为在其中，哲学家可以改变所有的政治规则，尽管他或者她不能改变，只能调整哲学规则。政治现实像日常生活的现实那样，但与哲学不同，它是行动的领域而不是沉思的领域。然而乌托邦现实不需要为了完成实践使命而得以"实现"。它们的实践使命是在日常生活、政治和社会交往中，充当**行动的范导性观念**（regulative ideas）。就行动者受到乌托邦现实提供的想象引导而言，乌托邦现实是**规范的**（*normative*）。

黑格尔称作"绝对精神"的整个领域，以及很像黑格尔的、在我的日常生活的理论中我已称为"自为的对象化"的领域，自始至终都是乌托邦的。宗教，就其在这个领域展现其外观而言，艺术和文学（带有同样的附加条件），以及哲学（没有任何附加条件）之所以展现乌托邦的想象，是因为它们使男男女女们面对比特定的男男女女**位于更高的某物**。从这个视角看，这个"位于更高的某物"不管被理解为我们自己的创造，还是反之被理解为我们存在的来源都无关紧要。自为的对象化领域之所以给生活提供意义，就是因为它比经验生活更高。自为的对象化领域自身也由于作为**绝对的**而使我们的兴趣、目标和个人计划**相对化**。

在把"乌托邦"归入自为的对象化领域之后，这一领域包含宗教、艺术和哲学，似乎我们已经忘记了在我们最后的迂回之前提出来的一个观点，即"正派的人是终极乌托邦现实"。接下来将使这种迂回合乎情理。

有时我们认为某些政治事件本质上是乌托邦的。在这里我正明确指出的是真实事件、过去和现在的事件，不是哲学杜撰并投射到遥远的未来的模型。那些已生活在极度政治紧张时期的人，已目睹解放或者革命最初几天的人，已参与创建一个新国家或者新制度、将之作为以往人们努力的最高姿态的人，将继续拥有**曾经参与乌托邦**的感觉。即使在乌托邦时刻创建的制度得以幸存，但乌托邦正逐渐消失的看法通常也属于这【223】

239 •

种体验。但是这种看法给我们提供了如下谜团：如果制度依然有效，那么哪些东西已逐渐消失？如果自由后来并没有被削减，那在什么意义上说解放是一种乌托邦？简而言之，什么已经改变了？**伦理观已经改变**。这种消逝的乌托邦的看法与正在改变的社会的和政治的制度的特征只是松散地联系在一起；其实，它们可能根本就没有改变。但是，在其创建的时刻，男男女女们就在**强烈的道德的层面上生活和行事**，他们都表现得好像都是好的、正派的人；或者，至少，他们中的许多人都如此。正是这种道德内容的大幅增加，这种沉湎于我们内部或者我们之上的道德律的"巅峰体验"，才使得某些时刻看起来是乌托邦的，或者就是乌托邦的。在这种境况中人们可以获得**可能的道德世界中最好的世界的预先体验**，一种我们不知道究竟是否可能存在这样的世界的预先体验。

无论政治条件是否引起道德在非乌托邦现实中的普遍高涨，一个正派的人都是正派的。但是表明依然是正派的，并因此无论周围环境如何都体现可能的道德世界中最好的世界这一承诺的人是**绝对乌托邦**（*absolute utopia*）的化身也不相关吗？画家能使一张脸比在现实中更漂亮；建筑师能发明一种新的建筑物。形而上学的思想家想设计多少就能设计出多少领域和启示。沉思和创造几乎不知道有什么想象力的界限。但是，没有任何想象力能创造出一种比好人的善更伟大更完整的善。在这点上，行动高于沉思，因为沉思的头脑的高超技巧也不能创造出优于行动者的东西。**正是在伦理道德中，乌托邦才变成生活**。行动者在其两层意义上是乌托邦现实。第一，就其作为一种因其（在其中）存在和本质统一的活生生的人而言，行动者是一个绝对现实（absolute reality）的男人或者女人。第二，就其与"绝对精神"一样是绝对的而言，行动者是乌托邦现实。如同"绝对精神"的想象，好人也通过其生存使兴趣、目标和计划相对化。这就是非正派的，甚至绝对邪恶的人也承认并尊重正派的人的原因。或者说，如果正派的人们受到嘲笑和辱骂，这只是偶然发生，如歌德充分理解的那样，因为他们的存在是对那些不正派的人的持久而无言的羞辱。

【224】

正派的人们与自为的对象化领域（"绝对精神"）密切相关。在这里并没有空间讨论这一历史上不断变化的关联的内容或者正派的人与每个特定的"绝对精神"的构成要素之间的特殊关系。尽管如此，一些关联不能不提。

自为的对象化领域使男男女女们面对比特定的人们更高的某物。无论是以上帝还是以至高无上的神灵的名义，无论什么样的形式，如象征、艺术品的媒介、宗教信条和哲学体系，接受者、相信者、有远见卓识的人都**追溯**由此**产生**的意义。人们并不总是细想神秘体验、哲学沉思，或者沉湎于一件艺术品的高度。巅峰体验的时刻忽隐忽现，然而，介于两者——日常生活和行动——之间的东西不会不受它们的影响，因为生活已经获得了一种意义。同时，对那个"更高的某物"的感觉作为一种背景感觉是持续不断的，它可以在与绝对精神的重新联系中再次回到我们良知的中央。

稍作修改，这同样适用于对"更高的某物"有"感觉"的正派的人的态度。可以赋予这个更高的东西任何名称，但重要的不是名称而是态度。每当正派的人必须做重大决定时，当他或者她需要集中于一个问题的道德内容时，对某物"更高的""崇高的"的感觉就进入其意识的中央。一种被一个至高无上的实体支撑的感觉出现，好像有人在这个人的内心活动一样。当大脑以最快的速度和警觉状态工作时，人的良知就会扩大，他或者她的情感会加剧。这就是在"考验"的时刻所发生的事情。当那些时刻过去时，对"更高的某物"的感觉就被归入正派的人的意识的**背景**中。他或者她将继续正派地，然而是自发地行事，想都不想。只要下一个重大的决定来临，处于背景的感觉将再次移到意识的中央。这个正派的人不是一只信天翁。如果需要的话，他或者她可以飞起来，但是他或者她也善于行走在坚实的地面上。

【225】

存在的选择是自我的基础：毕竟，这个人选择了他自己或者她自己。然而，单中心（mono-centricity）的自我并不由此产生。当存在的选择附在一项志业、一个人或者一种观念上时，这种说法似乎是自明的，然而当我们正讨论对自己的善的生存选择时，这种说法就不是明显的。说得准确些，某些状况指向相反的方向。在解释学中经常强调，一件艺术品不能被诠释为或者被理解为艺术家自我的表达。例如，卢卡奇区分了两种自我：经验的自我和规范的－审美的自我（the empirical self and the normative-aesthetic self）。作品的创作者，在一种特定体裁的同质媒介的引导下，将其经验的自我留下。尽管他依然是同一个人，但是他也变成了另一个人。亚里士多德早已注意到经验的自我和规范的自我之间的不一致，不过他并没有夸大这个问题。他只是顺便提到，某些类型的智力卓越（mental excellence）和成就（accomplishment）与伦理道德无关。由于现代社会中文化领域日益分离，这在今天比以往任何时候都更加如此。最卑鄙的人可以书写出或者创作出最精妙的道德故事，瓦格纳（Richard Wagner）就是一个很好的例子。

在伦理道德中可以观察到相似的发展。之前我已经提到过某些政治生活中的乌托邦境况，在这种环境中，男男女女们**一起**开始在强烈的道德层面上行事。处在这种时刻的魔力之下，利己主义者以无私的方式行事，懦弱者勇敢地行动，野心勃勃的人显现出团结，守财奴捐赠其财富。之所以会这样，是因为在乌托邦条件下，男男女女们开始践行可能的道德世界中最好的世界这一乌托邦。但是，通常，在新制度已经建立并巩固后，男男女女们又在不同程度上恢复其"原初的"（ancient）自我。这些是人们区分经验的自我和规范的道德自我时的情况。私人领域也可能出现类似的"起伏"（up and down）运动。陀思妥耶夫斯基，这个敏锐观察"起伏"的人，详细论述了其中一种形式的表现，他将之称为"无序的懊悔"（disorderly repentance）。这样的"起起伏伏"在正派的人的生活中可能也会发现，但是有一个差别。一个非正派的人的经验自我和规范自我之间存在着不一致，有时甚至是矛盾，但是正派的人的经验自我和规范自我之间却不存在这样的不一致，因为对他们来说，经验的自我和规范的自我之间的区分是不相关的。在正派的人中，规范的【226】**道德自我**和**经验**的道德自我一致。归根到底，这就是**本真性**的意思。相对于"道德上正常的"情况，在一种浓厚的道德场景中，一个正派的人还需要别的东西。"别的东西"并不等于"更多的东西"，即便可以是更多的东西。**从道德上说**，就其在罕见的境况也在日常境况中，在"反常的"条件和"正常的"条件下出现的总是**同一个**（规范的）道德个性而言，自我的确是单中心的。然而，每个人都以其自己的方式是正派的。道德自我是单中心的（规范的、本真的）情况并不表明整个自我的单中心或者多中心。毕竟，我们的自我是**所有意义纽带**的混合统一体（人们通过意义的纽带与所有的实体相联系），道德只是一条意义的纽带，尽管是决定性的一个。我们的品格与我们的道德品格并不共同延展也不共同强化。我们的心理的、精神的、情感的或者审美的品格也有重大意义。

道德哲学诉诸寻求"我将做什么？""对我来说怎么做才对？"这样的问题答案的男男女女们。正如康德已经敏锐观察到的那样，只要还在寻找这些或类似问题的答案，在道德中最具决定性的个人因素，即任何其他的因素都无法充分替代的因素——也就是，**爱**——就必须被回避。人们既不能命令"爱吧！"也不能坚持说"对你来说要做的对的事情就是去爱"。前现代的人们还不熟悉这种困境。只要生活依然是传统的，情感就是传统的。那时在一个特定的场合中人们之所以能安然地命令别人如此这般感受，是因为这样做是对的。人的个性的日益个体化和主观化，这两种发展尽管类型各异，但却彼此强化，已经导致了一种新的境况，在其中，致力于情感的命令已变得不确定。① 我们仍然有**情感偏好**，其中包含道德视角的偏好。但是对我们规范的某些**普遍性**的主张和我们拥有的强烈与文化相关的（特殊性的）情感偏好之间的不一致日益增大。由于情感偏好也在对某些情感表达的偏好中以一种非常复杂的方式表现自己，情况就更是如此了。在我们的文化中，甚至在一些简单的问题上都没法达成一致，比如在某些场合中，情感应该自由表达还是应该加以抑制。当然，出于道德原因，某些感情或者情感通常是不被认可的。但是某些其他的感情或者情感则被视为仅仅内在于文化的（culture-immanent）或者极度个体的-主观的显现，而且，就此而言，是与道德

---

① 在现代，主观性的增长已经使强情感命令废弃。传统的确严格规定了人们应该爱谁、应该恨谁、应该恐惧谁，以及以何种方式。无论是谁，只要不按照他或她应该感受的方式感受，就会只因为这个而感到羞愧或者内疚。自那以后，这种情感倾向的普遍性已渐渐消失。我在《情感理论》中比较详细地探讨了这个问题。

【227】无关的。

爱是一种情感，更确切地说，是一个包含着不同的情感和情感倾向的一般性的术语。存在着**作为仁爱的爱、作为理解的爱、作为吸引的爱、作为**需要或者欲望之显现的爱、**作为**友谊的爱、**作为**尊重的爱、**作为**崇拜的爱、**作为**同情的爱，等等。作为一种情感或者情感倾向，在现代社会中爱与所有情感的命运相同：我们在对它们做一般性的评价性表述时会感到困窘。然而，爱之所以在伦理道德中占据一个不寻常的位置，是因为正是爱才使得伦理道德成为个人的。承认（recognition）是对人格的承认，但是它不是个人的。现代的男男女女们都有一种共同的道德的（和政治的）信条：每个人的人格都应该得到承认，就因为承认是每个人应得的。对人格的承认没有任何个人因素。依照其道德品质，每个人都应得到尊重。然而，因为尊重是**应得的**，是依据一种合乎道德的标准应得的，即根据品质应得的，所以在尊重的态度上也不存在任何个人因素。爱是不同的，因为所有类型的爱都包括个人因素。正是在爱中，人的关系才得以建立和重建，它才变成具体的，变成一种个人之间的事务，一条联结人与人之间的线。

不爱任何人，一个人能是一个正派的人吗？没有爱，一个人能过一种正派的生活吗？这些问题是修辞性的，如同肯定不能这个答案是修辞性的一样。这些问题之所以是修辞性的，是因为它们都表明了答案；答案之所以是修辞性的，是因为它简化了一个极其复杂的问题。任何人，无论正派的还是不正派的，从来不爱任何人是极不可能的。但是，毕竟从理论上说，未曾爱任何人的人有可能是正派的，只要正在讨论的这个人承认所有的人，根据其品质给予每个人以尊重，在判断上有充分根据，发展某些基本的美德（这些美德中没有一个包含爱），最终，在境况的行动中严格遵守规范作为指导方针。这种正派的人值得尊重，然而却不讨人喜欢（unlovable），与其他人格格不入。毕竟，我们主要的欢乐和痛苦都源于爱。对这些欢乐和痛苦一无所知的人几乎不能被视为人。

正派的人是道德上规范的（normative）人。他或者她是经验个性和规范个性的统一体。在提到规范性时，我们指的也是**权威**（*authority*）。如同一个正派的人，规范的人应该是外部权威和内部权威的统一体。如同一个有良知的人，正派的人是内部权威的储存库。然而，作为规范的体现，他或者她代表着非正派的人的外部权威。但是一个不讨人喜欢的【228】人能成为一个熟悉爱之欢乐和痛苦的人的道德权威吗？这样的人能引出所有其他人仿效他或者她的善的意愿吗？几乎不能。**一个不懂爱并因此不讨人喜欢的人不能成为这种人性善的规范的传播者或者化身。**

每个正派的人都以其自己的方式是正派的。每个正派的人也以其自己的方式爱着。一个人的爱更热烈；另一个人的爱更深沉。一个人表达爱；另一个人隐藏爱。一个人爱得很多；其他人爱得很少。然而所有正派的男男女女们都在其对其他人的情感依恋中显示着他们的善。尽管正派的男男女女们为了他们自己而是好的，但是他们也为了其他人而做正确的事。他们做正确的事不仅出于职责，而且**出于关爱**（*affection*）。

现代人的爱不是"意识形态的"。如果它由一般性的戒律引起或者由具体的规范明确规定，那它就是意识形态的。但是，当"爱"已经获得多种意义时，戒律（爱我们的邻居、恨我们的敌人）就是不合时宜的。我们知道，在《圣经》的语境中"爱"有一种不同的意思：它更接近于当今的惯用语"正义感"或者"承认"，而不是作为情感的爱。就具体规范而言，我们知道在爱中可能存在着不道德。但是我们越来越不愿像我们的祖先所做的那样，把任何具体类型或者型式的爱与不道德联系在一起。我们并不划分爱；我们并不系统化爱。我们也不在"神圣的"和"世俗的"爱之间建立一个等级。正是由于爱的去意识形态化，一种主观的和个体化类型之爱才能够与现代偶然的人的善如此紧密相联。偶然的人们并没有继承下来的义务去爱这个而不是那个。他们自由地选择他们爱的对象（主体），就像他们自由地选择他们自己那样。

在这个关键时刻，我们已经超越了道德哲学的规范商谈，从事一种更广的关于好生活的可能性和条件的商谈。所有的道德哲学共同认为：正直（正当性）是好生活的主要因素。这种道德哲学只是和它的前辈一样，重新确认了这个自明的真理。大多数道德哲学在这个上面补充道：

好生活的一个特定因素还不是好生活本身。也应该考虑一些其他的因素。我也赞同这个普遍认同的观点。我只是补充道：伦理道德的**规范的**（*prescriptive*）（规范的［normative］）方面（道德哲学的主题）也没有穷尽伦理学的问题。因为对于伦理态度还存在着比一种规范商谈的合法话题更多的东西。我计划在**道德理论**的第三部中以《恰当行为的理论》（*A Theory of Proper Conduct*）为题，论述这些问题。

【229】

索 引

(词条中的页码为原书页码，即本书边码)

abstract enthusiasm　抽象热情　189–192

actions　行动

　　goal oriented　目标导向的行动　180–188,189,193

　　value oriented　价值导向的行动　189–193

Adorno,Theodor　阿多诺,西奥多　207

Arendt,Hannah　阿伦特,汉娜　144,153,240

Aristotle　亚里士多德　9,10,55,63,86,124,170,178,194,198,225

　　good man vs. good citizen　好人与好公民　124,133,149

　　intellectual virtue　理智美德　172–173

　　triad of matter-*paidea*-form　三位一体的质料–教育–形式　66–67,
71–72

　　virtue　美德　43,50

　　virtue in friendship　友谊中的美德　175

　　virtuous man　有道德的人　19,32,189

Aufhebung　扬弃　124

authenticity　本真性　76–78,80–82,86,117,156,226

Becoming　变　6

Blumenberg,Hans　布鲁门伯格,汉斯　237

Browning,Robert　布朗宁,罗伯特　9

care　照顾、操心　41,84,92,98

　　as enlarged consciousness　作为扩展的意识　162

　　see also Heidegger,M.　另请参见海德格尔

categorical imperative　绝对律令　2,35,36,105-107

　　　see also Kant,I.　另请参见康德

choice　选择

　　　absolute　绝对的选择　20-21,22

　　　fundamental　根本的选择　20-21,22,27

　　　of goodness　对善的选择　21,51

　　　of world　对世界的选择　127,131

choosing between good and evil　在善恶之间选择　15-17,19

　　　oneself　选择自己　9-10,13-19,21-22,24-33,65-66,72-73,102,

　　　116,126,149,151,164,209,218,219,225,228

concrete enthusiasm　具体热情　190,192

conduct　行为　67

contingency　偶然性　5-8,11-12,118,124-126,148,171,201

　　　awareness of　偶然性的意识　129,146,147,163

　　　beyond　超越偶然性　138

　　　of persons　人们的偶然性　19,31,32,63,65,68,72,91,100-101,

　　　109,116,119,127-129,133-135,166,176,228,230

　　　of socio-political arrangements　社会的-政治的安排的偶然性　155

　　　of the world　世界的偶然性　124-128,167

consequentialism　后果论　205

destiny　命运　11-12,16,25

Diderot,Denis　狄德罗,德尼　113,235

difference　差异　11-13,15,16,18-19,20-22,68,116,118,149,164

　　　tolerance of　对差异的包容　152

　　　the dilemma of morals　道德的困境　198-199,204-205,216

discourse ethics　商谈伦理学　170-171,176

Dostoevsky,Fydor　陀思妥耶夫斯基,费奥多尔　28,148,162-164,166,

　　　207,225

Elias,Norbert　埃利亚斯,诺贝特　179

enlarge consciousness　扩展的意识　162-166

　　see also care　另请参见关照

evil　恶(的)　13,16,17,33,34,173

existential choice　存在的选择　10-21,24-28,30,32,37,38,68,77,85,
　　102,115,121,131,155,164,172,209,218,230,231

　　as dialogical　作为对话　30

　　as foundation of the self　作为自我的基础　225

　　as leap　作为跳跃　24-27

Foucault,Michel　福柯,米歇尔　52,234

Freedom　自由　126-127

Freud,Sigmund　弗洛伊德,西格蒙德　125

fundamentalist ethical theories　基要主义的伦理理论　3

Gewirth,Alan　葛维慈,艾伦　241

giving and receiving　给予和接受　52-55,57-61,67,91-92,94,151

Goethe,Johann Wolfgang von　歌德,约翰·沃尔刚夫·冯　12,73,76,
　　212,224

Goffman,Erving　戈夫曼,欧文　233

golden rule,the　黄金法则　160

good　好的　13,16,17,33,34,173,198

　　person　好人　13-15,21-22,24,26,29,30,32-33,35-36,37,42,
　　100-101,171,230

good citizen　好公民　124,133,147-161,166

　　concerned with justice and injustice　担忧正义和不正义　148-150,
　　153-154

　　as homo politicus　作为政治人　154

goodness　善　15,18,26-27,29,30,36,219,220-221

Habermas,Jürgen　哈贝马斯,尤尔根　4,78,177,239

Hegel,Georg Wilhem Friedrich　黑格尔,格奥尔格·威廉·弗里德里希
　　6,67,126,189,221,222

dismissal of morality(*Moralität*) 对道德(道德)不予理会 136

  see also Sittlichkeit 另请参见伦理

Heidegger,Martin 海德格尔,马丁 41,162,163,164,235

honour 荣誉 119

human nature 人性 17

humanism 人道主义 163-164

humanitarian values 人道主义价值 196

Hutcheson,Francis 哈奇森,弗兰西斯 16

inauthenticity 非本真性 76-78,81-82,117,156

the individual 个体 30,168

  as universal 作为普遍 36

injustice 不正义 150,153,157,158,178

instrumentalization 工具化 60-62,63,108,114,116,161

intellectual courage 理智勇气 146-147

Jaspers,Karl 雅斯贝尔斯,卡尔 206

Justice 正义 55-57,95,118,150,153,157,160,166,176,177-178,192

Kant,Immanuel 康德,伊曼努尔 20,26,27-28,35,39,62,67,98,105-107,120-121,162,190

  conflict of duties 职责的冲突 4,30-31,218-219

  duty to oneself 对自己的职责 183

  love in morals 伦理道德中的爱 51,226

  moral conflict 道德冲突 196,203-205

  reason,private and public 理性,私人的和公开的 98

  see also categorical imperative 另请参见绝对律令

Kierkegaard Søren 克尔恺郭尔,索伦 25,52,75,81,143,170,207

  and existential choice 和存在的选择 6,10,13,14,17,25,28-29,73,85

La Rochefoucauld,François Alexandre Fredric 拉罗什福科,弗朗索瓦 169

liberal-democracy 自由主义的民主 160

liberal-democratic state　自由主义的-民主的国家　147-148

liberalism　自由主义　185-186

Luhman,Niklas　卢曼,尼克拉斯　233

Lukács,György　卢卡奇,格奥尔格　11,28,179,189,206-207

Lyotard,Jean-François　利奥塔,让-弗朗索瓦　240

MacIntyre,Alasdair　麦金泰尔,阿拉斯代尔　63,64,66,69

Mann,Thomas　曼,托马斯　12

Marcuse,Herbert　马尔库塞,赫伯特　207

Marx,Karl　马克思,卡尔　129

maxims(universal)　准则(普遍的)　35,36,39,42,44,105-122,128-
　　129,141,151,161,168,198-199,204

　　first order(prohibitive)　第一次序的(禁止的)准则　111-115,120

　　(imperative)　(命令的)准则　111,116-120

　　second order　第二次序的准则　120-122

means-end formula　手段-目的公式　106

　　as universal maxim　作为普遍准则　107-108,110,112-113,114-116

　　see also categorical imperative;Kant　另请参见绝对律令,康德

Merleau-Ponty,M.　梅洛-庞蒂　206-207

modern age　现代　37

　　condition　现代境况　32

　　person　现代人　5-9

　　world　现代社会　5,18,40,88,101

moral choice　道德选择　13,15

moral conflict　道德冲突　196-202,203-204,205-206,211-215

　　borderline　临界的道德冲突　200,209-217

　　hard　强道德冲突　197,200

　　weak　弱道德冲突　197

moral norms　道德规范　113-115

moral philosophy　道德哲学　1-4,8,12-13,19,20,22-24,27,39,42,

101,110,119,133-136,140,168-169,172,195,207,210,218,220,
226,228,230-231

as dialogical　作为对话　23

as speech act in rational discourse　作为理性商谈中的言语行为　170

utilitarian　功利主义的道德哲学　144

non-orientative principles　非引导性的原则　45,46

Nothing　虚无　6

orientative principles　引导性的原则

of autonomy　自主的引导性原则　50,187-188;

non-universal　非普遍的引导性原则　42-52,61,66,84,92,98-99,
102,104,106,111,116,144

universal　普遍的引导性原则　41-49,104,115,123

padideia　教育　63,66-67,70-72

see also Aristotle　另请参见亚里士多德

phronesis　实践智慧　43,50,130,135,145,172-173,179,181,182,194,
198-199,201

Plato　柏拉图　19,100,189

pluralization of values　价值的多元化　64-65

practical hermeneutics　实践解释学　81-84

practical reason　实践理性　17,159,194

wisdom　智慧　43

praxis　实践　127

philosophy of　实践的哲学　155

pre-modern world　前现代社会　5,18

priorities,establishing of　优先权、确立优先权　102-103

priority rule　优先规则　91,94

Racine,Jean　拉辛,让　202

radical tolerance　激进的包容　160-161

Rawls,John　罗尔斯,约翰　68

reciprocity 互惠 52-62,67,91-92,94,142,151

    asymmetric 非对称性的互惠 52-53,59,89-90,115,158

    general norm of 互惠的一般规范 58-60

    symmetric 对称性的互惠 7,52-53,56,59,67,89-90,115,147,158

responsibility 责任 162-164,166

    as enlarged consciousness 作为扩展的意识 163-164

Rousseau,Jean-Jacques 卢梭,让-雅克 113,234

Sartre,Jean-Paul 萨特,让-保罗 13,206-207

Schmitt,Carl 施密特,卡尔 206-207

Shakespeare,William 莎士比亚,威廉 17,195,202

Sittlichkeit 伦理 30-31,33,37,41,79,100-101,102,104,136-138,152

    see also Hegel,G. W. F 另请参见黑格尔

Strindberg,August 斯特林堡,奥古斯特 58

technology 技术 141

theoretical reasoning 理论推理 17,194

Tolstoy,Leo 托尔斯泰,列夫 73

totalitarian 极权主义的 137

    conditions 极权主义条件 140,143

    ethos 极权主义的习俗 137

    society 极权主义社会 142

    state 极权主义国家 142,147,160

totalitarianism 极权主义 137-138,141,208

universal 普遍的 21,28,29,30,35,36,69,103-105

    category of 普遍的范畴 13-15,17,18-19,21,22,24,25,32,38,77,
109,121,128,135,140,151,164,209,230

    real 真实的普遍性概念 192

universal legislation 普遍法规 216

universal moral law 普遍的道德律 19,30,35,42,44,105,109,115

    moral principle 道德原则 100

    moral recommendation　道德提议　38

    terms　术语　103

universalistic ethics　普遍主义的伦理学　3-4

utilitarian justification　功利主义的正当理由　144

    considerations　功利主义的考虑　145

utilitarianism　功利主义　114

values　价值

    abstract　抽象价值　73-74

    concrete　具体价值　73-74

    universal　普遍价值　73

vice　恶习　63-64,68-70,72

virtue　美德　63-95

    of courage　勇气的美德　85-87,95

    of truthfulness　真实的美德　78,80,86,94

Walzet,Michael　沃尔泽,迈克尔　232

Weber,Max　韦伯,马克斯　11,13,180

Wittgenstein,Ludwig　维特根斯坦,路德维希　179,207

跋

可以用寥寥数语来总结在这册书中已完成的内容。我已从事一种道德哲学的写作，尽管我意识到要创造一种道德哲学是不可能的。为了回答所有道德哲学都讨论的问题——"我应该做什么？""对我来说怎么做才对？"——我决定沿着现代的已经依据普遍性范畴生存地选择其自己的——即选择自己作为好人的——偶然的人的路径而行。我们都知道好人存在；我们也熟悉好人。在当前社会中好人已经生存地选择了他或者她的善，因为在一个偶然的世界中，其他的（传统的）善都不可能。如果好人存在，那么存在的选择也存在。

好人是规范的人；他们是经验的自我和规范的自我的统一体。因此，在沿着好人的路径而行中，我能够使好人已经发掘、创造、遵循和遵守的道德规范浮现出来，并接受理论的审查。如哲学一样，道德哲学是理论的-沉思的历险，而不是一种实践的历险。但是好人们的态度是实践的、规范性的。通过浮现并审查规定性的、规范的态度，我已能详细阐述一种道德哲学本身，它直接吸引具体生活境况中寻找道德上好的解决方案的男男女女们。

规范的（正派的）人是终极的乌托邦。当我决定沿着这种人的路径而行之际，我就忙于建立一种乌托邦的现实。无论如何，哲学因属于"自为的对象化"（"绝对精神"）领域而是一种乌托邦现实。在描绘活生生的乌托邦现实（正派的人）的行动、决定和冲突时，我只是坚持了哲学体裁的规则。

【231】

这种乌托邦直接对正派的人们说话。然而，它也对非正派的人们说话，尽管只是间接地说。非正派的人们用规范的人们的肖像能做什么呢？这并非他们本来的样子。从近似的意义上说规范的人不能被模仿——至少，在现代社会中不能。人们必须首先选择自己作为一个正派的人，然后以自己的方式是正派的。如果完全这样做的话，这就是正当性传播的方式，而不是通过模仿传播的。人们也能表现得好像很正派，但是他们不能从一种道德哲学中学会这种"好像"。然而，尽管正派的人不能被模仿，但他们可以被诠释和再诠释。对规范的人的诠释和再诠释可以使诠释者对善的存在的选择产生无限的兴趣。依据释义，存在的选择不能被决定，但是对规范的人的行为和生活的诠释会激发那些不是正派的人想要成为好人的兴趣。道德哲学正是以这种方式对非正派的人说话。通过浮现并审查规定性的、规范的好人们的态度，道德哲学可能会唤醒不是正派的男男女女们依据普遍性的范畴生存地选择其自己的兴趣和欲望。即使这样的决心没有出现，如果存在的选择失败，那么善仍将以一束有吸引力的光芒出现在他们面前。因此，人们可能偶尔会像正派的人那样行事，不是因为外在因素这样要求，不是因为正直开始得到回报，仅仅是因为诚实令人愉快。没有哪种哲学能证明宁愿蒙受不公正对待比做不公正之事更好。任何哲学也不能证实这样的观念，即正派的人们原则上比非正派的人们"过得更快乐"。布莱希特曾经评论道："对善的诱惑是可怕的。"道德哲学能做的就是把它自己的论点加到这种可怕的诱惑上。